办事艺术全知道

梦华　编著

BANSHI YISHU QUAN ZHIDAO

吉林文史出版社
JILIN WENSHI CHUBANSHE

图书在版编目（CIP）数据

办事艺术全知道 / 梦华编著. —— 长春：吉林文史出版社，2017.5
（2021.12重印）

ISBN 978-7-5472-4054-0

Ⅰ.①办… Ⅱ.①梦… Ⅲ.①人际关系－通俗读物 Ⅳ.①C912.11－49

中国版本图书馆CIP数据核字(2017)第091317号

办事艺术全知道
BANSHI YISHU QUAN ZHIDAO

出 版 人　张　强
编 著 者　梦　华
责任编辑　于　涉　董　芳
责任校对　薛　雨
封面设计　韩立强
出版发行　吉林文史出版社有限责任公司
地　　址　长春市净月区福祉大路5788号出版大厦
印　　刷　天津海德伟业印务有限公司
版　　次　2017年5月第1版
印　　次　2021年12月第5次印刷
开　　本　640mm×920mm　　16开
字　　数　208千
印　　张　16
书　　号　ISBN 978-7-5472-4054-0
定　　价　45.00元

前　言

　　一个人身处社会中，如果想要生存，并且想要取得成功的话，就需要处理各种各样的问题，面对各种各样的人。而能不能在社会上站得住、吃得开，能否在纷繁复杂的环境中自如地驾驭人生局面，做到逢凶化吉、遇难呈祥，把不可能的事变为可能的事，最后达到成功之目的，要看你是否具备必需的生存技能——会办事。

　　所谓会办事，就是能分清事情的轻重缓急、大小难易，办事时能把握住说与做的火候；办事前掂量好自己的身份，并了解了对方的脾气秉性和喜好，同时，还了解并能遵循一些办事过程中所涉及的社会潜规则，最终达到自己的目的。

　　在当今社会，会办事已经成为一个人生存必备的技能。没有哪个人是万能的，一个人不可能涉足到各个领域，人生在世，哪有万事不求人的道理，所以办事是不可避免的，这就要求我们每个人都要掌握办事的方法和技巧。

　　但在这个纷繁复杂的社会上办事可不像一般人想象的那么简单，办事其实大有讲究。同样的一件事，有的人办起来得心应手，水到渠成；有的人则困难重重，难达目的。有些人对此有着深刻的体会。他们在办事时得到的结果常常是要么被一口回绝，要么被人晾在一边，来个不理不睬，让自己下不了台。因此，许多人一提起办事都头疼不已。之所以有这样不同的结局，主要的原因在于两者办事方法上的差异。

办事是一门学问，更是一门艺术。如果我们掌握了办事的艺术，就能有效地利用更多的资源来为自己服务，使自己的事业和生活处处顺风顺水。如果没有掌握办事的艺术，即使是最简单的事情，也往往会以失败而告终；即使是最优秀的计划，也不会变成实际中的成功。所以说，研究和运用办事的艺术，是生存的需要，是谋事的需要，是达到目的的需要，也是实现自己理想的需要。懂得了办事的艺术，你的办事水平就会大大提高，这常常是走向实现自我的开始。

美国著名的成功学大师鲍比·凯曾说："我从来不相信世上的好事都是留给幸运儿的，它们是留给那些精通办事技巧的智者的。"纵观古今中外，凡成大事者，他们往往都能够恰当、巧妙地运用办事的艺术，达到事半功倍的奇效。清朝著名的"红顶商人"胡雪岩之所以能官商通吃、财运亨通，即是与他高超的办事艺术分不开的。

是否懂得、能否运用办事的艺术，是一个人事业成败的关键所在。那些办事的高手，总是靠各种关系努力充实自己的头脑，延伸自己的手脚，将从他人那里借来的力量，融入到自己的奋斗中，使自己的能力成倍增长，使自己要办的事轻而易举地办成，使自己的期望和梦想尽快成为现实。

办事也是需要技巧的。无数的事实证明，每一个与成功失之交臂的人，并不是缺乏成功的智慧和勇气，而是没有找到并运用办事的方法和技巧。那些成就了一番事业的人，他们并不是天生的强者，但他们之所以能成功，是因为他们知道见什么样的人该说什么样的话，办什么样的事该用什么样的方法，处处做得天衣无缝、左右逢源。社会有多复杂，人心就有多复杂，所以，求人办事不可莽撞行事，要多长几个心眼，多掌握一些办事的技巧。

但是，在这个世界上，没有哪个人是生下来就会说话、会办事的。能说会道、办事老练，那都是在社会实践和生活经历中锻炼出来的。当然，不可否认的是，有些人有会说话、会办事的先天素质，但后天得来的社会知识和经验，更是丰富人生、提高办事能力不可或缺的宝贵财富。虽然我们有很多事不可能去亲身经历，但是我们可以向他人学习，获取经验，这样就可以迅速提高我们的办事能力和技巧，也能使我们少走弯路。《办事艺术全知道》这本书就为我们提供了这样的途径。

本书借鉴和汲取了我国古代处世智慧的精华，并结合当今社会人际关系的特点和规律，从"办事的心态、形象、礼仪及规则""办事要靠智慧""办事要懂的学问和技巧""办事要会交际""找不同的人办事有不同的方法""提高办事的能力，办好难办的事"六大方面，全面、详尽地介绍了办事的尺度和分寸、办事语言的运用、送礼和宴请的技巧，以及如何寻求领导、同事、下属、朋友、同学、亲戚、同乡、邻居、名人等帮助办事的手段和方法。通过此书，读者可以轻松掌握办事的艺术，提高办事的能力，把握办事的尺度、分寸、火候，有效利用各种资源，达到办事的目的。希望在你走向成功的路上，这本书能助你一臂之力，使你能轻松驾驭人生局面，获得辉煌的事业和人生的转机。

目　录

第一篇

办事的心态、形象、礼仪及规则

我从来不相信世上的好事都是留给幸运儿的，而是留给那些精明于办事技巧的智者。
——美国著名成功学大师　鲍比·凯

第一章　办事的心态

第一节　求人办事务必控制住自己的情绪

控制住你的情绪

求人办事首先要有个心理准备，要控制住自己的情绪。毕竟事情不会尽如自己所愿。我们可以这样设想：当一个人无意中触痛了你的敏感之处，你就不顾一切地乱喊乱叫；当人家同意你的一个观点时，你就高兴得眉飞色舞，他们对你的印象还会好吗？同样的，在办事时，如果别人不答应帮忙，你就满脸的不高兴；如果别人答应帮忙，你又高兴得忘乎所以，那别人对你的印象会好吗？

汤姆曾经告诉过朋友们这样一件事：一个星期六的上午，汤姆去会见某知名公司的部门主管。约见地点是他的办公室。主人事先说明他们的谈话会被打断20分钟，因为他约了一个房地产经纪人。他们之间关于该公司迁入新办公室的合同就差签字了。

由于只是个签字的手续，主人允许汤姆在场。

后来那位房地产经纪人带来了平面图和预算，很明显他已经说服了他的顾客，就在这稳操胜券的时候，他却出人意料地做了一件蠢事。

这位房地产经纪人最近刚刚与这家知名公司的主要竞争对手签了租房合同。他大概是兴奋，仍然陶醉在自己的成功之中，便开始详细描述那笔买卖是如何做成的，接着赞美该公司竞争对手主管的优秀之处，称赞其有眼力，很明智地租用了他的房子。汤姆当时猜想接下去他就要恭维这位公司主管也作出了同样的决策。

可是不一会儿，公司主管站了起来，感谢那位房地产经纪人做了那么多介绍，然后说他暂时还不想搬家。

房地产经纪人一下子傻眼了。当他走到门口时，主管在后面说："顺便提一下，我们公司的工作最近有一些创意，形势很好，不过这可不是踩着别人的脚印走出来的。"

或许在那个时候，房地产经纪人才意识到自己在关键时刻忘了对方，只顾着陶醉于自己已取得的推销成果，而忽略了买方也有其作出正确抉择的骄傲。这就是在办事时不会控制情绪的结果。

同时，在办事的过程中，暴躁发怒也会使人很快失败。成功需要有很强的自控能力，有处变不惊的素质。

如何学会自制呢？最好的办法就是经常将自己放在别人的位置上想想。有时自己被激怒并不是对方故意的，而是无意的行为。这种时候如果不控制自己，任由感情爆发，结果肯定是没什么好处的。

一位曾在酒店行业摸爬滚打了多年的老总说："一个人不见得有比使他伤脑筋更大的事情了。在经营饭店的过程中，几乎天天会发生能把你气得半死的事。当我在经营饭店并为生计而必须与人打交道的时候，我心中总是牢记着两件事情。第一件是：绝不能让别人的劣势战胜你的优势。第二件是：每当事情出了差错，或者某人真的使你生气了，你不仅不能大发雷霆，而且还要十分镇静，这样做对你的身心健康是大有好处的。"

一位商界精英说："在与别人共同工作的过程中，我多少学到了一些东西，其中之一就是，绝不要对一个人喊叫，除非他离得太远不喊听不见的时候。即使那样，也得确保让他明白你为什么对他喊叫，对人喊叫在任何时候都是没有意义的，这是我的经验。喊叫只能制造不必要的烦恼。"

从上面的那位老总和商界精英的话中，我们也可以看出控制住自己的情绪对于一个人办事有多么大的影响。所以，现在如果你觉得自己还不能很好地掌控自己的情绪，同时你又想把事情办得尽善尽美，那么就多多留意，从控制自己的情绪做起吧！

懂得忍让

忍人之所不能忍，方能为人所不能为。

2000多年前，孟子就曾说过："天将降大任于斯人也，必先苦其心志，劳其筋骨，饿其体肤，空乏其身，行拂乱其所为，所以动心忍性，曾益其所不能。"

在求人办事的过程中也是这样，不管别人是否尽力，都不要责怪，应以宽厚的胸怀对待。这样才能建立好人缘，以后办事才会变得更容易。

荀子认为："君子贤而能容罢，知而能容愚，博而能容浅，粹而能容杂。"在生活中，我们随时都会遇到一些人说对不起自己的话或做对不起自己的事，当别人对不起我们时，我们应当怎么办呢？是针锋相对，以怨报怨呢？或是宽容为怀，原谅别人呢？最好的回答应当是容之，理解之，原谅之，并以实际行动感化之。

有这样一个例子，说的是一个卖保险的业务员。有一天，他到一家餐厅拜访店主，店主一听是保险公司的人，笑脸倏地收了起来。

"保险这玩意儿，根本没用。为什么呢？因为必须等我死了以后才能领钱，这算什么呢？"店主气冲冲地说。

"我不会浪费您太多的时间，您只要给我几分钟的时间让我为您说明就好了！"业务员笑着说。

"我现在在很忙，如果你的时间太多，何不帮我洗洗碗盘呢？"

店主原是以开玩笑的口吻戏谑他，没想到年轻的业务员真的脱下西装外套，卷起袖子开始洗了。他的这一举动，把一直站在旁边的老板娘吓了一跳，她大喊："你用不着来这一套，我们实在不需要保险！所以，不管你怎么说、怎么做，我们绝不会投保的，我看你还是别浪费时间和精力了！"

出人意料的是，业务员每天都来洗碗盘，但店主依旧是铁石心肠地告诉他："你再来几次也没用，你也用不着再洗了。如果你够聪明，趁早找别家吧！"

每天都面对这位店主的奚落，但是年轻的业务员忍住了，他依然天天到店里洗盘子，承受老板一家的刻薄言语。10天、20天、30天过去了。到了第40天，这个讨厌保险的店主，终于被这个青年的耐心感动了，最后还心甘情愿地投了高额保险，不仅如此，店主还替这位年轻的保险业务员介绍了不少桩生意呢！

这些无疑都要归功于年轻的保险业务员的忍让。如果他开始面对店主那刻薄的话语火冒三丈、甩手而去，也就不会赢取后来那么多的保险业务了。

可是我们也知道忍让并不是件容易的事。别人冤枉了你，你感到深受伤害，那你如何去忍让这个人呢？

首先，你应该从对方的立场看问题。这么做，也许会使你看到自己的观点不完全是客观的。其次，不要愤怒，不要嫉妒。你受到愤怒的折磨，你用敌视坑害自己，而你恨之入骨的人甚至根本不知道你在恨他。

所以，忍让他人不仅是为了你的尊严和价值，而且也是为了保护自己不受伤害，更是为了以后办起事来更加顺利。

放低自己的架子

在求别人办事时，不论你地位多高，身份多尊贵，你都应该放低架子。因为你是在求别人，而不是别人求你，如果还摆出一副高高在上的架势，谁都不会买你的账。

在办事过程中，那些谦让而豁达的人总能赢得更多的成功。反之，那些妄自尊大、不肯放低自己架子的人必然会引起别人的反感，最终使自己处于孤立无援的境地。

1860年，林肯作为美国共和党候选人参加总统竞选，他的对手是大富翁道格拉斯。

当时，道格拉斯租用了一辆豪华富丽的竞选列车，车后安放了一门大炮，每到一站，就鸣炮30响，加上乐队奏乐，气派不凡，声势极大。道格拉斯得意洋洋地对大家说："我要让林肯这个乡下佬闻闻我的贵族气味。"林肯面对此情此景，一点也不在乎，他照样买票乘车，每到一站，就登上朋友们为他准备的耕田用的马拉车，发表这样的竞选演说："有许多人写信问我有多少财产。其实我只有一个妻子和三个儿子，不过他们都是无价之宝。此外，我还租有一个办公室，室内有办公桌一张，椅子三把，墙角还有一个大书架，架上的书值得我们每个人一读。我自己既穷又瘦，脸也很长，又不会发福，我实在没有什么可以依靠的，唯一可以信赖的就是你们。"

选举结果大出道格拉斯所料，竟是林肯获胜，当选为美国总统。

同样的道理，每个人都知道既然是求人办事，那靠的就是关系。在当今，关系是一种感情凝聚，又是一条利益通道，你有关系就有门路；没关系，你就要寻关系，在你的亲戚中找，在你的朋友中找，在你的同学中找，在你的上下级中找。直接的没有，你可以找间接的，通过地位低的，可以找地位高的，这关系之道，全在你攀援的本领。你能攀能附，就能左右逢源。所以，求人办事，需要攀附的时候你就要放下架子，趴下身子，并把相关的方面都打点周全。如果你在找关系求人时还摆出一副高高在上的架子，那结果肯定是没人愿意帮你。

例如：有个朋友为办一个手续，连跑了几个地方，不知为什么，总是解决不了问题。有人说要送礼，他不懂送礼也不愿送礼，只有愤愤然骂上两句，自己苦恼不堪。

另一位朋友了解此事后，指点他去直接找某主任。可他到办公室却扑了个空，追到家也没人，还被势利的保姆"损"了几句。他顿时火起，却又"好男不跟女斗"，只得带着满腹懊恼回到家，发誓再也不去找人办事儿了。

那位给他出主意的朋友知晓后，哈哈大笑，说："你呀，就这么不济事！在外边办事情哪有这么容易的！我找人办事儿是一求、二求、三求，不行再四求、五求、六求。现在，我不但脸皮厚了，连头皮都变硬了！"

一席话深深地触动了这位朋友。第二天，他又"厚"着脸皮去找某主任。结果是出人意料的顺利，主任只照例问了一些问题便为他办了手续，烟都未抽一支。

人生一世，存活下去，需要办数不清的事，需要请无数人帮忙。万事不求人是不可能的，既然要求人，架子大了是不行的。

"人在屋檐下，不得不低头。"这句话有其合理性。初涉世事的年轻人，往往"脸皮薄"，放不下"清高"的架子，自然也就不能为社会所接纳，不能与环境相适应，也就难以真正迈出走向社会的第一步。

当然，我们说脸皮薄了不行，绝不是在为"厚黑学"打廉价广告，绝不是要大家放弃原则和人格尊严。厚颜过度则是无耻。但对于我们所说的"脸皮特薄者"而言，懂得"脸皮薄了不行"，洗掉身上的迂腐与矜持，才能锲而不舍，以柔克刚，取得求人办事的成功。

耐心才能办成事

办事时，无论遇到多么困难的事情都要有耐心，这是一种基本的要求。只有忍耐，才能将求人办事的殷切之情表现出来。

有一位先生是一家汽车轮胎公司的经理，有一次他在酒吧饮酒，无意中碰撞了一位喝得酩酊大醉的青年人，结果这位醉汉借酒撒疯，对他大打出手。

事后，这位先生从店主那里了解到，那位青年发明了一种能增加轮胎强度的方法，而且申请到了专利。但他找了好几家生产汽车轮胎的厂商，要求他们购买他的专利，都碰了壁，而且被他们视为异想天开。所以，他感到怀才不遇，整日忧郁不乐，就来这里借酒消愁。

当这位先生得知这些情况后，不但不介意这位青年对他的不恭，而且决定聘请他来自己公司做事。

一天早晨，他在工厂的门口等到了这位青年人，但青年人却心灰意冷，不愿向任何人谈起他的发明。他没有理睬这位先生，径自进工厂干活去了。但是，这位先生一直等在工厂的大门口。

中午，工人下班了，却不见那位青年的踪影。有人告诉这位先生，那个青年人干的是计件工作，上下班没有固定的时间。

天气很冷，风也很大，但这位先生一直没有离去。就这样，他从早上8时一直等到下午6时。那位青年走出厂门，他一见这位先生的面，便爽快地答应与他合作。

原来吃午饭时，那位青年出来看到这位先生等在门口，便转身回去了。但后来，当他知道这位先生一天不吃不喝，在寒风中等了近10个小时之久，不禁动心了。

当然，这位先生正是求得了这位青年才俊后，才推出了新的汽车轮胎产品，并很快在竞争激烈的市场上站稳了脚跟。

这位先生以他的忍耐之心表达了他求才的殷切之情，并获得了那位青年人的理解，从而使他答应了自己的请求。

每一个人都有这样的经历，那就是当人们不耐烦时，往往变得粗鲁无礼、固执己见，使人感觉难以相处。这种行为是有害无益的，尤其在求人办事的过程中，俗话说："心急吃不了热豆腐。"当一个人失去耐心时，同时也就失去了理智的头脑。

　　怎样使自己变得有耐心，在紧张的情况下也能心平气和，对情绪有所控制呢？你应当给自己来一些心理暗示。

　　比如说，如果你觉得自己异常急躁，就不妨对自己说"没什么可急躁的，平静下来。"同时，去想一些非常平静的画面或事，将思绪带离现在的处境，你就会非常有耐心，保持平静，成功的把握也就多了几分。

　　要记住，急躁会使人失去正确的判断，容易给人造成不易接近的印象，当你丧失耐心时，同时也丧失了别人对你的支持。不要总是暴躁易怒。暴躁易怒的人，朋友会越来越少。

　　保持平静的心态还有另一个诀窍，那就是充满幽默感。善于将尴尬转化为幽默的人不但聪明，而且招人喜爱。

　　有耐心的人向人显示的不仅是平静，而且还是一种修养。

　　当你求人办事时，表现出足够的耐心与人家"磨"，这不是要无赖，而是一种静静的、礼貌的等待。不要让对方感到你是故意找麻烦，故意影响他的工作和休息。要尽量通情达理，尽量减少对对方的干扰，只有这样，才能磨成功。磨可以不露锋芒，不提要办的事，只是不间断地接近对方，使双方关系渐近，让对方更多地了解你、同情你，从而产生帮助你的愿望。也就是说，你想办法与对方接近或与对方家人接近，并通过各种办法与他们搞好关系，从感情上贴近。这种感情上的磨，对方是难以拒绝的。

　　而且有很多领导就喜欢让人磨，不愿轻易同意任何事情。你很有耐心地去磨他，反而会使他从精神上得到一种满足，即权力欲得到满足。在这种情况下必须去磨，如果怕苦怕麻烦，害怕丢面子，反而会被对方笑话，对方会说："本来他再来一次我就同意了，可是他没来。"

　　所以，要想将事办成，你就要锻炼自己的耐心。

第二节　克服自卑，充满自信

胆识是一种办事的能力

办事并不是一种凭空而起的想法，只想想就可以了，它要你脚踏实地，真正地去做。因此，要想办成一件事，对于一般人来说，也许不是很容易，因为你除了有真正的使命感之外，还需要有胆识。我们常常将胆识与勇敢联系在一起，尽管两者之间有着密切的联系，但勇敢可能更多地表现为生活处于危险境地时而自然产生的非同寻常的个人反应。这种勇敢在我们的生活中可能是永远都无法加以验明的东西；相反，胆识则是我们人人具有、每天都要用到的一种品质，认识到这一点并付诸行动，我们就能在办事方面有很大的进步。

毫无疑问，胆识是一种能力，它帮助我们去做一些我们不明原因的、在本能上感到害怕的事情，这些事情可能是我们每天都会经历的，比如，害怕被人嘲笑，害怕失败，害怕意想不到的变化，或是其他使我们内心想要退缩的事情。如此一来，尽管我们得到的不是我们内心期待的东西，但它至少是令我们感到舒适并为我们所熟悉的事物。

然而，当我们对周围的一切熟视无睹时，周围的一切却在发生着飞速的变化。我们越来越感到自己不合时宜，这进一步强化了生活中的障碍，使我们心甘情愿地任凭事情自由发展。只有对成功充满自信和激情，并总结经验战胜恐惧时，成功才会出现。

罗伯特·F·肯尼迪曾说："只有敢于面临巨大失败的人才能取得巨大成功。"为了到达目的地，我们常常要运用自己的胆识去处理我们面对的问题，要无所畏惧，并从失败中吸取教训。开展业务、开垦处女地，或是单纯地学习一项新的技术，都需要我们的胆识，胆识来源于坚强的信念：不仅可以取得成功，而且有保障取得成功。

　　如果你是一个商人，假设你现在要开始你自己的业务，于是你在办公室里安上了传真机，印好了你的信笺、信封，分发了很多小传单，向潜在的客户送出了上百封的信函。但一切都是白费工夫。于是你决定把与客户见面当作下一个步骤，无事先接触或任何缘由而径自给潜在的客户打电话。问题是你虽然努力去试验了，但你却干不成事，因为每次打电话你都是半途而废。有时即使你遇到了成功的机会，也会特别紧张，说话不得要领，为自己冒昧的电话而抱歉，无法获得见面的机会。为什么？因为对被人拒绝、被人瞧不起的恐惧使我们退缩。想象中的失败感超出了想象中的成就感。要知道，克服这种恐惧心理所需要的胆识与个人英雄主义没什么两样，它需要毅力、确定的目标、对成功的坚定信念，以及一心致力于目标，无论遇到何种情况都不放弃。

　　当你对打这类电话感到极为恐惧时，每天先打 5 个，然后换成 20 个，再下去是一天 50 个，直到你解除了自己的心理恐惧，这时你便会发现给客户打电话是一个必要的过程，坚持下去你就能成功。

　　办事高手应该了解，生活中要战胜的最主要的恐惧是对失败本身的恐惧。失败既然已经发生，就要从中吸取教训，失败并不能证明你总是要走向失败。

　　我们必须懂得，失败是进步曲线的一个组成部分：失败只是意味着我们做得不对，无论我们做的是什么事。考察一下成功的推销员，高销售额的推销员的一个共同之处是，只是在有了六七次接触之后，他们才开始与人约见并卖出产品；这些推销员并不是什么幸运者，他们只是具备了充分的信心和胆识，战胜了被人拒绝的恐惧心理。

　　如何发现自己的胆识？答案很简单：一心致力于自己的目

标，把通向成功的每一步都看成是必要过程的一个组成部分。

克服阻碍成功的心理障碍

心理障碍对一个人的工作、生活都是极其不利的，在办事的过程中也是如此。所以，我们要想让事情办成功，就要努力克服这道障碍。

每个人都有能力发展自己，取得更大的成功，不幸的是人们在开发自己潜能、取得成功的过程中常会遇到一种自身的心理障碍，这就是所谓的"约拿情结"。约拿是圣经中的人物，上帝给了他机会，他却退缩了。这是个怀疑甚至害怕自己的智力所能达到的光辉水平，心理软弱到甘愿回避成功的典型。

回避成功的心理障碍，主要有意识障碍、意志障碍、情感障碍和个性障碍等。

1. 意识障碍

所谓意识障碍，指由于人脑歪曲或错误地反应了外部现实世界，从而影响以至减弱人脑自身的辨认能力和反应能力，阻碍着人们对客观事物的正确认识，从而影响了在事业上的成功。主要表现在：

（1）"自卑型"心理障碍：因生理缺陷或心理缺陷即自认为智力水平低，或家庭、社会条件不如人。

（2）"闭锁型"心理障碍：不愿表现自己，把自我体验封闭在内心，因而缺乏自我开发的积极性。

（3）"厌倦型"心理障碍：是一种厌恶一切、对什么都不感兴趣或感觉无能为力的心理状态。

（4）"习惯型"心理障碍：习惯是由于重复或练习巩固下来的并变成需要的行为方式，习惯的形成一是自身养成，二是传统影响。

（5）"志向模糊型"心理障碍：是指对将来干什么，成为何类人才的理想不明确，因此不能进行自我能力开发。

（6）"价值观念异变型"心理障碍：是指对作用于人的客观事物的价值量进行了不正确的或者错误的心理评估，形成了一种畸形的价值意识，最突出的表现为贬低自己目前所从事的职业，因而不能结合工作开发自身能力。

2. 意志障碍

所谓意志障碍，指人们在自我能力开发中，确定方向、执行决定、实现目标的过程中起阻碍作用的各种非专注性、非持恒性、非自制性等不正常的意志心理状态。主要表现在：

（1）"意志暗示型"心理障碍：是指在制定和执行目标时，易受外界社会风潮和他人意向的直接或间接的影响，而产生的一种摇摆不定的意志心理状态。比如，"三天打鱼，两天晒网"。

（2）"意志脆弱型"心理障碍：表现在没有勇气去征服实现目标道路上的困难，只是被动地改变或放弃自己长期进取的既定目标。

（3）"怯懦型"心理障碍：这种人过于谨慎、小心翼翼，常多虑、犹豫不决，稍有挫折就退缩，因而影响自我开发目标的完成。

3. 情感障碍

所谓情感障碍，指人们在能力的自我开发中，对客观事物所持态度方面的不正确的内心体验。主要表现为麻木情感，即人们情感发生的阈限超过常态的一种变态情感。所谓情感阈限，就是引起感情的客观外界事物的最小刺激量。麻木情感的产生主要是由于长期遇到各种困难，受到各种打击，自己又不能正确地对待和加以克服，以致对客观外界事物的内心体验阈限增高，形成一种内向封闭性的心理态势。它会使人们丧失与外界交往的生活热情和对理想及事业的追求。

4. 个性障碍

所谓个性障碍，指人们在自我开发中常常出现的气质障碍和性格障碍，如抑郁质的人易表现出孤僻乖戾、不善交际的弱点；黏液质的人易表现出优柔寡断、缺少魄力的弱点；多血质的人缺乏毅力；胆汁质的人多表现出办事武断、鲁莽等弱点。

5. 其他障碍

除了意识障碍、意志障碍、情感障碍和个性障碍外，还有影响智力开发的几种心理障碍。包括感觉加工中的心理错觉、知觉中的错觉和偏见，思维定式的障碍等，这些心理障碍主要属于认识上的主观片面性、表面性，以及思想僵化凝固等原因。这些和回避成功、害怕成功的心理障碍是两种性质不同的心理障碍，但同样对人的事业成功有着巨大影响，特别是当这些心理障碍互相影响时，会形成一种强大的负效应，导致一个人的事业失败。

上述的这些心理障碍还会使人在与他人交往的过程中产生一种社会恐惧，存在社会恐惧对办事情显然是非常不利的。

社交恐惧，简单地说，就是在社交场合，怕被别人注意或稍有差错就产生极度恐惧的情绪。据专家调查发现，社交恐惧症是最常见的神经紧张和失调的病症，它是一种对难堪或出丑表现的强烈反应和令人身心疲惫的恐惧感。拥有这种症状的人害怕在公共场合讲话，不愿意接触人，不愿意求人办事，与人共事。

当你发现自己存在着社交恐惧时就应该及时克服，下面的几种方法不妨一试。

1. 平衡心理，主动出击

对社交出现恐惧根源在于害怕交往中出现棘手、无法应付的情况，让自己难堪、出丑。当一个人对外界不确定时，就会出现恐惧的心理。与其害怕不如主动面对。因此，不妨主动寻求外界的刺激，以提高你的心理素质和解决问题的能力。要勇敢地迈出第一步，也就是一个勇气的问题。当你迈出第一步以后，你会发现你所恐惧的其实根本不值得一提。

2. 给自己松绑

社会交往过程中不要背包袱，学会轻松、坦然地面对一切。

　　要忘掉自我。有社交恐惧的人都过分注意自我：我这样说话好不好？我的衣着打扮是否得体？满脑子转着这样的念头，结果越想越紧张，越紧张越拘谨，如不及时摆脱这种窘境，势必导致交往失败。如果换一个角度想问题：眼前的交往对象未必比自己高明，或许他也羞怯和害怕。在这种充满信心的情况下，我们就能够变得泰然自若、镇定沉着，而精神上的忘我和放松一旦形成，也就没有那么多的顾忌了。

　　不否定自己，不断地鼓励自己"我是最好的""天生我材必有用"。

　　不苛求自己，能做到什么地步就做到什么地步，只要尽力了，不成功也没关系；不回忆不愉快的过去，过去的就让它过去，没有什么比现在更重要的了。

　　每天给自己 10 分钟思考，只有不断反省自己才能够不断面对新的问题和挑战。

　　找个倾诉对象，有烦恼是一定要说出来的，找个可信赖的人说出自己的烦恼。可能他人无法帮你解决问题，但至少可以让你发泄一下。

　　很明显，有些人办事总是差强人意，这不是说他智力不够，很大一部分原因是他没有克服自己心理上的弱点。因此，只有不断向自己挑战，认真克服以上心理障碍，才能取得办事的成功。

正确地认识自己

　　正确地认识自己，给自己定好位，才能把事办好。那些不能正确地自己给定位的人，即使很努力地想办成一件事，但最终结果往往是很令自己失望的。

　　人生最大的难题莫过于知道你自己！许多人谈论某位企业家、某位世界冠军、某位著名电影明星时，总是赞不绝口，可是一联系到自己，便一声长叹："我不是成才的料！"他们认为自己没有出息，不会有出人头地的机会，理由是："生来比别人笨""没有高级文凭""没有好的运气""缺乏可依赖的社会关系""没有资金"等等。而要获得成功就必须要正确认识自己，坚信"天生我材必有用"。

严重的自卑感不仅会扼杀一个人的聪明才智，还可以形成恶性循环：由于自卑感严重，不敢干或者干起来缩手缩脚、没有魄力，这样就会无所作为或作为不大；旁人会因此说你无能，旁人的议论又会加重你的自卑感。因此，必须一开始就打败它，丢掉自卑感，大胆干起来。

谦虚是一种美德，但是缺点往往是优点的过分延伸。过于谦虚，或者由于自卑而谦虚，都是不应该的。自信，可以使你精神振奋、勇于进攻、战胜困难。所以，必须积极寻找自我解脱之路，走出自卑的心理误区。

正确认识自己，充分挖掘自己的潜力，这是获得成功的一个主要心理因素。

大多数的成功者表现出一种现实的自我觉察，承认每个人都是一个有着明显区别的个体。他们能觉察到周围事物的细微变化，更能觉察到由于遗传和环境给自己造成的缺陷，可以借助于镜子看到自己脑袋后面的东西，用别人的眼光去看待自己。

现实的自我觉察能使我们自己了解自己是什么样的人，了解自己在现实生活中所扮演的角色、潜在能力和将来要去承担的角色及要达到的目标。他们从经验中，或凭借着洞察力、反馈信息、判断能力去不断学习和加深对自己的了解。他们在生活中不是单靠出力气做事，而是时常开动脑筋，避免发生错误和纠正不足。他们习惯以最诚实的方式鉴别一切，他们不欺骗别人，也不欺骗自己。

作为一个正常的人，对自己做人的形象、自己的身体外观、品德和才能、优点和缺点、特长和不足、过去和现状以及自己的价值和责任，总会有一定的认识。然而，在日常生活中，我们却常处于各种不同评价和议论的包围之中，有人会赞许你、称颂你；有人会批评你、责备你；甚至还有人轻视你。于是"当局者迷"就成为一种很贴切的形容。那么在各种议论中，究竟哪一个"你"是真实的呢？在投向你的形形色色的目光中，你自己又能否准确无误地分辨呢？你是否从这些评价和议论中汲取有益的营养丰富自己、改善自己呢？还是丧失了自主精神，淹没在他人的议论中呢？

客观地、正确地认识自己是至关重要的，下面几点建议有助于你发现和正确认识自己。

1. 孤独地面对自己

也许你受当今成功人士的价值诱惑，硬着头皮精明强干，纵横商场、职场，挣得汽车洋房、踌躇满志；换一种生活，进图书馆，做学者，宁静深沉说不定更让你心满意足……在纷繁复杂的社会生活中，我们没有时间，也没有机会给自己内心的真我一个表现的时间。那么，你不妨给自己放个假，让自己隐退，孤独地只面对一个自己，没有上司、没有工作、没有应酬，看看自己的状态。

2. 试着改变某些习惯

每个人都有很多好的和不好的习惯，这些习惯说不定正是掩蔽你真实个性的罪魁。比如你可能经常待在家里看电视，以打发你的剩余时间；你可能习惯于用打麻将的方法排遣孤独；你可能习惯在忧闷之时把自己关在家里等，这些习惯很多并不是你自己的最佳选择，而仅仅是习惯。如果你要发现你的个性，不妨打破这些习惯，发展更多的爱好，以挖掘自己的个性。冲破习惯的牢笼，你会发现另有一个自我存在于你的心中。

3. 不过分压制自己

人生不如意事十有八九，生活在现代社会的人也一定有很多不如意的地方。在不如意的时候，不过分压制自己，有时有助于发展你的个性。

比如，我们有可能在愤怒之极的时候，一改平日温顺屈从的性格，与上司大干一场，并因此对自己的行为极为满意，那么，你会发现，温顺并不是你真实的个性，你其实具有极为强烈的抗争能力、斗争精神，并相当有魅力。如果你时时保持这种状态，你将一改温顺屈从的个性，而成为一个强干、有魄力的人。在这种状态下，你更为愉快和坦然。

个性是需要发现和发展的，人本身具有非常丰富的个性基因，我们要尽可能地挖掘它、发展它、丰富它，使自己成为一个魅力四射的人。如此一来，我们在办事过程中，就会使事情变得顺利无比。

努力消除自卑

很多人在办事时常存在这种心理：既想找别人办事，又怕被对方拒绝；既想在别人面前谈些自己的观点，又怕被别人耻笑；事先想好了许多话，可一站在对方面前就全忘了，可是事后，从前准备好的那些话却又一一再现，而且思维也开始活跃，这时他们后悔刚才自己为什么如此窝囊。这些心理现象是怎样造成的呢？一般都是自卑感在作祟。

在心理学中，自卑属于性格上的一个缺点。自卑，即一个人对自己的能力作出偏低的评价，总觉得自己不如人，悲观失望，丧失信心。在社交中，具有自卑心理的人孤立、离群、抑制自信心和荣誉感。当受到周围人们的轻视、嘲笑或侮辱时，这种自卑心理会大大加强，甚至以畸形的形式，如嫉妒、暴怒、自欺欺人的方式表现出来。自卑是一种不健康的心理，是一种消极的心理状态，是实现理想或某种愿望的巨大心理障碍。自卑的人往往都是失败的俘虏、被轻视的对象，严重的自卑心理还可能导致一个人颓废落伍、心灵扭曲。

一个有自卑感的人去办事，必会使办事的质量大打折扣。所以，应先从自身出发，找出产生自卑感的原因。比如，平时过少参加社交活动，受这方面的教育和锻炼不足，工作能力不强，有某种生理缺陷、疾病等。认清了这些，便有意识地用自己的优势弥补不足，这样，在有意识的进取和锻炼下，会渐渐地在办事过程中消除自卑感，产生一种平衡心态。

仔细追究之下，造成自卑心理的原因很多，因人而异：

比如说，有的人产生自卑心理的诱因是思想认识方面的，如对自己的期望不高，或者相反，期望过高、不切实际；有的人产生自卑心理的诱因是生理素质方面的，如五官不端正、过胖、过瘦、过矮、口吃、身体有残疾、缺陷等等；有的人产生自卑心理的诱因是社会环境方面的，如出生农村、经济条件差、学历低、工作环境不好、家庭或单位的影响等等；有的人产生自卑心理的诱因是性格气质方面的，如内向、孤僻等；有的人产生自卑心理的诱因是生活经历方面的，如情场失意、当众出丑、被人嘲弄等等。

可以说自卑感是一种普遍的心理现象，没有自卑感的人几乎是不存在的。所不同的是，有的人只在人生的某一阶段拥有自卑感，而有的人的自卑感贯穿他的一生。

知道了这些之后，人们应该如何挣脱自卑的枷锁呢？下面有几种方法可以一试。

1. 客观全面地看待事物

具有自卑心理的人，总是过多地看重自己不利和消极的一面，而看不到有利、积极的一面，缺乏客观全面地分析事物的能力和信心。这就要求我们努力提高自己透过现象看本质的能力，客观地分析对自己有利和不利的因素，尤其要看到自己的长处和潜力，而不是妄自哀叹、妄自菲薄。

2. 在积极进取中弥补自身的不足

有自卑心理的人大都比较敏感，容易接受外界的消极暗示，从而越发陷入自卑中不能自拔。而如果能正确对待自身缺点，把压力变动力，奋发向上，就会取得成功，从而增强自信，摆脱自卑。

美国参议员艾摩·汤玛斯小时候一点也不优秀，甚至很自卑，但他最后却克服了自卑而成为著名的参议员。

他16岁时，经常为烦恼、恐惧、自卑所苦。就他的年龄来说，他长得实在太高了，但却瘦得像根竹竿。而且身体很弱，永远无法和其他男孩在棒球场上或田径场上竞争。同伴们开他玩笑，喊他"瘦竹竿"。为此，他十分忧愁、自卑，几乎不敢见人，事实上他也确实很少与人见面，因为他们的农庄距离公路很远，四周全是浓密的树林。他经常整个星期见不到任何陌生人，所见到的人只有他的母亲、父亲、姐姐、哥哥。

每一天，每一小时，他总是在为自己那高瘦虚弱的身体发愁，他几乎无法想到别的事情。他的难堪与恐惧如此严重，几乎难以承受。

他母亲知道他的感觉，她曾经当过学校老师。所以她对他说："儿子，你应该接受高深的教育，你应该依靠你的头脑为生，因为你的身体不行。"

由于他父母没有能力送他上大学，他知道他必须自己奋斗。因此，有一年冬天，他去打猎，设陷阱，捕捉动物。春天时他把兽皮卖掉，得到了4美元，然后他用那笔钱买了两只小猪。他很精心地照料它们，第二年秋天他把它们卖掉，得到40美元。带着卖掉那两只猪的钱，他离家进了"中央师范学院"——位于印第安纳州丹维市。他每周的伙食费是1美元40美分，房租每星期是50美分。他身上穿的是母亲为他缝制的一件棕色衬衫。他也有一套西装，本来是父亲的——父亲的衣服不合他身。他穿在脚上的那双鞋子也是父亲的，同样不合他的脚——那种鞋子两侧有松紧带，你一拉时，它们就松开，但是父亲那双鞋子的松紧带早已没有弹性，顶端又很松，因此他一走起路来，鞋子差点就从他脚上掉下来。他觉得很不好意思，不敢和其他学生打交道，所以独自坐在房里看书。当时他最大的愿望，就是使自己有能力购买一些商店中出售的衣服，既合他身也不会让他为它感到难堪。

过了没多久，发生了 4 件事，帮助他克服了他的忧虑和自卑感。其中一件事给了他勇气、希望和信心，并完全改变了他以后的生活。他把这几件事简单描述了一下。

第一件事：在进入师范学院 8 周之后，他参加了一项考试，获得一张"三等证明"，使他可以在乡下的公立学校教书。说得更清楚一点，这张证书的期限只有 6 个月，但它表示某人对他有信心——这是除了他母亲之外，第一次有人对他表示有信心。

第二件事：一所位于"快乐谷"地方的乡村学校的董事会聘请了他，每天薪水 2 美元，月薪 40 美元。这表示有人对他有信心。

第三件事：在他领到第一次薪水之后，他在店里买了一些衣服，穿上它们，使他不再觉得羞耻。如果现在有人给他 100 万美元，他也不会像当初花了几元钱买那些衣服时那样的兴奋。

第四件事：他生命中真正的转折点——他在克服忧愁和自卑感的奋斗中第一次胜利了，事情发生在印第安纳州班桥镇举行的一年一度的"普特南郡博览会"上。他母亲鼓励他参加一项公开演说比赛，那项比赛将在博览会上举行。当然，他取得了成功，获得了第一名。

再后来，他从迪保大学获得学士学位之后，他来到一个新地方——俄克拉荷马州。在基俄革、康曼奇、阿帕奇印第安人的保留区公开放领之后，他也申请了一块土地，在俄克拉荷马的罗顿市开设了一家法律事务所。他在州参议院服务了 13 年，在州下议院待了 4 年，50 岁那年，他终于实现了他一生中的最大愿望：被选入美国参议院。

想当初，在他穿着父亲的旧衣服以及那双几乎要脱落的大鞋子时，那种烦恼、羞怯、自卑几乎毁了他的一生。所幸的是，他及时从自卑中走出，以至最后取得辉煌的成就。

求人办事时同样如此，自卑感强的人在办事时比较容易遭受失败，因为很多时候，在他还没开始办事前，就先把自己给否定了。因此在办事前应对自己和对方多加分析，通过比较找出自信。平时则应多跟人交谈，多参加社会活动，在社会活动中充实自己，使自己树立起自信心态，具备良好的心理素质。

第二章　办事的形象

第一节　讲究仪表

外表打动别人

我们在看到别人的第一眼时，都希望别人能够打动自己；同样，我们更希望自己也能打动别人，这点对求人办事是很重要的，如果我们能够打动别人，那么对方很自然地就会帮助我们。反之，如果让别人看我们一眼就不想看第二眼，那事情很难再有指望了。

俗话说："相由心生。"这句话的意思是说我们的容貌是在父母给的基础上自己塑造的，难怪林肯说："一个男子40岁后就必须为自己的脸负责了。"

人人都希望看到也希望拥有动人的容貌，从古至今都是如此。人们往往都是很重外表形象的，殊不知很多人都会下意识地把一些正面的品质加到外表漂亮的人身上，像聪明、善良、诚实、机智等等。更有甚者，当我们作出这些判断时，我们一点也没有觉察到外表在这个过程中所起到的作用。这种趋势可能导致的后果是非常令人不安的。

例如，有人曾对1974年加拿大联邦政府选举的结果进行研究，后来他们发现，外表有吸引力的候选人得到的选票是外表没有吸引力的候选人的2.5倍。而尽管有明显的证据表明英俊的政治家有很多优势，一个随后的研究却表明投票人并没有意识到自己的偏见。事实上，有73%的加拿大选民都强烈否认他们的投票决定受到了外表的影响，只有14%的人承认也许有这个可能性。但不管投票人怎么抵赖外表的吸引力对选举结果的影响，却有源源不断的证据表明，这种令人担忧的倾向的确是一直存在的。

再比如1960年，尼克松与肯尼迪之争中，年轻、英俊、风流倜傥的肯尼迪浑身散发着领袖的魅力，他看起来坚定、自信、沉着，不仅能够主宰美国的政坛，而且能平衡世界的局面。当他提出"不要问国家能为你做什么，问一问你能为国家做什么"的口号时，却在以"自我"为中心的国度里激起了美国人民上下一片的爱国热潮。他不仅满足了美国人梦中理想的领袖形象，而且创立了领袖形象的最高标准。

同样，1980年与里根竞选总统的杜卡基斯，无论是外表还是声音，无论是演讲还是表演，在英俊、高大、富有感召魅力的里根的衬托下，越发显得"不像个领袖"，因而落选。而演员出身的里根通过自己的微笑、声音、手势、服装及高超的演技，表现出一个具有迷人魅力的领袖形象，从而掩盖了他在知识和智力上的不足。

几十年过去了，肯尼迪的形象一直让人难以忘怀，使很多政治家黯然失色。30年后，克林顿再度让美国人民旧梦重温。受到肯尼迪的影响，克林顿从小立志从政，他以肯尼迪为榜样，仪态、举止处处满足美国人渴望的总统形象，他终于成为美国总统。在克林顿身上，正反两面，都有肯尼迪的影子。尽管他是位创造了美国历史上丑闻最多的总统，但他每次都能安然渡过难关，使人们一次次原谅他的不检点。相比之下，尼克松一次"水门事件"就被迫离开了白宫。

可见，形象就是一种魅力，运用形象的魅力是杰出领袖的智慧之一。形象所产生的巨大领导力和影响力使世界上成功的巨人们无不在乎自己的形象。

在求人办事时，形象同样具有重大的意义。有一个例子就很能说明问题。1999年，在中国网络腾飞时代，一位华裔英国投资商到了北京的中关村，和一位电脑才子会谈投资。事后，他说："我怎么也不能相信头发如干草、说话结巴的人会向我要500万美元的投资，他的形象和个人素养都不能让我信服他是一个懂得如何处理商务的领导人。"当然，谈判结果就可想而知了。

所以在办事前先把自己的仪表、形象修饰好。"欲把西湖比西子，淡妆浓抹总相宜。"只有掌握了修饰美的"修饰即人"的指导思想及"浓淡相宜"的美学原则，才能使美的修饰映照出一个人蓬勃向上的精神风貌，才能帮助我们提高办事能力。

"修饰即人"是说修饰美能反映一个人的追求及情趣。《小二黑结婚》里的"三仙姑"，醉心于"老来俏"，可是，"宫粉涂不平脸上的皱纹，看起来好像驴粪蛋上下了霜"。这样的打扮如果说是跟她的年龄、身份不符的话，那么这和她这个人物的那种虚荣、轻浮和愚昧的人格倒是挺相称的。美的修饰要考虑被修饰者的年龄、身份、职业等，教师、医生就不宜打扮得过艳，学生应当讲究整洁。

"浓淡相宜"是说修饰不能片面追求某一局部的奇特变化，而应注意统一协调，否则会失去比例平衡，以至于俗不可耐，弄美为丑。一个人如果想受人尊敬，首先必须注意的是衣着的整齐清洁，让人觉得自己为人端庄、生活严谨。况且化妆的本意是为了掩饰缺点以表现优点，所以，如果为了掩饰缺点而化妆过浓时，优点反而被破坏无遗。因此，欲将良好的风度、气质呈现在众人面前，应持淡雅宜人的妆容，不可把脸当作调色盘，不可把身体当作时装架，这也就是所谓有个性的妆饰，它是在表现本身的修养，同时也表现人格，因此必须使看的人感到清爽和产生好感才行。

这样，你再去找人办事时，自然就会留给别人一个深刻的印象，这会为你的成功办事增"辉"不少。

办事也要重穿着

美国商人希尔在创业之初，就意识到了穿着对人际交往与成功办事的作用，他清楚地认识到，商业社会中，一般人是根据一个人的衣着来判断对方的实力的，因此，他首先去拜访裁缝。靠着往日的信用，希尔定做了三套昂贵的西服，共花了275美元，而当时他的口袋里仅有不到1美元的零钱。

然后他又买了一整套最好的衬衫、衣领、领带、吊带及内衣裤，而这时他的债务已经达到了675美元。

每天早上，他都会身穿一套全新的衣服，在同一个时间、同一个街道同某位富裕的出版商"邂逅"，希尔每天都和他打招呼，并偶尔聊上一两分钟。

这种例行性会面大约进行了一星期之后，出版商开始主动与希尔搭话，并说："你看起来混得相当不错。"

接着出版商便想知道希尔从事哪种行业。因为希尔的衣着所表现出来的这种极有成就的气质，再加上每天一套不同的新衣服，已引起了出版商极大的好奇心，这正是希尔盼望发生的情况。

希尔于是很轻松地告诉出版商："我正在筹备一份新杂志，打算在近期内争取出版，杂志的名称为《希尔的黄金定律》。"

出版商说："我是从事杂志印刷及发行的。也许，我也可以帮你的忙。"

这正是希尔所等候的那一刻，而当他购买这些新衣服时，他心中已想到了这一刻以及他们所站立的这块土地，几乎分毫不差。

后来，这位出版商邀请希尔到他的俱乐部，和他共进午餐，在咖啡和香烟尚未送上桌前，已说服了希尔答应和他签合约，由他负责印刷及发行希尔的杂志。希尔甚至"答应"允许他提供资金并不收取任何利息。

发行《希尔的黄金定律》这本杂志所需要的资金至少在3

万美元以上，而其中的每一分钱都是希尔从漂亮衣服所创造的"幌子"上筹集来的。

希尔的成功很有力地证明了穿着对一个人办事所起的巨大作用，如果当初他根本不注重衣装，那么那位出版商肯定连看都不愿看他，更不会帮他出版杂志了。

世上早有"人靠衣裳马靠鞍"之说，一个人若有一套好衣服配着，仿佛把自己的身价都提高了一个档次，而且在心理上和气氛上增强了自己办事的信心。聪明的人切莫怪世人"以貌取人"。人皆有眼，人皆有貌，衣貌出众者，谁不另眼相看呢？着装艺术不仅给人好感，同时还直接反映出一个人的修养、气质与情操，它往往能在尚未认识你或了解你的才华之前，就向别人透露出你是何种人物，因此，在这方面稍下一点工夫，办起事来会事半功倍的。

美国的心理学者雷诺·毕克曼做了以下有趣的实验。

在纽约机场和中央火车站的电话亭里，在任何人都可以看到的地方，放10美分，等到一有人进入电话亭，约2分钟后敲门说："对不起，我在这里放了10美分，不知道你有没有看到？"结果退还硬币的比率，询问者服装整齐时占77%，而询问者衣服较寒酸时则占38%。

进入电话亭里的人在被服装整齐的人询问时，可能会察觉服装整齐的人可能跟自己说了很重要的话；而面对衣着寒酸的人，因为在不想接触的念头下，不想去理会对方的问题，所以根本没有听清楚他说的话，就开口回答"不"，企图赶走对方。

"佛靠金装，人靠衣装。"这句话真是经典。

找别人办事，着装确实能起到举足轻重的作用。有办事经验的人都知道，能否给人留下好的印象，对于事情最后是否办成有着十分重要的作用，而一个人的着装是给对方留下好印象的基本要素之一。试想，一个衣冠不整的人和一个着装整洁利落的人在其他条件差不多的情况下去办一件同样的事，结果前者很可能受到冷落，而后者更容易得到善待。特别是到一个陌生的地方办事，给对方留下一个美好的第一印象显得尤为重要。

和一个陌生人第一次见面，在开始交谈前，其实就已经用一种古老而全球通用的语言交谈过了。它的词汇便是我们的装束。

衣着对一个人的外表影响非常大，大多数人对别人的认识，可以说是从其衣着开始的。衣着本身就是一种无声语言，不但能给对方留下一定的审美观，而且它还能反映出你个人的气质、性格、内心世界。一个不讲究衣着、对衣着缺乏品位的人，势必影响到办事的效果。因此，你若想成为会办事的人，从现在起，请立即注重你的衣着。

被《时代》杂志誉为"全美第一位服装工程师"的约翰·莫莱认为，在衣着方面，成功人士的保守、不逾越身份，并尽可能符合公司的要求，是通向成功的重要保证。他曾经为机构的高层行政人员的衣着作出规定，最适当的西装颜色是蓝色和灰色，咖啡色则不大好。穿像样的衣服是让别人认真对待你的一种方法。需要注意的是，穿着一定要和你所从事的工作和所在的单位相协调。不同的公司与公司之间，正确的职业服装标准是不一样的，要根据该公司经营的种类、产品或服务的性质、公司位置、公司历史与传统等确定。以往，我们对正确的职业服装的概念来自于以男性占主导的中上层职业银行家、律师、医生和军官，有时也包括商人。而现在，一种源于工业革命后维多利亚时期的男性服装，经过女性化修改，已作为职业服装被广为接受，到处可见。这种传统的职业服装代表着一种正式而保守的形象、男女皆宜，但有些单位却不鼓励这种被人接受了的传统城市化着装，认为对其产品或服务太过正式，而希望其职员穿着更随意一点。

如果你是高级职员，那就穿得体面些，职位越高，穿着始终与众不同就越显重要；如果你是一般职员，那么不要穿那些不适于工作的业余服装。你的上司不会认为没有付给你足够的工资，他们只会认为你没有购置合适的服装，由此得出你没有足够认真地对待自己的工作的结论。

所有这些都是你的一种办事能力的体现，所以，从现在开始，你就要努力重视自己的穿着打扮，不要因为穿着而坏了事情。

第一印象很重要

人们都有这样一种约定俗成的认识：那就是大凡给对方留下了好印象的人都善于与对方交往，善于与对方合作，善于与对方办事。

人与人的交往，第一印象很重要，你进门的一刹那，他就决定了对你的印象。有研究证明：产生第一印象的 7 秒钟可以保持 7 年。人的第一印象一旦形成，就很难改变，如果第一印象不好，也许下面的事情就可能泡汤、失败。

一个业务员的失败，80％是因为留给客户的第一印象不好。也就是说，在你还没开口之前，别人就把你给否定了。

不知大家是否有过这样的经历：在电话里跟一位女士谈得很好，对方的声音很甜。这时你在心里就会有种种的猜想，比如，猜想她长得肯定跟她的声音一样美，肯定漂亮；她的素质一定很不错；她的气质一定会很高雅；等等。你就会有一种想和她见面的冲动，希望很快见到她。有这种想法是人的一种正常心理。

但有的时候，一旦见了面，或者还没见面，远远地看见，就可能使你大失所望，没有了兴趣。为什么？具体也说不清楚，就是一种总体的感觉。这种感觉和原来的想象有很大的落差。就这么一瞬间，脑子里便会闪出一个非常感性的决定：不行，这人不行。

如果你想成为一个成功的人，平时就要以成功的标准来要求自己，不要认为现在不是正规场合，就随随便便，或者认为大家都是熟人，都是朋友，随便一点没关系。其实你平时的不注意，别人都看在眼里，心里都有一本账。到有机会的时候，或需要用人的时候，他不一定会考虑你，尽管你们平时很熟，是朋友。因为别人已经对你定了格，你给别人就是这样的感觉，很多机会就会与你擦肩而过。这一刹那的工夫，要靠你平时修炼。

李先生在国外某大企业工作，2000 年，被委派回国寻找合作伙伴。经人介绍，他与中国某公司的刘总准备会面。李先生被引进刘总的办公室后，看见一个中年男人坐在办公桌后打电话。他穿着灰棕色的、人造纤维的格子西服，一条花亮的领带露在他 v 形口的毛衣外面，鼻子里的黑毛像茂盛的草丛，毫无顾忌地伸出鼻孔，他张口讲话时，一口黑黄的牙齿暴露无遗。电话中，他大声地训斥着对方，然后，毫不客气地猛然摔下电话。

"噢！上帝啊，这就是公司的老总？"李先生心中不免非常失望。接下来，刘总与李先生象征性地握了握手。"冷酷的、拒人千里之外的死鱼式的握手。"当时，李先生心中的失望又增加了一分。当刘总邀请李先生共进午餐时，在座的还有李先生的那位身材略胖的同事以及刘总的两位副手。就餐时话题无意间进入饮食与肥胖的关系，刘总旁若无人地指责胖人没有节制饮食。李先生的胖同事低头不语，敏感的李先生举杯转移话题："好酒，中国的红酒比国外的酒还有味道。"刘总喝完了酒，再度拾起肥胖的话题，强烈地攻击胖人之所以胖是由于懒惰。

最终，他们之间没有结成商业同盟。李先生谈到这段经历时说："他留给我一个永不可磨灭的可怕的恶劣印象。从我一进门的瞬间，他那张冷酷不带微笑的脸和那双死鱼般的手，无不在告诉我这是一个冷酷的、没有修养的人。在餐桌上的表现，更进一步证明了我对他的第一印象。他不但没有修养，简直是没有教养，不懂得一点点为人的基本礼貌。我无法想象与这种人合作会有什么样的后果！我更无法理解他为什么可以坐在公司老总的位置上？他早就应该被时代淘汰。"

心理学家研究发现，人们的第一印象是非常短暂的，只有几秒到几十秒之间。也就是说，在如此短暂的时间内，人们就对你这个人有所评价了。

在心理学中第一印象被称为"首因效应"，无论它是正确的还是错误的，大部分人都依赖于第一印象的信息，而这个第一印象的形成对于日后的决定起着非常大的作用。它比第二次、第三次的印象和日后的了解更重要。第一印象的好坏几乎可以决定人们是否能够继续交往。美国勃依斯公司总裁海罗德说："大部分人没有时间去了解你，所以他们对你的第一印象是非常重要的。如果你给人的第一印象好，你才有可能开始第二步，如果你留下一个不良的第一印象，很多情况下，我们会相信第一印象基本上准确无误。对于寻求商机的人，一个糟糕的第一印象，就会使其失去潜在的合作机会，这种案例数不胜数。你必须花费更多的时间才能够抹去糟糕的第一印象。"

在办事过程中，良好的第一印象是一把在首次相见中能够打开机遇大门的钥匙，英国伦敦大学的一位系主任在谈到一位讲师时说："从她一进门，我就感到她是我所渴望的人。她身上散发着某种气质，被她那庄重的外表衬托得越发迷人。因为只有一个有高度素养、可信、正直、勤奋的人才有这样的光芒。30分钟之后，我就让她第二天来系里报到。她没有让我失望，她一直是最优秀的讲师。"这个激烈角逐的位置就这样由一个迷人的第一印象落到了这位中国女博士的手中。

尽管我们理直气壮地告诉别人，不要仅凭一个人的外表妄下结论。但事实是，全世界的人都在这么做，当然包括我们自己。

第一印象对于人们来说有着太大的作用，但常常被人们忽视。如果你不想失去任何成功的机会，如果你想在办事的过程中如鱼得水，那么请别忘记第一印象的作用，并且要努力给别人留下良好的第一印象。

塑造一个迷人的时尚印象

现代社会高速发展，人们都在追求时尚。如果一个人能留给别人一个迷人的时尚印象，那么办事情就会更加顺利。因为你在办事情时，至少有 7 个细节能使陌生的事业伙伴、陌生的客户欣赏你。你显然不能对流行时尚一无所知，当然也不能过分赶潮流而在外表上失去你的专业信誉。

对女士来说这 7 个细节是：

1. 高保湿的发式

带有保湿效果的头发，给人以清新、有活力的感受。千万不能顶着一头干涩的头发去面见客户，这会让别人失去对你的信任。你需要购买无香型的保湿产品，抹在干净柔顺的头发上，制造保湿效果。注意别用香气袭人的保湿产品，其香气与面霜、香水的香气混杂起来很冲鼻，缺乏清爽的感觉。

要使你的头发看上去像半个小时前刚从泳池里出来的效果，湿润亮泽，清爽宜人。

2. 口红的颜色

灰紫、近乎白色的淡紫、银灰等口红色，已继紫色与黑色之后，成为最具先锋感的口红色，受到年轻的职业女性的喜爱，但是，它却不适用于工作领域或对外交往场合。玫瑰灰紫、灰紫白、银灰，给人矜持冷淡的印象，显得气质孤傲，缺乏合作诚意。当然，饱满欲滴的火红色及大红色也是不合适的。如燃烧般的红色是女性"扩张力"的代言物，无论对话者是女性还是男性，都会令其不安、紧张。所以，为保持精致幽雅而不乏轻松的对话氛围，要选好你的口红颜色。深玫瑰紫、洋粉红和咖啡玫瑰红，是赢得最初 6 秒的"人心相向"的 7 种"武器"之一。

3. 简洁的领口

在领口加花边是非常老土的式样，体现你的效率与创新精神的领口，常常应该是简单的半立领式，领子呈不对称的半开放式设计。对称的领子严谨而尊贵，但不能给人意料之外的惊喜，也就不能给人深刻印象。不对称的领口常常给人以"领先意识"与"创新精神"的双重好感。

4. 套装色是否与皮肤色相对

如果你对自己的经验和能力没有把握，套装是最能帮你镇定自若的服装。但套装的颜色若选错了，往往比品牌、款式跟不上潮流更糟糕。穿上了"相克色"，常常使人表现出保守、委靡、拘谨之相。关于你最适合何种套装色，一定要请教色彩配衬师、色彩专家和有经验的朋友。这是确立个人着装风格的重要一步。

5. 摆脱制服的约束

第一次会面就不穿套装，反映了一个人内心的轻松或胆略，有时也体现了一种朋友式的友善态度，像无衬拉链装和底边有本色绣花的针织裙，常常突出了初见者对自身影响力的自信，有一种出奇制胜的效果。

6. 亮丽的旅行袋式挎包

与客户面对面打交道的工作人员，不再用小号公文箱、公文袋夹及中规中矩的黑色矩形挎包，而代之以亮丽的旅行袋式大挎包，已成为一种时尚方向。东京街头早已出现见客户的保险业女生背紫色旅行袋式 LV 挎包的时尚即景，有着强烈的戏剧张力。旅行袋式的挎包，鲜艳、明丽、有运动特质，似乎是挎着一种出走与逃离的欲望，表现人心所向。

这样展现在别人面前的也是一个既讲原则又讲妥协的人。

7. 鞋子上的时尚特征

无论是靴子还是皮鞋，能表达干净历练的专业人群素养者，只能是方头鞋，而不是尖头鞋。尖头给人神经质的感受，显得个性过甚，缺乏合作诚意。除了鞋头部分能反映精确的专业气质外，流线型的鞋底也给人潇洒亮丽的好印象—一种对职业游刃有余的优越感。所以一些重视外观形象者，都选择了流线型的鞋底，以期塑造一种优雅敏捷的气质。

对男士来说，这7个细节是：

1. 清理好头发、胡子等

个人形象，不仅仅是由大节构成，头发、胡子等这些卫生小细节都会揭露你的现状。因此你要每天洗澡、刮胡子。至少一个月理一次发，勤洗头，若有头屑，选用去头皮屑的特殊洗发液。出门前，别忘了检查自己的肩上有无头屑和落发。此外，每天至少要早、晚刷两次牙。常去看牙医，不要让口中成为臭味的发源地，做个敏感的人，常问自己："是否对别人的嗅觉造成污染？"

2. 衬衣的颜色

最安全的衬衣颜色应该是深色——深蓝、黑色、深绿、棕色等，大图案、大条纹、印花图案的、丝衬衣都不属于商务服装，它们是你成功商业形象的杀手。但在与艺术相关的领域或许无妨，如广告、演艺界。此外，不要穿短袖衬衣与西服相配，衬衣的袖口要长出西服两指。

3. 得体的西装

西服的面料要100％毛料或至少也要70％的毛料，或毛与丝的合成材料。任何化纤制品都会看起来廉价、劣质。成功男性的西装一般是深蓝、灰、深灰等中性色彩，选择纯色或暗而淡的含蓄条纹，此外，要注意目前国际上流行的单排扣西服。

4. 增加权威可信度的领带

买图案含蓄、简单，色彩保守的领带。一个男人至少要有一条绛红色和蓝色的领带。并确保领带要符合国际标准尺寸。领带不应有瑕疵、线头、破丝，或者褪色变形的迹象。领带的面料只能选择全真丝的。成功的男人不戴人造面料或棉、麻、皮等材质的领带。只选小图案，圆点、简单的图形，含蓄的图形、单色或条纹的图案。

5. 一条合适的腰带

你所选择的腰带要与皮鞋同色，腰带扣形状要简洁，不要把大字符的商标符号显露在外，只有中下层阶层才把品牌商标符号露在外边，避免太显眼的品牌设计的附件。

6. 光亮如新的皮鞋

当你身着西装时，只能穿优质牛皮鞋而不是猪皮鞋和羊皮鞋，更不能穿仿制的皮革鞋或其他材料的鞋。同时，你需要穿黑色的皮鞋，不能穿那种翻毛、磨光或磨砂皮鞋。你的皮鞋样式要简单，不能穿那些带有金属装饰物的鞋，不能穿那些船式、拉链式、其他怪异样式及布满花纹的鞋。此外，你每天都要擦皮鞋，不能让它沾满灰尘。

7. 选择相匹配的袜子

要注意所选的袜子要与裤子同色，男人只能穿蓝、灰袜子或黑袜子。白袜子只能在运动时或穿白西装时穿。棕色袜子用于休闲的咔叽布或棕色裤子。确保袜子足够长，能够遮住腿毛，并且要天天换洗。你要特别注意的是千万不能穿尼龙袜，这会破坏你的形象。

通过以上 7 个细节的包装，相信你再去找别人办事时，你一定会给人留下一个令人折服的时尚、迷人印象，办事的效率和效果也会随之提高。

第二节　注意自己的行为举止

办事礼貌为先

在外出办事时，如果双方约定见面又有其他人在场，主人为你介绍时，你应当如何表现才算合乎礼节呢？一般说来，介绍时彼此微微点头，互道一声：某某先生（或小姐）您好！或称呼之后再加一句"久仰"便可以了。介绍时你还应该注意，如果你是坐着的，那你就应该站起来，互相握手；但如果相隔太远不方便握手，互相点头示意即可。随身带有名片的也可交换，交换时应双手奉上，并顺便说一声"请多多指教"之类的客套话。接名片时也应用双手，并礼貌地说一声"不敢当"等，自己若带着名片也应随后立刻递给对方。如果你是介绍人，介绍时就务必要做到清楚明确，不要含糊其辞。比如，介绍李先生时最好能补上一句"木子李"或介绍张先生时补一句"弓长张"等，这样使对方听起来更明确，不容易产生误会。如果被介绍的一方或双方有一定的职务时，最好能连同单位、职务一起简单介绍。像"这位是某某公司的业务经理某某同志"，这样可使对方加深印象，也可以使被介绍者感到满意。

此外，如果你外出、旅游或者初到一个陌生的地方，可能会对地址或当地的风俗习惯不了解，这就需要询问别人。要想使询问得到满意的答复，就要做到这样两点：

一要找对知情人，主要是指找当地熟悉情况的人。比如，问路可以找民警、司机、邮递员、老年人等。二是要注意询问的礼节，要针对不同的被询问者和所问问题区别对待。比如，询问老年人的年龄时可适当地说得年轻一些，而询问孩子的年龄时则应当大一些；询问文化程度时最好用"你是哪里毕业的""你是什么时候毕业的"等较模糊的问句等。注意询问时不要用命令性的语气，当对方不愿回答时不要追根问底，以免引起对方不快。

请求别人帮助时，应当语气恳切。向别人提出请求，虽无须低声下气，但也绝不能居高临下、态度傲慢。无论请求别人做什么，都应当"请"字当头，即使是在自己家里，当你需要家人为你做什么事时，也应当多用"请"字。向别人提出较重大的请求时，还应当把握恰当的时机。比如，对方正在聚精会神地思考问题或操作实验时，对方正遇到麻烦或心情比较沉重时，最好不要去打扰他。你的请求一旦遭到别人的拒绝，也应当表示理解，而不能强人所难，更不能给人脸色看，不能让人觉得自己无礼。

微笑是办事的一把钥匙

现实生活中，很多人都已经意识到了衣着打扮对自己社交和办事的重要性。因此，出门办事之前，我们总是对着镜子特意打扮一番。但是，我们也不可以忽略了外表所展现的另一种魅力作用，那就是你的微笑。微笑可以解决问题，这是真理，很多有经验的成功人士深有体会。但是，还有很多人没有意识到微笑会对办事产生这样的影响。

所有的人都希望别人用微笑去迎接他，而不是横眉竖眼，横眉竖眼阻碍了心灵思想的交流。

所以，有的公司在招聘员工时，以面带微笑为第一条件，他们希望自己的员工脸上挂着笑容，把自己的公司推销出去。

用微笑把自己推销出去，最好的例子是美国联合航空公司。

联合航空公司保持着一个世界纪录，那就是在 1977 年载运的旅客，总人数是 355 万人。

联合航空公司宣称，他们的天空是一个友善的天空、微笑的天空。事实的确如此，他们的微笑不仅仅在天上，在地面便已开始了。

有一位叫珍妮的小姐去参加联合航空公司的面试招聘，当然她没有关系，也没有熟人，也没有先去打点，完全是凭着自己的本领去争取。她被聘用了，你知道原因是什么吗？那就是因为珍妮小姐的脸上总带着微笑。

令珍妮迷惑不解的是，面试的时候，主管人员总是故意把身体转过去背着她，千万不要误会这位主管人员不懂礼貌，原来他在体会珍妮的微笑，感觉珍妮的微笑，因为珍妮是通过电话工作的，是有关预约、取消、更换或确定飞机班次的事情。

那位主试者微笑着对珍妮说："小姐，你被录取了，你最大的资本是你脸上的微笑，你要在将来的工作中充分运用它，让每一位顾客都能从电话中感受到你的微笑。"

虽然可能没有太多的人会看见她的微笑，但他们通过电话，可以知道珍妮的微笑一直伴随着他们。

联合航空公司之所以取得惊人的运载数字，从这里就可见一斑了。

在人的所有表情之中，最有魅力、最有作用的当属微笑。

世界上最著名的微笑是达·芬奇所画《蒙娜丽莎》的微笑，据说日本有位男子为她的微笑所迷，以至于每天都对着这幅名画盯看两个小时以上，天长日久以至于精神恍惚，不得不被人送到精神病院，由此足可见微笑的魅力。而真正因微笑走向成功的应首推美国的商业巨子希尔顿。

从1919年到现在，希尔顿旅馆从一家扩展到70多家，遍布世界五大洲的各大都市，成为全球规模最大的旅馆之一。几十年来，希尔顿旅馆生意如此之好，财富增加得如此之快，其成功的秘诀之一，依赖于服务人员"微笑的影响力"。

希尔顿旅馆总公司的董事长康纳·希尔顿在几十年里，他向各级人员（从总经理到服务员）问的最多的一句话是："你今天对客人微笑了没有？"

他谆谆告诫员工，无论旅馆本身遭遇的困难有多大，希尔顿旅馆服务员脸上的微笑永远是属于旅客的阳光。他说："请你们想一想，如果旅馆里只有第一流的设备而没有第一流服务员的微笑，那些旅客会认为我们供应了他们全部最喜欢的东西吗？如果缺少服务员的美好微笑，就好比花园里失去了春天的太阳与微风。假若我是顾客，我宁愿住进虽然只有残旧地毯却处处有微笑的旅馆，而不愿走进只有一流设备而不见微笑的地方……"如今，希尔顿的资产已从5000美元发展到数十亿美元，声名显赫于全球的旅馆业。希尔顿旅馆的服务人员总会想到的就是他们的老板可能随时会来到自己面前再提问那句名言：

"你今天对客人微笑了没有？"

微笑当然是指那些由内心生出、绝对真诚的微笑。一个大公司的人事经理经常说道："一个拥有纯真微笑的小学毕业生，比一个面孔冷漠的哲学博士更有用，因为微笑是对工作人员的基本要求，也是公司最有效的商标，比任何广告都有力，只有它能深入人心。"

而随时保持微笑，更是有利于增强你办事的效果。

满脸笑容地迎接客人，微笑会使对方感觉你如同亲人；满脸笑容地托别人办事，微笑会增加对方拒绝你的难度。

微笑是一张通行证，它能给别人留下温暖、亲切、自信的印象，笑着同别人谈话，能使每一句话显得轻松，即使是那些难办的事情或是复杂的问题都可以在微笑中变得轻松起来。真诚微笑，让对方产生愉快的心情，然后一点点地把问题提出，让他（她）在快乐轻松的心情中不再设防，这样的办事效果要比板起面孔一本正经地谈判许多轮不知要好上多少倍。

有时候，为了办好事情，尽管我们没有微笑的心情，但关键时刻，也必须调整自己，笑脸对人。

西方有句谚语："不会笑就别开店。"中国人也说："笑口且长开，财源滚滚来。"微笑，是人类最美好的形象，它吸引着幸运和财富。所以，在工作和生活中，你也学一学卢浮宫里《蒙娜丽莎》的微笑，即使在你不想笑的时候，你也要露出微笑，你定会收到意想不到的办事效果。

让自己的眼神更温柔

一对恋人在一起，双双一言不发，仅靠含情脉脉的眼神就能表达彼此的爱慕之意。在办事时，你的眼睛也可以发挥很大的作用。

例如，直觉敏锐的客户初次与推销人员接触时，往往仅看一下对方的眼睛就能判断出"这个人可信"或"要当心这小子会耍花样"，有的人甚至可以透过对方的眼神来判断他的工作能力强否。

找他人办事时，能否博得对方的好感，眼神可以起主要的作用。还拿推销人员为例吧，言行态度不太成熟的推销员，只要他的眼神好，有生气，即可一优遮百丑；反之，即使能说会道，如果眼睛不发光或眼神不好，也不能博得客户的青睐，反而会落得"光会耍嘴皮子"的下场。不少推销人员在聊天时眼神柔顺，但在商谈时却毛病百出，尤其在客户怀疑商品品质或进行价格交涉时，往往一反常态与之争吵起来。

一本正经的脸色和眼神有时虽也能证明他不是在撒谎，但是，这种情况仅在客户争相购买的时候才会起好的作用。在一般情况下，一本正经往往容易伤害对方的感情而导致商谈失败。作为一位推销人员，不论如何强烈地反驳对方都必须笑容满面，如果不笑就无法保持温柔的眼神。在推销员的"辞典"里，没有嘲笑的眼神、怜悯的眼神、狰狞的眼神或愤怒的眼神等字眼。下面这些都是遭人反感的眼神，你一定要注意在实际工作中尽量避免掉，以免惹来不必要的麻烦：

1. 不正眼看人

不敢正眼看人可分为不正视对方的脸，不断地改变视线以避开对方的视线，低着头说话，眼睛盯着天花板或墙壁等没有人的地方说话，斜着眼睛看一眼对方后立刻转移视线，当与对方的视线相交时，立刻慌慌张张地转移视线，等等。

大家都知道，怯懦的人、害羞的人或神经过敏的人是很难办成事的。

2. 贼溜溜的眼神

当你找人办事时，要是有一双贼溜溜的眼睛可就麻烦了。有的人在找别人办事时常有目的地带着一副柔和的眼神，可是一旦紧张或认真起来则原形毕露，瞪着一副可怕的贼眼，反吓别人一大跳。

这种人必须时时刻刻注意，在日常生活中，养成使自己的眼神温和的习惯。此外，对人和事宽宏大量一些，是治疗贼溜溜眼神的最佳办法。

3. 冷眼看人

有一颗冷酷无情的心，那么眼睛也会给人一种冷冰冰的感觉。有的人心眼虽然很好，可是两眼看起来却冷若冰霜，例如，理智胜过感情的人、缺乏表情变化的人、自尊心过强的人或性格刚强的人等往往有上述现象。这种人很容易被人误解，因而被人所嫌弃，这是十分不利于工作和生活的。

这些人完全可以对着镜子，琢磨一下如何才能使自己的眼神变得柔和和亲切，同时也要研究一下心理学。如果对自己的矫正还不太放心，可请教一下朋友。

4. 混浊的眼睛

上了年纪的人眼睛混浊是正常现象。但是，有的人年纪轻轻却眼睛混浊，充满血丝。这样的人会给别人带来一种不清洁的感觉，甚至被误认为此人的人格也是卑下的。

只要不是眼病，年轻人的眼睛本不会混浊。年轻人眼睛混浊往往是由于睡眠不足和不注意用眼卫生所引起的，因此，要注意睡眠和用眼卫生。

5. 直愣愣的眼神

找别人办事时，环顾四周是件非常重要的事。如果你目不斜视直愣愣地朝着对方的办公桌走去，那就是没有经验的表现。应该怎么办呢？首先，要环顾一下四周，视线能及的人（不要慌慌张张地瞪着大眼睛像找什么东西似的东张西望，而要用柔和亲切的眼神自然地环视四周），近的就走上前去打个招呼，远的就礼貌地行个注目礼。

对待任何人，即使是与你的业务并无直接关系的人，也要诚心诚意地和他们打招呼，这样不但可以提高你的声望，而且在某些情况下他们还会给你意想不到的帮助。

另外，和很多人说话时行注目礼也是很重要的事，要一边移动视线交互看着全体人员的脸一边说话。一般来说大家比较注意发言多的人，而往往忽视了不发言的人，这就有点失礼了。对一言不发的人也要注意到，这样一来气氛就大不一样了。

总之，你要尽可能想一切办法克服上述那些不利于办事的眼神。平时你也可以将自己所喜爱的，认为极富魅力的明星照片放在随时可以看到的地方，并经常观察。坐到镜子前，看看你眼睛的形状和光亮度，它们适合哪种眼神，做各种媚眼、平视、瞪眼、斜眼等动作，找到令你感觉最好的媚眼、平视、瞪眼等动作的神态并加以训练，等你习惯以后就会不自觉地运用它们。一些忧心忡忡的人们或许会认为对明星神态的模仿只会出现一个令人恶心的复制品，这种看似不乏说服力的担忧实际上是杞人忧天。由于每个人所处的环境和社会经历不同，无法造就两种完全相同的气质。在你完全熟练把握某种神情时，正是出自自己的感觉而不是玛丽莲·梦露或周润发的感觉，因为这种感觉的差异，使你神情的发挥和把握显示出某种不同的个性来。

只要你加以练习，就会让自己的眼神看起来更加温柔，给人留下美好的印象。这样就会有利于我们找别人办事。

第三节　让形象替你树立办事信誉

一诺千金赢得办事信誉

戴尔·卡耐基曾经说过："任何人的信用，如果要把它断送了都不需要多长时间。就算你是一个极谨慎的人，仅需偶尔忽略，多么好的名誉，便可立刻毁损。所以，养成小心谨慎的习惯实在重要极了。"

孔子也说："人无信不立。"信誉是个人的品牌，是个人的无形资产。然而，人生最大的挫败之一，就是具有了欺骗和说谎的本领。这点在商人身上表现得最为明显。

古书《郁离子》中曾说，有人说商人是重财而轻命的人，开始我还不相信，现在我才知道真有这样的人。孟子也说，对于商人重利轻信的固有习性和做法不能不谨慎小心。因此，作为商人，在办事时要符合常规的道德标准。

纵观渐趋合理竞争的商业市场，信誉之战已成为企业生存的生死之战，取信于民成为企业发展的重要手段，"重口碑，这很重要，凡是应承的，一定都要做到。"这是作为商人所必须做到的。

翻阅美国商业史，我们可以看出，50 年以前生意兴隆的大商店，到今日依然存在的，真是寥若晨星。那些商店在当时如雨后春笋，生机勃勃，但它们却刊登各种欺人的广告，做各种骗人的勾当，而且这种风气还盛极一时。然而，它们当时一点也没有意识到这样做的寿命是不能长久的，因为这种行为缺少人格、信用做后盾。它们没有意识到这种行为终究是不可靠的，它们虽能一时欺骗得逞，但这种欺骗不久是要被发现的。其结果是它们自己被顾客冷落，以致衰微而终告失败。

还有什么比让别人都信任你更宝贵的呢？有多少人信任你，你就拥有多少次成功的机会。成功的大小是可以衡量的，而信誉是无价的。用信誉获得成功，就像用一块石头换取同样大小的一块金子一样容易。

一个言行诚实的人，因为自己感到有正义公理作为后盾，所以他能够毫无愧色，从不畏缩地面对别人。

1968 年，日本商人藤田田曾接受了美国油料公司订制餐具 300 万个刀与叉的合同。交货日期为当年 9 月 1 日，在芝加哥交货，要做到这一点就必须在 8 月 1 日由横滨发货。

藤田田组织了几家工厂生产这批刀叉，由于他们一再误工，预计到 8 月 27 日才能完工交货。由东京海运到芝加哥必然误期。

藤田田就租用泛美航空公司的波音 707 货运机空运，交了 3

万美元（合日元 1000 万元）空运费，货物及时运到。虽然损失极大，但赢得了客户的信任，维持了良好的合作关系，并维护了信誉。

像藤田田这样的著名日本企业家，将信誉看成企业的唯一生命，似乎理所当然，然而，像未万春这样的个体户为了维护信誉而自甘损失，这样的举动就更令人感到钦佩了。

1987 年 6 月 19 日，当社会上对假冒伪劣议论纷纷时，四川绵阳市个体户未万春，当众把一批价值 1020 元的假劣香烟、奶粉销毁，对于他来说虽然损失了 1020 元，但他不出售伪劣商品，赢得了信誉，赢得了社会赞许。这是比金钱更宝贵的。

一些企业为了眼前利益，大量制造、倾销劣质产品，把自己很响的牌子砸了，无异于杀鸡取卵，只有愚人才这样做。

当然，也有一些政客不讲信用，并以这种不讲信用的诈术为荣，对这种人应该采用防范措施。如秦王嬴政命大将王翦领兵去消灭六国，王翦马上提出条件，要秦王立刻给他晋爵封地赐金子，否则，他就不干。秦王不得不依了他。

有人问他为什么要这样性急，他说："大王这个人不太讲信用，会过桥抽板，事后不认账。他想赊账，我如不马上要，以后就要不到的。"

对待对手的诈术，你可以回敬以诈术，如果对于这种人却仍用所谓的"信"，这就难免要吃亏。

无论如何，凡事应该以信誉为基础，只有具备了信誉这一良好的资本，你才能被人信赖，才能在办事时游刃有余，有更大的发挥空间。

有些人虽然非常重信誉，但却找不到一些表现的方法，这时你不妨试试下面的几种做法。

1. 提前 5 分钟到约会地点，可表现你的诚意

守时是每个人都应具备的美德，经常迟到会留给人毫无诚意的印象。因此，如果是你提出的约会，请比约定时间早5分钟到达目的地，这一点很能表现你的诚意。即使你是准点到达，如果对方已经在等你，对方心里会想："是你提出的约会，自己还比我晚到。"这样你的诚意就大大地打折扣了。此外，你要比对方早到的话，可以先熟悉一下周围的环境，酝酿一下和对方见面时的话题，准备充分才能顺利达到办事的目的。

2. 直说自己的不利，表现你的责任感

一般人在碰到不利于自己的事情或想提出什么要求时，往往先做一大堆铺垫，拐弯抹角地先讲很多和主题无关的话，最后才说出自己的本意，这种做法会使对方觉得你毫无诚意。如果你不说任何开场白，直接地表明你自己的意图：道歉或要求，这样不但不会引起对方的反感，反而会使人觉得你有责任感和诚意。

3. 不懂时直说，不要装懂

有时候，为了隐藏自己的弱点和无知，人们喜欢摆出一副不懂装懂的姿态，殊不知这样反倒会给人一种浅薄的感觉。如果你对不懂的事情坦率地说不知道，反而可以成为一种有效的表现自我的方式，因为坦率本身就会给人一种强烈的印象，认为你有诚意。除此之外，从某种角度看来，你还具有一种敢于承担责任的自信。

4. 给对方出乎意料地道歉，会给对方留下诚实的印象

当对方的错误给自己带来麻烦或造成伤害时，都希望对方向自己道歉，并且有一个衡量其诚意的标准，即期望值。如果你的期望值为10分，对方却只给你5分的道歉，你就会认为这个人毫无诚意，内心对他的反感反而会增加。如果你只抱着5分的期待，而对方却给了你10分的道歉，大大超出你的期待，你会由衷地感到对方确实诚实可信，心中的不快也就消失得无影无踪了。因此，由此及彼，当你错了，不妨借鉴这种方法，给予对方超出他期望值的道歉，你的诚意会给他留下深刻的印象。

5. 稍微表露自己的不足，会让人觉得你很诚实

维纳斯之所以被人誉为"美神"，就在于她的残缺美。折断的双臂不仅没让她黯然失色，反而使她闻名世界。所以，不要怕暴露你的缺点，有时它会使人觉得你更加诚实可信。

因此，稍微表露一些缺点用以表现你的诚实，是提升自我形象的有效手法。但要注意，不要让自己所有的缺点都"一览无余"，因为这样一来，别人只会觉得你毛病太多，一无是处，而不会认为你很诚实。

因此，适当地表露缺点的做法是，暴露出一两点无伤你整体形象的缺点，如爱睡懒觉等。这样，别人会觉得你真实，并且会产生除了这一两处缺点以外，你没有其他的缺点的错觉。

总之，当你通过这些给别人留下诚实守信的印象后，你的办事效果就会大大提升。

不轻易许诺

你求别人办事，别人也可能求你办事。在别人求你的时候，首先要想想自己能不能办到，这是人人都明白的道理。可就有那么一些人不自量力，对朋友请求帮助的事情一概承担下来，事情办好了什么事也没有，如果办不好或只说不做，那就是不守信用，朋友就会埋怨你。

有这样一个真实的故事，说有一个人爱吹牛，在火车站没有熟人，硬是对别人说在火车票售完后依然能买到火车票，结果有很多朋友、同事请他帮忙买火车票，他是有求必应，答应了别人，而自己又确实没熟人，只好半夜三更去排队买票，结果托他买票的人越来越多，把自己逼近了死胡同，甚至有时自己往里贴钱买高价票，搞得狼狈不堪。

没有考虑自己的能力而轻易地答应帮忙，票买来了，大家认为你真了不起；买不来，别人就会认为，你既然给别人买来了，为什么不给我买，是看不起我吧！于是关系渐渐疏远了，

反而失去了信誉，又得罪了人，何苦呢？

假如你是一个有点权力而权力又不大的人更应该注意，因为你有权，别人包括亲戚朋友托你办事的人肯定多。这时你应该讲点策略，不能轻易答应别人。有的朋友托你办的事可能不符合政策，这样的事最好不要许诺，而应该当面跟朋友解释清楚，不要给朋友留下什么念头，否则，朋友会认为你不给办事儿；有的朋友找你办的事可能不违反政策，但确有难度，就跟朋友说明："这事难度很大，我只能试试，办成办不成很难说，你也不要抱太大希望。"这样做是给自己留有余地，万一办不成，也可以有个交代。对于那些举手之劳的事情，还是答应朋友去办，但答应了后，无论如何也要去办好，不可今天答应了，明天就忘了，待朋友找你时，你会很难堪的。

在这里强调不要轻率地对朋友作出许诺，并不是一概不许诺，而是要三思而后行。尽量不说"这事没问题""包在我身上"之类的话，给自己留一点余地。如果万事都顺口承诺，那就只会成为勒紧自己脖子的绳索。

也许很多人都知道这样一个故事。华歆、王朗一同乘船逃难。有一个人要搭船，华歆很为难，王朗说："希望你大度一些，搭搭船有什么不可以？"后来强盗追来，王朗想把搭船的人扔掉，华歆说："我刚才之所以犹豫，正是因为这个，既然已经接纳了他，他把自己托付给我们了，怎么能由于危难而抛弃他呢？"后来，世人便以这件事判断华歆和王朗的道德品质。

如果一个人在生活或生意上经常不负责地许下各种诺言，而很少能遵守，那结果只能给别人留下恶劣印象。你说过要帮别人做某件事情，就必须办到；要是你办不到，或不愿意去办，就不要答应别人，你可以找任何借口来推辞，但绝不要说"没问题"等话。如果你说试试看而又没有做到，那么你给对方留下的印象就是：你曾经试过，结果失败了。而你说没问题而又没做到，那你就失去了信誉。

总之，你在对待别人时，千万别轻易许诺，许了诺，便一定遵守。别人会被你的态度打动，他们认为你是一个讲信誉的人，从而会信赖、依靠于你，你在生活中便会战无不胜、攻无不克，办起事情来也越来越顺。

做一个让大家信赖的人

赢得别人的信赖是办事成功的第一步。作为一个办事人员，如果能守时、守约、守信，那实在是令人钦佩。但很多办事人员却轻率地认为，他们不负责任的行为会得到别人的关心，或者别人只是随便顺口说谁较懒，而不会因懒引起没有责任感的猜测。当然，也有一些人没有责任心的原因是因为他们不太成熟。

有些人之所以成为一个让别人无法信赖的人是有很多原因的。比如说，有些人生长在不完整的家庭，因对家人一次次的失望后，而形成没有责任感的人格。很多时候，他们不会直截了当地对你说"我办事不可靠"，却用谎言或开空头支票让你失望。

检查一下自己，你属于哪一种人，你是否也经常逃避责任而让别人逐渐地对你不信任呢？

1. 办事不可靠的女人

现在有一种偏见，说是"女人办事不可靠"，其实这指的只是某一种女人。这种女人天生就会迷惑别人，不会露出任何马脚，让你感觉她是一个开朗活泼的、善解人意的、可以信赖的人，于是人人乐意与她相处，乐于帮助她，甚至被多次利用也没有察觉。

很多女人都有小女孩心态，认为没有心眼的迷糊个性是招人喜爱的女性化表现。若住集体宿舍开水不打只管用，集体聚会一毛不拔，到了付费的时候从不主动等，均被认为具有一种人格的缺陷，而她自己却认为这是可爱之处。有这些表现的人一定要注意改正，毕竟走上社会后，谁也不愿把你当成小女孩。

2. 寻找推卸责任的幌子

有的人没有尽到责任，是完全无心的，并非故意伤人。可有一些人却表面上装糊涂，以此为武器来推卸责任，让别人无法责怪他们做了错事，所以表面上他们虽然没有拒绝你交与的任务，却半途而废或弃之不顾，是以迷糊来掩饰他的"罪行"。

例如，某报社记者刘某，在没写出稿件时，总是说自己经常失眠无法按时上班，要登他的新闻稿时，总是在稿件下厂时才递来一篇乱七八糟的"东西"，他之所以还能在这个单位生存下去，是因为有一位常替他收拾烂摊子的朋友，可时间一长，他的毛病还是被大家看出来了。后来刘某被报社辞退了。

有些人恶意推卸责任的动机，常混合了想引人注意和报复的心态。他们把所有的过错都怪罪在家人和朋友身上。他们虽然已不是小孩，但别人也无法视之为成人，而任由他们迟到、早退、信口开河，以不负责任为护身盔甲，悠然自得地游戏人间。

若你期望没有责任感的人能有所改变，那实在比登天还难。他们不会因你的失望而感到伤心，也不会因带给别人麻烦而感到内疚，你必须收拾他们留下的残局，更要每天提心吊胆他又捅什么娄子。为了降低自己的损失，你最好狠下心来放弃这样的朋友。但若对方是你放弃不得的，如母亲或上司，那你就得加强自我保护。最起码要提醒自己："这人是我生命中的一部分，虽然去不掉，但不论何时我绝对不能有依赖他们的念头。"

3. 全方位负责的人不多

有些人对自己在意的事很有责任心，但对其他事是能躲则躲。

某公司负责人李总如此评论自己："我绝不会雇用 10 年前的我。那时我对工作非常马虎，经常因为一些小事情就请假。我知道这样幼稚不负责的行为只会使我失败。"

但是还有一种普遍的情形就是，有些对工作认真负责的人，私下却是浪荡不羁的游子。他们虽然准时上班，但和男友、女友约会却总是迟到或失约。他们认为没有义务尊重其他人，因为他们都是微不足道的小人物。下面有一则例子就很好地说明了这一点。

某位女记者年纪轻轻就成为台里的"名记"，可谓是春风得意，而她又是如何办事的呢？同事常说："她虽然不是倾国倾城的美女，但工作却相当卖力。不论是暴风灾情或战争现场报道，她都不畏艰难、出生入死，是个标准的工作狂。"

但是她的朋友却一点也不信赖她。去年，她最好的朋友不幸得了乳腺癌却没有告诉她。后来她生气地责问对方为何瞒她时，老朋友直言不讳地说："我现在需要的是可以依靠的朋友，在我做放射线治疗时，她们能过来帮我、安慰我、做晚餐、洗衣服，细心照顾我。而你也许事前会答应过来帮我，真到那时却会推托。为了不为难你，我就没告诉你！"

朋友说过的话一次次在她的脑海回旋着，终于，她第一次认认真真地看清楚了自己，她说："我承认我的朋友都是些泛泛之交，而先生也在一年前离开我。当时，我认为他是嫉妒我的成就，到现在才明白，我让他太失望，逼得他不得不放弃我。现在除了成功的事业之外，我几乎是一无所有。"她落寞的神情，让人为她难过。接下来该怎么做，相信她自己已经很清楚了。

要想办事顺利，那就只有取得别人的信赖，而我们每个人如果想要取得他人对我们的信任，那么就要下决心除去自己的劣根性，做一个为自己的行为负责的成年人。也许开始时你是勉强自己在做，但从朋友对你态度的改变中，你会了解到自己做对了，而且一定要保持下去，这样总有一天你会成为一个大家都信赖的人。

第二篇

办事要靠智慧

智慧的标志是审时度势之后再择机行事。

——古罗马诗人　荷马

第一章　先做人后办事

第一节　要办成事必先学做人

要办大事必先学会做人

先人早已强调"做人为先"的重要性。中国儒家学说代表人物孔子就告诉我们："子欲为事，先为人圣""德才兼备，以德为首"，"德若水之源，才若水之波"。中华民族历来讲究做人的道理。关于如何做人，其重要内容之一就是讲究信用。在这一方面，胡雪岩是典型的代表。胡雪岩在人们心目中，最大的特点就是"官商"，就是所谓的"红顶商人"。这"红顶"是朝廷赏发的，戴上它意味着受到了皇帝的恩宠。

胡雪岩做生意讲信用，而且少了封建势力的干预。照胡雪岩的看法，就是商人对客户讲信用，官府对朝廷讲良心。商人只管自己是否说了话算数，是对自己的服务对象——客户来讲的；官府只管自己做事是否对得起朝廷。两者对象不同，原则不同，假如各行其是，各司其职，整个社会便井然有序；否则就只会增加混乱，而于事无补。

重要的是，胡雪岩意识到，如果钱只集存在富人手中，市面就活不起来；况且，过富必遭人妒。两极分化严重、饥民四起的情况下，富人谈何有安宁日子。

胡雪岩认为自己有义务关心社会问题，这一方面表明了他"好行其德"的良好品质；从实利层面上，则表明了依靠商人如滴水般渗漏财富而支撑的是一个健康稳固的社会，这就需要商人行善举，以感化社会。

　　胡雪岩当初创办庆余堂，并没有打算赚钱，后来因为药材地道、成药灵验、营业鼎盛，大为赚钱。但盈余除了转为资本，扩大规模以外，平时对贫民施药施衣，历次水旱灾荒、时疫流行，捐出大批成药，亦全由盈余上开支。胡雪岩自己从来没有花过庆余堂的一文钱。

　　胡雪岩的做人成功，使自己成为最大的赢家。

　　精明的商人致富后，多"富好行其德"，其中之一便是富后周济贫民。陶朱公弃政从商"十九年之中三致千金，再分散与贫交疏昆弟"；西汉商人卜式曾捐款二十万，赈济灾民。胡雪岩历年在帮朝廷平靖天下和为社会赈济灾荒方面，做出了大量贡献。

　　胡雪岩正是这种利人济世的天性，加上他超凡的悟性，从而在官商两道如鱼得水。胡雪岩这些过人的素质，使他成为一个传统文化意义上的哲商，并在经商的过程中不断感悟、不断升华，他的智慧和商业活动也就不断通向一个炉火纯青的境界。而这一切正是他对人性有深刻认识、善于做人的结果。

　　无论从事任何职业，做到最后，就剩做人了。做人成功了，财富、荣誉也就源源不断且不再那么重要了。

人品比才华重要

　　人品不能直接当饭吃，但毫无疑问的是人品是立身之本，对人生成败、事业兴衰影响颇大。一个人品欠佳的人，很难想象他会是一个名垂史册、高风亮节的人物。

　　当代著名投资家索罗斯极为重视人品的高下，认为一个人仅仅才华出众是不够的，还要有上等的人品。他喜欢诚实的人，对那些做事自私、不够诚实的人，尽管他们十分聪明，也会请他走人。正如他的朋友沙卡洛夫说："他是我所见过的最诚实的人，他根本不能忍受说谎。"这是对索罗斯的客观评价。他始终认为，许多投机商，包括一些很成功的投机商，并没有很严肃地对待自己的事业，他们只是在投机，一味地投机。

索罗斯说："对那些才气纵横的赚钱高手，如果我不信任他们，觉得这些人的人品不可靠，我就绝不希望他们当我的合伙人。"一次，垃圾债券大王麦克·米尔被起诉后，垃圾债券业务出现真空，索罗斯很想进入这一黄金领域。为此他约谈了好多位曾在米尔手下做过事的人，想请他们做合伙人。但是，索罗斯发现这些人有某种忽视道德的态度，最后放弃了，因为他觉得他的团队有这些人参与他会很不舒服，尽管他们积极进取又聪明能干，也很有投资天分。

索罗斯的团队里曾经有一个人私自在一处债券上投资了100万美元，结果投资虽然赢了利，但索罗斯认为，这个人对自己的行为不负责任。索罗斯后来解雇了这个人品欠佳的合伙人。他认为，投资作风完全不同的人在他的团队里都可发挥用场，但人品一定要可靠。

索罗斯之所以如此看重合伙人的人品，是因为他认为，金融投资需要冒很大的风险，而不道德的人不愿意承担风险。这样的人不适宜从事负责、进取、高风险的投资事业。他说："冒险是很辛苦的事，不是你自己愿意承担风险，就是你设法把风险转嫁到别人身上。任何从事冒险业务却不能面对后果的人，都不是好手。"

品行不佳，不仅害人，也会使自己在世界上丧失很多机会。管理学上有一种"中庸"理论，意思是任何一个想要稳步发展的企业，用人要划分出三个档次，首先是德才兼备，其次是德高才中，最后才是德才中等，唯一不可用的是有才无德的人，因为这样的人极其危险。正如《三国演义》中的吕布，能征善战，英勇无敌，但品格低下，先认丁原作义父然后杀丁原，后认董卓做义父然后杀董卓，最后被曹操抓起来，再也不敢用他，只得把他杀掉。

人生道路，不管你是用人还是为人做事，都要牢记"最重要的是人品"这句箴言，这有助于你走上成功之道。

做人从良心开始

做事必先做人，做人从良心开始，这不是空话、套话，而是被很多成功人士证明了的。

保文高考落榜后就随表哥去沿海的一个港口城市打工。保文和表哥在码头的一个仓库给别人缝补篷布。保文很能干，做的活儿精细，看到丢弃的线头碎布也拾起来，留作备用。

那夜暴风雨骤起，保文从床上爬起来，冲到雨帘中。表哥劝不住他，骂他是个憨蛋。

在露天仓垛里，保文察看了一垛又一垛，加固被掀动的篷布。待老板驾车过来，他已成了个水人儿。老板见所储物资丝毫未损，当场要给他加薪，他谢绝了，说他只是看看自己修补的篷布牢不牢。老板见他如此诚实，就想把另一个公司交给他，让他当经理。保文说："我不行，让文化水平高的人干吧。"老板却说相信他一定行。

保文就当了经理。

公司刚开张，需要招聘几个大专以上文化程度的年轻人当业务员，就在报纸上做了广告。表哥闻讯跑来，要谋个美差，被保文拒绝了，为此，表哥骂保文没良心。公司进了几个有文凭的年轻人，业务红红火火地开展起来。过了些日子，那几个受过高等教育的年轻人知道了他的底细，心里就不平衡了，就凭我们的学历，怎能窝在他手下？保文知道了并不恼火，说："我们既然在一块儿共事，就把事办好吧。我这个经理的帽儿谁都可以戴，可有价值的并不在这顶帽上……"

那几个大学生面面相觑，就不吭声了。

好运总是不期而至，外商听说这个公司很有发展前途，想洽谈一项合作项目。

外商来了，是位外籍华人，还带着翻译、秘书一行。

谈判完毕，外商应保文的邀请共进晚餐。

晚餐很简单，但有特色。所有的盘子都尽了，只剩下两个南瓜饼。保文很自然地打了包。虽说保文干这活时很自然，他的助手却紧张起来，不住地看那外商。那外商站起，抓住保文的手紧紧握着，说："OK，明天我们就签合同！"

事成之后，老板设宴款待外商，保文和他的助手都去了。

席间，外商轻声问保文，你受过什么教育？为什么能做得这么好？

保文说："我家很穷，父母不识字。可他们对我的教育是从一粒米、一根线开始的。后来我父亲去世，母亲辛辛苦苦地供我上学。她说不指望你高人一等，你能做好你自个儿的事就行……"

在一旁的老板眼里含着泪。他端起一杯酒，说，我提议敬她老人家一杯——你受过人生最好的教育——请把母亲接来吧！

真正感动人心、成就大事的往往是心灵最深处的力量。没有歪门邪道，没有钩心斗角，没有大讲排场，一切都是自然天成，这就是凭良心做人的力量。

但现在很多人已经习惯于不诚实、弄虚作假，也没有意识到这种不当；很多人已经变得习惯性地轻率和浮躁，不再诚实认真地对待自己的生活。整天拿自己是小人微言轻为借口而放任自己，但谁能保证小事上放任自己的人大事上就能守规矩。

老子的《道德经》中也说："天道好还。"所以凡事从良心先行才是处事之上策。因为一切背离良心的谎言终会被拆穿，只是时间早晚问题。若被拆穿得早，就是人们所说的"现时报"来得快，而报应大小视谎言危害的轻重而定；若一时未被拆穿，日后还得处处陪着小心，一切谨言慎行，用越来越多的谎言去堵住原来的谎言漏洞。把自己弄得个身心俱疲不说，还免不了最终的"不是不报，时间未到；时候一到，报应立现"。

做人就必须讲良心，才能获得可靠的幸福。因为做人只有做到让别人对你事事放心，别人才会愿意和你打交道，愿意在你困难的时候帮助你，甚至愿意把身家性命都托付给你。生活在这种人人互助、真诚关爱的环境之中，人生才是幸福的。

不为小钱而失德

内心有德行的人从不刻意去追求，从不蝇营狗苟，谋求己之私利，凡事都为他人着想。

刘广东是成都一家私营空调厂的普通工人，老板以那些代销风扇的商场拖欠了他们的货款为由，一个夏天都没有给员工发工资。中秋节的时候，总算是领回了一半的工资，但工厂也停产了。夏天过去了，空调也进入了淡季，况且，仓库里还积压了一大堆的货。

有一天，儿时伙伴欧阳富找上门来，刘广东这才知道欧阳富已经发财了。欧阳富高中毕业后到深圳打工，在那里经过几番周折后开了酒楼，赚了不少钱，好多年都没有回家乡了。离家越久，条件越好，就越思念家乡和儿时的伙伴。这一次来成都，他一打听到刘广东的地址就来了。欧阳富说这次回来他发现内地变化也很大，他想在成都开一个分店，正好刘广东没有事做，又很熟悉这里的环境，就让他带自己四处走走，查看一下行情。他们终于看中了繁华地段的一个门面，那里原来是个粮油店，面积有200多平方米，一个月的房租是8000元，欧阳富说这在深圳起码要30000元。他打算把它装修成酒楼，成都人也爱吃辣的，就搞个重庆火锅。欧阳富画了一张装修的设计图，规定了材料，留下了15万元的现金存折给刘广东搞装修和买设备，就赶回深圳去了，他在深圳有两个分店需要照看。欧阳富投资出主意，刘广东负责操办，一个出钱一个出力，利润是对半分。刘广东做梦都没有想到会有这么好的机会，还一下子做了火锅城的经理。

欧阳富走后，刘广东就开始到处联系装修队，比较质量，讨价还价，几个装修队都想抓住这个业务。那天，刘广东一回到家里，妻子就很高兴地告诉他，有个装修队姓刘的经理下午来放了 1 万块钱，还留下了一张名片和一句话"多多关照"。

刘广东说："这个钱不能收。"而妻子却劝他说："没关系，没有人会知道的，即使知道了也不是贪污公家的钱，不会犯法的。"刘广东还是坚持说："人家欧阳富对我这么信任，我绝不能做对不起人家的事，我要对得起自己的良心。"妻子说："无商不奸，奸商奸商，不奸赚不了钱的。"

刘广东还是拿上钱去找刘经理了，并很快敲定了一个报价比刘经理低 3 万多，施工质量也更好的装修队。装修完毕刘广东又忙着买厨房用具、桌子、凳子和汽炉火锅，每一次写发票的时候，他也总是实事求是，从不弄虚作假。

人品不能当饭吃，但人品是立身之本。一个人品欠佳的人，轻则会害合作双方，重则身败名裂，最主要的是内心充满矛盾和不安。老老实实做人、踏踏实实做事。努力使自己成为一个有道德的人、一个纯粹的人，这是品格高尚的人立身处世的法宝，也是人生常胜不败的正途。遵循这个道理行事，你就能成为一个举足轻重、魅力与实力并存的人物。

为一点小钱，耍了一点小聪明、小智术，表面上看是尝到了一点甜头，实际上不仅丢失了人品，且容易背负恶名，让自己臭名昭著，最后身陷困境，寸步难行。

第二节　做人是道，办事是术

办事可以失败，做人不能失败

曾被欧阳修称之为"嬉笑怒骂，皆成文章"的大文豪苏轼，因其在诗词、散文创作上的成就，在中国文学史上是占有重要地位的。苏轼在总结自己坎坷一生的教训时，很懊丧地叹息说："人皆养子望聪明，我被聪明误一生。"苏轼何出此言？

他在政治上、官场上的表现应该说是失败的。史书上记载，苏轼有一天下朝后，两手抚摸着自己的便便大腹问家人："这里面是什么呢？"有的说是满腹文章，有的说是满腹机关，只有他的爱妾王朝云一语中的："一肚子不合时宜。"苏轼长叹一声："知我者，朝云也。"就是说，连他自己也明白，"不合时宜"是他一生坎坷的主要症结。

常言道"识时务者为俊杰"。苏轼在政治上可谓是一辈子都不识时务，他一贯自恃聪明，谁当权他就反对谁，不分主次，不分环境，不管上下，只要不符合他的意思，就坚决反对。王安石推行变法，他反对；司马光上台复旧，他也反对；程颐、程颢提出新的理学观念，他也反对……不可否认，他的反对意见也有对的。然而，不分青红皂白，为表现自己与众不同、有独到的见解，钻牛角尖，便积怨众多，四处树敌，导致一生多有波折和磨难。尽管他为国为民的出发点是好的，但往往因为方法上过于简单直白，反而欲速不达，甚至适得其反。他后来遭人嫉妒、陷害，几度入朝，反复被贬，都与此很有关系。

历史上类似苏轼的不乏其人。古今中外一些有点才气的人物，所以怀才不遇、其志难展，除了客观原因之外，很大的因素在于其自身的问题。他们有的恃才傲物，唯我独尊；有的脱离实际，脱离人民，"世人皆醉我独醒"；有的自以为满腹才学，其实只会纸上谈兵。苏轼的才气如果能得到赏识，并运用到政治上，更多地为国民服务，可谓是一件幸事。千年之后我们也只能替苏文豪遗憾，一腔抱负遗恨在做人的失败上。

做事失败可以重来，做人失败却不可重来。这令多少仁人志士遗憾终生临近入土才恍然醒悟，晚矣。

以人为本是办事的基本点

一个人如何走向成功，有很多方法，不过，有一条原则是很重要的，那就是应该学会以人为本，时刻把"人"放在心上。

我国沿海某大城市一家酒店懂得把"人"时刻放在心上。

中国人好面子，在酒店请客往往不免铺张，点的菜经常吃不完。该酒店推出了一项服务，每当顾客点菜超过一定数量时，服务员就会善意地提醒消费者："本酒店的菜分量很足，据测算，您点的菜已足够消费，请酌情点菜，以免浪费。"酒店一般都是按顾客的消费量收钱的，顾客消费得越多，酒店的利润越大，然而，这家酒店却不谋求眼前的这点利益，而是主动为顾客着想。

时刻把"人"放在心上，可以给我们事业的成功带来很大的好处。你对别人付出关心，才可能去想别人拥有什么、缺少什么，可以为他们做什么，从而发现做类似事情的人没有发现的空白点，找到实现辉煌人生的机会。世界永远是人的世界，人的需要是社会最基本的需要，只有以人为本，你的工作才算是找到了入门钥匙。

日本 NHK 广播技术研究所的做法可以给我们一些启示。由于生理原因，老年人听广播，往往因为播音员语速太快，难以理解全部内容。NHK 广播技术研究所开发了一种装置，其特点是变换广播中播音员的语速，保证老年听众能"慢慢听"。慢速收音机不仅可让老人安心地"慢慢听"，还可保证下一个节目仍能照常开始。收音机里安装了一种具有记忆广播声音和变换广播语速等功能的小型电脑，它能自动缩短广播时句与句的"间隔"，在收到广播信号后，将其转换成数码信号，以缓慢速度播放出声音；如果放慢得太多，又会稍稍加快，以免耽误后面的节目。这种慢速收音机一上市，就深受日本老人的欢迎。据悉，此项技术除了用来听广播，还可广泛应用于助听器、步话机、电话、手机，从而极大地方便了老年人。

正是这种把"人"放在心上的经营观念使他们一方面赢得了"关爱消费者"的社会美誉，另一方面又获得了巨额经济回报。

把"人"放在心上，从中寻找商机，也要讲究点方法。首先你要学会从人的基本需要入手。人的基本需要潜藏着无限商机，只要你认真地去挖掘，它们也许就是一个金矿。慢速收音机和酒店的提醒服务其实就是这种理念的具体实践。其次，我们得有第一个吃螃蟹的精神。一般的人都有这样一种思维：没人做过的事，无经验可以依傍，无教训可以吸取，是风险最大的，但我们唯独很少想到事情的另一面：没人做过，它的好处也没有人得过，你第一个去，什么样的宝贝都可能入你囊中，事业成功的机会无形中便大了许多。人生的风险总是与它的收益成正比的，否则，这世上的冒险者就不可能像现在这样野草般地"钻"出来。

征服别人的方法有许多种，动听的话、强硬的手段，但没有哪一种力量比征服别人的心灵更起作用。商场也是如此，最强大的力量在心中，让自己的工作与别人内心的渴望完美结合。

做人是道，办事是术

不要认为术总是反面的、诡计的，事实上，术是做事的必需技巧，只要术不影响道的本质。

朱勇被公司炒了鱿鱼。很多人不理解，因为他的销售业绩一直不错。他的一个好朋友问他，他才道出了其中的缘由。

有一次，朱勇陪同老板参加一个高新技术产品洽谈会。在饭厅就餐的时候，有一个人阴沉着脸冲他们走过来。

朱勇认出他曾经是公司的竞争对手，因为在一次商战中被打败，而且败得很惨，使其所在公司蒙受了巨大的损失，所以被炒了鱿鱼。他从此对朱勇的老板怀恨在心，从对手变成了敌人。这次忽然在洽谈会上遇见，他扬言让朱勇的老板等着瞧。朱勇情不自禁地看了一眼老板，老板很紧张地说："小心他。"

那个人走到老板对面，倒了一杯葡萄酒端着，冲老板阴险地一笑，突然将葡萄酒向老板的脸泼去。老板没来得及做出反应，就被泼了个正着，红色的葡萄酒顺着脸向下淌，仿佛满脸鲜血。老板摸起餐桌上的纸巾擦拭的时候，那个人已经潇洒地走了。

朱勇当时愣在那儿了，他醒过神来的时候，老板已经转身离开了餐桌。周围的人都好奇地冲他们张望着，有的人还窃窃私语。

从此，老板就不再给朱勇好脸色看。朱勇明白，老板肯定是这样想的：我已经提醒你了，你应该挡住那杯酒，或者在对方还没泼出酒的时候先把矛盾化解了，至少也不能让对方那么潇洒地离开，怎么也该冲上去理论一番。事情虽然已经过去了，朱勇也想通过努力工作，为公司多创造效益来弥补对老板的歉意，但是老板根本不领情。在年底的裁员中，他理所当然地被裁掉了。

人事部在他的解聘通知书上写的辞退理由是："缺乏灵活处理问题的能力。"

在职场中，当你同老板在一起的时候，老板一旦处于丢丑的边缘，你一定要积极应对，而不是做一个冷漠的看客。如果不能避免老板丢面子，你应赶快躲开，而不是目击老板受辱。如果有一丝可能保全老板的面子，就要冲上去挽救，即使保全不了老板的面子，老板也会理解你。如果你在危机面前无动于衷、束手无策，甚至幸灾乐祸地看老板的笑话，老板一定不会给你好果子吃。

做人是道，办事是术。道合理地用在术上才能取得理想的效果；术不断地积累才能总结为道。朱勇之所以成为老板心中的痛，是因为他没有术的运用，没有术的经验，更谈不上道了。

做人与办事的统一

"做人"是"办事"的前提，也可以说，"做人"是"办事"的舵手、风向标，只有方向正确了，所做的事情才能发挥它的正面价值，否则，不仅可能产生不了预期效果，甚至可能适得其反。

办事先做人是为人处世、工作生活中的一条金科玉律，我们要取得成功，首先要修炼内功，提高自己的品质修为，人做好了，事才有可能做好。只把眼睛盯在事上，无视或轻视做人，最终也是不能把事办好的。

一个人不管有多聪明、多能干，背景条件有多好，如果不懂得如何去做人、办事，那么他最终的结局肯定是失败。做人办事是一门艺术，更是一门学问。很多人之所以一辈子都碌碌无为，那是因为他活了一辈子都没有弄明白该怎样去做人做事。

生活在现实社会中的每一个人，都渴望着成功，而且很多有志之士为了心中的梦想，付出了很多，然而得到的却很少。这个问题不能不引起人们的深思。

从表面上看，做人做事似乎很简单，有谁不会呢？其实不然，比如说你当一名教师，你的主观愿望是当好教师，但事实上却不受学生欢迎；你去经商，你的主观愿望是赚大钱，可偏偏就赔了本。抛开这些表层现象，去发掘问题的症结，你就会发现做人做事的确是一门很难掌握的学问。

办事先做人，是因为人格在空间上决定了办事的空间；做人先做事，是因为人的各种素质只有在办事中才能形成；人的本质，只能在办事中才能展开；人的潜能，只有在办事中才能开发；人的能力，只有做事中才能发挥；人的成就，只有在做事中才能取得；人的梦想，只有在做事中才能实现。做事即做人，做人即做事，是因为做事和做人二者是内在统一的，没有先后之分。

没有先后之分，并不是说没有高下之别。做人是主导，做事是基础。

有一华侨，在国外事业做得很大，但思乡情重，想出资在家乡办厂。

消息传开后，很多人纷纷与他联系，愿意与他合作在家乡开办工厂，因为大家都看到此事有利可图。这让老华侨在挑选合作者上面犯了难。

最后，他在众人之中挑了两个比较合适的人选，想在他们二人中挑出来一个与自己合作，并把他在国内投资的所有经营都交给他管理。有一天，他叫来那两个人说："我本人没有什么爱好，唯独酷爱下棋，今天，你们谁下棋赢了我，我就会与谁合作。"

那两个人也是下棋高手，棋都下得极好。第一个人与老华侨下了起来。最后老华侨以微弱的优势战胜了那个人。

第二个人很精明，在下棋当中，老华侨转身去倒了一杯水，第二个人以为他不在意，偷偷换了一个棋子，其实这一切全被老华侨从玻璃的影像上看到了。最后，第二个人获得了胜利。

后来，老华侨选择了下输了棋的那个人来管理自己在国内的事业。

老华侨说，第一个人虽然没有赢我，但是他却是凭着自己的实力没有想着去耍小计谋，诚心诚意地与我对弈。这也是一个人的人生态度问题，从中可以看出他是可信的。而第二个人却偷换了一个棋子，虽然这是一个小事情，但是却可以看出他的品质低下、为人不诚，与这样的人合作是不能让我放心的。

没有做事，做人没有根基，做事是我们立身成人之本。我们懂得做事，就永远有可以付出的资本。做事越多，付出越多，收获越大；懒惰越多，收获越小。人生就是由这样一种惯性趋势操纵着，我们用什么样的态度对待做事，这种惯性趋势就会像滚雪球一样，越滚越大。人生的价值通过他所完成的事显现出来。在理想的界面，做人与做事是一致的；做人的直接目的就是做事，人以此为生存手段，并以此充实自己；做事是实践自己的现实能力，也是达到做人成功的唯一途径。

第二章　办事的分寸和尺度

第一节　求人办事善谋划

在求人的理由上做文章

求人办事也要名正言顺，要有个理由，有个说法，给个交代，或找个借口，做个解释。在求人的理由上做文章，实际上就是为自己的求人办事寻找个好借口。

人是理性的动物，不论什么事情，总希望能给别人一个说法。即使是个无赖之人，也不愿让人说自己无理取闹，他们总会有自己的"歪理"。皇帝杀臣子、除异己，也得给文武大臣有个解释，真是"欲加之罪，何患无辞"。在求人办事中，我们也总要为自己找个借口。借口随处都需要，只是编造技术有好有坏。

借口，其实就是"没理找理"，所以找借口时要绷起脸来，一副"理直气壮"的样子，方能得逞。

有一个很有趣的故事：有一个印度人因偷窃被当场捉到。不料，小偷一点儿也没有畏缩，反而理直气壮地说："如果我拿了东西又逃走，那才算是偷，但我现在只是拿到东西而已，大不了把东西还给你罢了。"说完他就大摇大摆地走了。

对错且不论，但这小偷确实是寻找借口的高手，在我们看来，这个小偷本应该是理屈词穷，谁也不会想到他还有什么可以狡辩的了。但他却还能理直气壮，并说出一定的逻辑，这确实不简单。

当然，这里并不是鼓励大家采取拒绝承认错误的态度或学习颠倒黑白的行为。这里强调的是，有些人面对初次见面的人，就以理亏的口吻说话，这种无谓的谦卑，反而会使自己站不住脚，并无益处。找人办事，总是要找一定理由的，但具体应该怎样找理由就应该多下一番工夫了。

以广告人为例，他们可以说个个都是找借口的高手，当速溶咖啡在美国首度推出时，曾有这样一段故事。

公司方面本来预测这种咖啡的"简单""方便"会大受家庭主妇的欢迎。没想到事与愿违，其销售量并未猛增。姑且不论味道问题，大概是因为"偷工减料"的印象太强的关系。因为在美国，到那时为止，咖啡一直都是必须在家里从磨豆子开始做起的饮料，只要注入热水就能冲出一大杯咖啡来，怎么看都太过简单了。

所以，厂商便从"简单""方便"的正面直接宣传，改为强调"可以有效利用节省下来的时间"的广告战略——"请把节省下来的时间，用在丈夫、孩子的身上。"

这种改变形象的做法，消除了身为使用者的主妇们所谓"对省事的东西趋之若鹜"的内疚。因为"我使用速成食品，一点儿也不是为了自己的享乐，而是因为可以把节省下来的时间用到家人身上之故"。此后，速溶咖啡销售量年年急速上升，自是不在话下。

人都是这样，办事情讲究名正言顺，你给他一个名，他是很乐于做些自我欺骗、掩耳盗铃的事的，尤其是事情对自己有利的时候。实际上，嗜酒者从不主动要求喝酒，却以"只有你想喝，我陪你喝"，或者"我奉陪到底""舍命陪君子"这类借口来达到心愿，表面上既不积极也不反对。

这方面，我们中国人尤其擅长，即在办某件事时总要找个理由作为依托，这样才算圆满。而且在这种理由的掩盖下，即使他知道是自己的责任，也会一味推卸。利用人们的这种心理，先替对方准备好借口，对方就不会再推辞。比如，送礼给人时，先要说："您对我太照顾了，我不知如何感激，这是我一点小意思，请您接受。"由于有了借口，所以对方减少了内疚意识，定会欣然接受礼物。

总之，在求人办事时，先在理由上做足文章，为办事找个台阶。

培养主动结交的意识

"对方应该主动拜访我""对方应该先开口和我说话""对方应该……"每个人的脑海里很容易就闯入这样的念头。在人们的心里，这似乎已被视为理所当然的反应。

这些念头虽然已经变成自然的反应，但是，它们却不是待人接物、求人办事应有的正确态度。如果你一直固执于友情应该由对方主动给予的原则，你将交不到朋友，你的影响力也会受到局限。

不论在什么场合下，忽视别人都是不可原谅的过错。

事实上，主动和别人打招呼是大部分领导者共有的特征。如果你有机会参加大规模的会议，不妨仔细观察那些游走会场，到处向人打招呼，到处向陌生人自我介绍的人，他们都是举足轻重的人物。

那些会走到你面前说"我是×××，请多指教"的人，都是现在或未来的大人物。你仔细思量、细心观察，将会发现他们之所以成功，就是因为他们愿意主动并且热心地结交朋友。

有些人这样解释这种行为："我或许对他并不重要。但是，他对我却非常重要，所以我必须主动接近他。"

陌生人主动向你开口，至多你会认为他冒昧失礼，却不会因此感到愤怒。你主动和不认识的人说话，会得到许多好处。

你一开始便要主动向别人打招呼，因为你的招呼会使他感到舒服，你也因此可以放松心情。你的主动一定会有所回馈，那就像在寒冷的早上，你必须先预热引擎才能发动车子是一样的。

有主动的结交意识，你才能认识更多的朋友，并因此得到更多的帮助。

现在，通过经营服装发展起来的法姬娜集团年营业额已逾亿元。谈到自己事业的成功，潘高钊总是说，全赖有朋友帮忙。结交朋友可以说是潘高钊的制胜法宝。

潘高钊出生于浙江温州的瑞安。家中孩子众多，他是老小。在他很小的时候，母亲就开始做生意，家境也随之富裕起来，他也被经商的环境熏染。潘高钊说，母亲从未教过他经商的秘诀，只告诉他要把握好人生的三样法宝：学文、练武、交朋友。这几样法宝可以说让他受益终身，尤其是交朋友这一点，潘高钊做得最是卖力。

后来哥哥做生意不慎，赔了大钱，家道中落，潘高钊受到很大震动。于是他做出违背母亲意愿的决定：下海，不再读书。1984 年，17 岁的潘高钊开始挖掘人生的"第一桶金"。他用扁担挑了一担松紧带，几经周折到义乌去卖。见到潘高钊小小年纪如此辛苦，义乌一位商家可怜他，当场就把松紧带全部买下。这可是潘高钊平生赚到的第一笔钱，尽管只有几十块。

1986 年，潘高钊去了一趟兰州，揽些废旧物资的生意来做。怀揣母亲塞给的 200 元钱，他上了火车。那年头，在火车上坐软卧的只有两种人：一种是高干，另一种是个体户。于是潘高钊总是有意无意地往软卧车厢跑，希望因此结交一些可以进行业务往来的朋友，这还真的非常有用。他的一位很好的朋友就是和他在软卧车厢下象棋认识的。

潘高钊以真诚的态度结交了一些对自己帮助非常大的朋友。虽然有朋友协助，潘高钊未必每事必成，但却为他日后的成功埋下了伏笔。正因为如此，朋友被潘高钊称为无形资产。

可见，主动结交朋友会给自己的事业带来很大的帮助，但是在结交之前就要有一种主动结交的意识。

另外，值得注意的是，在主动结交别人时，主动向别人进行自我介绍是非常有用的，可是一般人都不会主动向别人做自我介绍，他们大都等待别人来打开僵局。这对于结交别人是十分不利的。

所以，你应该积极学习大人物主动向人做自我介绍的勇气。只要你认为没有什么事可以令你胆怯，你就不会畏惧。何况你只是要去认识他，并且让他也认识你罢了！

在财经界、文艺界、政界和学术界，那些执牛耳的大人物，都是极富人情味的人，他们都是容易打动人心的专家。

善于运用认同术

对待朋友，应该尽量抓准每一个机会增进交往，和朋友达成共识。例如，及时地给予对方雪中送炭式的帮助，会拉近你和朋友的距离，使朋友对你更加忠诚。人生难免遇到困境，在朋友遇到困境时及时给予各方面的援助，是增进友谊的有效手段。只有友谊增进了，以后求人办事才会更加顺利。

学会与朋友有福同享、有难同当。当朋友获得成功时，及时地、由衷地祝福朋友，分享朋友的喜悦，会使朋友更加快乐，并会感激你对他的祝贺。当朋友有困难时，应帮助他渡过难关，真正地体现有福同享、有难同当的精神。

如果朋友对你的某些行为流露出不满甚至批评时，应该弄清友人不满是什么原因造成的。有时可能是朋友误会了你的意思，而有时或许是由于你的粗心没能照顾到对方的情绪，使对方产生不满，但无论何种原因，你都应该谅解朋友，坦诚地向对方解释自己的行为，甚至赔礼道歉，以化解对方的不满，求得对方的原谅。

与朋友交往时应多强调精神因素，淡化物质上的交往。交朋友时以对方的道德品质、脾气和性格是否与自己的相投作为择友标准，不要以贫富贵贱作为择友标准。与朋友交谈或来往时应强调精神上的交流，例如聊一聊最近的生活感触，互相给予鼓励和支持等，不要一味地谈钱、谈物质，这样会给对方很不好的印象。当对方遇到物质方面的困难时，应慷慨给予对方物质帮助，不要吝啬，这样会使朋友觉得你是一个真正的朋友。人们所交的朋友一般是年龄相仿的人，但如果与跟自己年龄相差很大的人交朋友，也会有意想不到的效果。老年人遇事经验丰富，年轻人遇事热情有冲劲，两者的交往可以取长补短，所以社会上也不乏"忘年之交"。

人与人交往的最好结果是心与心的相通、志与志的相合、心理与心理的相容和分寸适度的距离感。无论哪方面，都应该力求达到一种"求同存异"的效果。

在现实生活中，由于每个人所处的环境不同，因此在经历、教育程度、道德修养和性格等方面也各不相同，这些方面的差距不应成为友谊的障碍。友谊的长久维持应该是正确对待这类差距的结果。应该承认自己和朋友在对待事物方面的差距，承认这种差距，适应这种差距，双方可以有争论、有辩解，从争论中寻找两人的契合点，求同存异。在涉及精神信仰的因素中应尊重对方，在涉及认识水平的问题上应通过暗示、影响等方面使对方认识到你们之间的差距。总之，有时保持这种差距，比强迫对方或自己改变以缩短差距要可行得多。

当然，朋友之间在兴趣爱好上有距离是司空见惯的事，如何才能使朋友之间的爱好协调起来呢？一般来说，朋友之间的兴趣爱好是相近的，但有时又是截然不同的。在这种情况下，应该尊重彼此的兴趣爱好，互相取长补短，如此不仅可以拓宽自己的知识面，还能使友谊更上一层楼。在交朋友时，应注意多结交一些与自己兴趣爱好相去甚远的朋友，这样可以使自己见闻更广阔，思想更活跃。

我们常说："距离产生美感。"朋友之情再深，也没必要天天黏在一起，因为相距越近，越容易挑剔对方的缺点和不足，忽视对方的优点和长处，长期下去，会导致矛盾的产生甚至断交。如果朋友之间保持一定的距离，可以使朋友彼此忽视缺点，而发现的是对方的优点和长处，并对对方有所牵挂，这样友谊就易于维持下去。

总之，不管怎么样，对朋友要善于运用认同术，着力达到"求同存异"的境界是最主要的。这样才能维持长久的友谊，经营、完善自己的关系网络。

织一张好的关系网

有的人为了使自己办事更加顺利，于是整天忙忙碌碌，结识很多人，整天为应付自己找来的关系而叫苦连天，网织得很大，但漏洞百出，而且又有许多死结，结果使用起来没有实际用处，撒进"海"里网不到"鱼"，办不成事。人的精力毕竟是有限的，这时就要理顺关系网，该增的增，该删的删，该修的修，该补的补。

要编织一张好的关系网，不妨采取以下步骤：

1. 筛选

把与自己的生活范围有直接关系和间接关系的人记在一个本子上，把没有什么关系的记在另一个本子上，这样筛选之后，就能分清轻重，区别对待了。

2. 排队

要对自己认识的人进行分析，列出哪些人是最重要的，哪些人是比较重要的，哪些人是次要的，根据自己的需要排队。这样你就会很快明白该求什么样的人帮忙。

由此，你自然就会明白，哪些关系需要重点维系和保护，哪些只需要保持一般联系和关照，从而决定自己的交际策略，合理安排自己的精力和时间。

3. 对关系进行分类

生活中一时有困难，需要求助于人，有的事情往往涉及很多方面，你需要很多方面的支援，不可能只从某一方面获得。

比如，有的关系可以帮助你办理有关手续，有的则能够帮助你出谋划策，有的则能为你提供某种信息。虽然作用不同，但对你可能是至关重要的，所以一定要分门别类，对各种关系的功能和作用进行分析、鉴别，把它们编织到自己的关系网之中。

编织关系网其实并不难，但是要把它的内容落到实处就不那么容易了。一是要识门，也就是说，对于与自己求助的事情有重要关系的部门人员一定要清楚、熟悉他们的工作内容和业务范围；二是要识路，也就是说，要熟悉办事的程序，先从哪里开始，中间有哪些环节，最后由什么部门决定，都应非常清楚，省得跑来跑去，重复找人。

有了清晰的关系网后，聪明的人就会懂得如何保护和维系这张网，使它一直有效。他应该不断与网里的人保持联系，加深彼此的相互了解和合作，保持旧的关系，发展新的关系，使自己的关系网越来越丰富。

4. 随时调整关系网

世界上的一切事物，都处于不断的运动、变化和发展之中。一个合理的人际结构，也必须是能够进行自我调节的动态结构。这反映了人际结构在发展变化过程中前后联系上的客观要求。

所以，你需要不断检查、修补关系网，随着部门调整、人事变动及时调整自己手中的牌，修补漏洞，及时进行分类排队，不断从关系之中找关系，使自己的关系网一直有效。

在实际生活中，需要调整关系网的情况一般有 3 种：

（1）奋斗目标的变化。也许你的奋斗目标已经实现，也许你的奋斗目标变了——比如弃政从商，这需要你及时调整关系网，以便为以后的大战商海提供有效的服务。

（2）生活环境的变动。在当今这样的信息社会，人口流动性空前加快。本来在 A 地工作的你，忽然到 B 地去工作，这种环境变动，势必引起人际关系结构的变化。

（3）某些人际关系的断裂。天有不测风云，朝夕相处的亲人去世了，在悲哀的同时，不能不看到人际结构的变化。

虽然，调整关系网有被动调整和主动调整两种，但不管是何种调整，都要求我们能迅速适应新的人际关系结构。

此外，在与朋友交往时，你需留心记录下和对方有关的各项事情，针对朋友的需求及特质修正自己的态度及方法，这样才能有效地搞好人际关系。能打动对方的周全准备则需要完整的情报，你不妨建立一个联络簿，联络簿就是情报的记录，完整的联络簿可以帮助你增强交际手腕。

不管怎样，如果你想把事情办理得又快又好，那么就赶快为自己编织好一张有效的关系网，并细心维护、随时调整。

第二节　求人办事要掌握好进退

求人办事要抓住时机

求人办事，把握住时机是非常重要的。当我们摸清了对方心理之后，并等到一个合适的时机时，应该学会当机立断，避免犹豫不决，贻误良机，这样就可以迅速达到自己的目的。

就拿李莲英的故事做一个例子。我们都知道，慈禧喜欢别人称她"老佛爷"，自然也喜欢故意摆出不杀生、行善积德的样子给人看。特别是在她60大寿之际，她更要做出一番"功德"来，好让天下人都知她慈禧有好生之德。李莲英为了能够在众臣面前求得慈禧对自己的宠爱以保住自己的地位，于是，他绞尽脑汁地想出并做出一些绝招来奉承慈禧。

60大寿这一天，慈禧按预先安排好的计划，在颐和园的佛香阁下放鸟。一笼笼的鸟摆在那里，慈禧亲自抽开鸟笼门，鸟儿自由飞出，腾空而去。等李莲英让小太监搬出最后一批鸟笼，慈禧抽开笼门后，鸟儿就纷纷飞出，但这些鸟儿在空中只盘旋了一阵，又唧唧喳喳地飞进笼中来了。慈禧又惊奇又纳闷，还有几分高兴，便问李莲英："小李子，这些鸟怎么不飞走哇？"李莲英很是得意，知道自己做的准备已经让主子高兴了。于是，跪下叩头道："奴才回老佛爷的话，这是老佛爷德威天地，泽及禽兽，鸟儿才不愿飞走。这是祥瑞之兆，老佛爷一定万寿无疆！"

一般说来，李莲英这个马屁可谓拍得极有水平，但这次却拍马屁拍到马腿上了，慈禧太后虽觉拍得舒服，但又怕别人笑话她昏昧，于是脸上露出了阴森的杀气，随即怒斥李莲英道："好大胆的奴才，竟敢拿驯熟了的鸟儿来骗我！"

李莲英并不慌张，他不慌不忙地躬腰禀道："奴才怎敢欺骗老佛爷，这实在是老佛爷德威天地所致。如果我欺骗了老佛爷，就请老佛爷按欺君之罪办我。不过在老佛爷降罪之前，请先答应我一个请求。"

在场的人一听，李莲英竟敢讨价还价，吓得脸都白了，哪个还敢吱声。大家知道，慈禧虽号为老佛爷，实际是一个杀人不眨眼的刽子手，许多因服侍不周或出言犯忌的人都被她处死，哪个敢像李莲英这样大胆。慈禧听了这番话，立刻铁青了脸，说："你这奴才还有什么请求？"

李莲英说："天下只有驯熟的鸟儿，没听说有驯熟的鱼儿。如果老佛爷不信自己德威天地，泽及禽兽，就请把湖畔的百桶鲤鱼放入湖中，以测天心佛意，我想，鱼儿也必定不肯游走。如果我错了，请老佛爷一并治罪。"

慈禧也有些疑惑了，她随即走到湖边，下令把鲤鱼倒入昆明湖。稀奇的事情真就出现了，那些鲤鱼游了一圈之后，竟又纷纷游回岸边，排成一溜儿，远远望去，仿佛朝拜一般。这下子，不仅众人惊呆了，连慈禧也有些迷惑。她知道这肯定是李莲英糊弄自己，但至于用了什么法子，她一时也猜不透。

李莲英见火候已到，哪能错过时机，便跪在慈禧面前说："老佛爷真是德威天地，如此看来，天心佛意都是一样的，由不得老佛爷谦辞了。这鸟儿不飞去，鱼儿不游走，那是有目共睹的，哪是奴才敢蒙骗老佛爷，今天这赏，奴才是讨定了。"

李莲英说完，立刻叩拜起来，随行的太监、宫女、大臣，哪能不来凑趣，一齐跪倒，个个都向他们的"大总管"投来了奉承的眼光。事情到了这份上，慈禧太后哪里还能发怒，她满心欢喜，还把脖子上挂的念珠赏给了李莲英。

且不论李莲英的为人如何，从这个故事我们可以看出，李莲英抓住时机讨巧的工夫实在高明至极。现实生活中，我们也应该抓住时机尽快办成自己要办的事。

一个人办事的成功，除了依赖一定的条件之外，机会的作用是不可忽视的。就连韩愈也在他的《与鄂州柳中丞书》中写道："动皆中于机会，以取胜于当世。"

比如你要升官晋职。由于本单位、本部门的领导者因为某种原因，或者是工作突出被提拔了，或者到了法定年龄离休、退休了，或者因工作犯了错误而被解职了，总之，原来的职位出现了空缺，这个空缺就为你创造了一个升迁的机会。如果这个机会来临之时，你却不知道想办法抓住机会，甚至是在工作中犯了错误，那官运就会与你失之交臂。

也许有人对此不以为然，他们总认为自己的提升是因为自己拥有某些才能。这种说法带有很大的片面性。因为谁都知道，一个人被提升时，首先要有职位。没有空出的位置，任你才高八斗，学富五车，也不会被提拔到一个"悬空"的位置上。当然，我们不否认才能在提拔中的作用。

在 20 世纪 80 年代初期，上级配备一个地区的领导班子，为了体现年轻化的原则和要求，规定这一类班子的平均年龄均不得超过 45 岁。由于几个领导年龄较大，在选择最后一个人选时，他的年龄就必须在 35 岁以下。于是，有关部门不得不放弃

35岁以上的优秀干部的人选，而把眼光集中到35岁以下的年轻人身上来。通过挑选，总算把一个年轻的副乡长选了上来。这个人刚当了一年副乡长，虽然素质不错，但主要还是赶上了一个好时机，他做梦也没想到会这么快走上地区的领导岗位。

时机对于办事效果就是这样，时机不出现，有时任你费尽九牛二虎之力，也办不好，办不成功；一旦时机出现了，你不想办，却反而歪打正着，然而，这属于一种非普遍的机会。

就正常而言，大多数办事机遇，都是办事主体努力创造的结果，如下级主动承担某项重要工作而获得了广为人知的成绩和显露出惊人的才华，从而引起领导的重视、赏识而晋升成功。

所以，要想办事成功，关键的还是要靠自己主观努力来把握住时机。

把握住时机，最重要的是要认清时机。所谓时机，就是指双方能谈得开、说得拢的时候，对方愿意接受的时候。一个人在车祸丧子的悲痛中还没解脱出来，你却上门托他给你的儿子保媒说媳妇，无疑你会碰壁的；领导正为应付上级检查而忙得焦头烂额的时候，你却找他去谈待遇的不公，那你肯定要吃"闭门羹"甚至遭到训斥。掌握好说话的时机，才能提高办事的成功率。下面的这两种时机可以说是求对方的最佳时机。在办事过程中，你一定要注意把它牢牢抓住，那将会取得事半功倍的效果。

1. 在对方情绪高涨时

人的情绪有高潮期，也有低潮期。当人的情绪处于低潮时，人的思维就显现出封闭状态，心理具有逆反性。这时，即使是最要好的朋友赞颂他，他也可能不予理睬，更何况是求他办事。而当人的情绪高涨时，其思维和心理状态与处于低潮期正好相反，此时，他比以往任何时候都心情愉快，表面和颜悦色，内心宽宏大量，能接受别人对他的求助，能原谅一般人的过错，也不过于计较对方的言辞；同时，待人也比较温和、谦虚，能听进一些对方的意见。因此，在对方情绪高涨时，正是我们与其谈话的好机会，切莫坐失良机。

2. 在为对方帮忙之后

中国人历来讲究"礼尚往来"、"滴水之恩当以涌泉相报"。在你为他帮了一个忙后，他就欠下了对你的一份人情，这样，在你有事求他帮忙的时候，他必然要知恩图报。在不损伤对方利益的前提下，他能做到的事情，一般情况下会竭尽全力去帮助你。"将欲取之，必先予之"，托人办事的时机，我们是可以进行预先创造的。

先为自己留好退路

在这个世界上，我们毕竟不能独来独往。办自己的事情时，有时会涉及别人的利益。因此，我们在处理事情的过程中，必须全盘衡量，把握分寸，协调好各方面的利害关系，在争取我们自己利益的同时，绝不能伤害他人。这就要求我们，在办事情时先为自己留好退路。

尤其是有些事情，一旦办了，可能就违法、违情、违理，使自己或别人遭受名誉、经济或地位的损失。

东汉时期，光武帝的姐姐湖阳公主新寡，光武帝有意将她嫁给宋弘，但不知她是否同意，于是就和她一块儿议论朝廷大臣，暗暗地观察公主的心意。后来，公主说："宋弘的风度、容貌、品德、才干，大臣们谁都比不上……"光武帝听说后就有意要促成这门亲事。过了不多久，宋弘就被光武帝召见，光武帝叫湖阳公主坐在屏风后面，然后光武帝带有暗示性地对宋弘说："谚语云：'贵易交，富易妻。'这是人之常情吧？"宋弘说："古语说：'贫贱之知不可忘，糟糠之妻不下堂。'共患难的妻子是不应该被赶出家门的。"光武帝听完后转头对屏风后面的公主说："事情不顺利啊！"

很显然，这件事属于不该办的事，因为臣子宋弘有妻室，湖阳公主显然是属于"第三者插足"。如果皇帝办成了这件事，虽然在当时不属违法行为，但却是违背情理的。当然皇帝也知道，所以就事先为自己留有退路，借用"贵易交，富易妻"来表达，宋弘以"贫贱之知不可忘，糟糠之妻不下堂"来回应，既保住了皇上的面子，也顺利地推脱了事情。

所以，当有人违背你的人生信念而托你办事时，你也绝不能贪图一时之利，而不负责任地答应他、纵容他，一定要慎重考虑可能引起的后果。如果有人想整治别人，编造假的事实，求你出面作伪证，或者有人想让你同他一起干违法乱纪的勾当，如果你不想与其同流合污，就应有勇气拒绝这类无理的要求。

另外，在办事情时，既要考虑到成功的一面，也要考虑到有失败的可能，两者兼顾，方能周全。在欲进未进之时，应该认真地想一想，万一不成怎么办？以便及早地为自己留一条退路。例如：

清朝乾隆年间，纪晓岚在任左都御史时，员外郎海升的妻子吴雅氏死于非命，海升的内弟贵宁状告海升将他姐姐殴打致死。海升却说吴雅氏是自缢而亡。案子越闹越大，难以作出决断。步军统领衙门处理不了，又交到了刑部。经刑部审理，仍没有结果。原因是吴雅氏之弟贵宁，以姐姐并非自缢为由，不肯画供。

后来，经刑部奏请皇上，特派朝中大员复检。

这个案子本来并不复杂，但由于海升是大学士兼军机大臣阿桂的亲戚，审案官员怕得罪阿桂，就有意包庇，判吴雅氏为自缢，给海升开脱罪责。没想到贵宁不依不饶，不断上告，惊动了皇上。皇上派左都御史纪晓岚，会同刑部侍郎景禄、杜玉林，带同御史崇泰、郑微和东刑部资深已久、熟悉刑名的庆兴等人，前去开棺检验。

纪晓岚接了这桩案子，也感到很头痛。不是他没有断案的能力，而是因为牵扯到阿桂与和珅。他俩都是大学士兼军机大臣，并且两人有矛盾，长期明争暗斗。这海升是阿桂的亲戚，原判又逢迎阿桂，纪晓岚敢推翻吗？而贵宁这边，告不赢不肯罢休，何以有如此胆量，实际是得到了和珅的暗中支持。和珅的目的何在？是想借机整掉位居他上头的军机首席大臣阿桂。而和珅与纪晓岚积怨又深，纪晓岚若是断案向着阿桂，和珅能不借机整他一下吗？

打开棺材，纪晓岚等人一同验看。看来看去，纪晓岚看死尸并无缢死的痕迹，心中明白，口中不说，他要先看看大家的意见。

景禄、杜玉林、崇泰、郑徽、庆兴等人，都说脖子上有伤痕，显然是缢死的。这下纪晓岚有了主意，于是说道："我是短视眼，有无伤痕也看不太清，似有也似无，既然诸公看得清楚，那就这么定吧。"于是，纪晓岚与差来验尸的官员，一同签名具奏："公同检验伤痕，实系缢死。"这下更把贵宁激怒了。他这次连步军统领衙门、刑部、都察院一块儿告，说因为海升是阿桂的亲戚，这些官员有意袒护，徇私舞弊，断案不公。

后来乾隆又派侍郎曹文植、伊龄阿等人复验。这回问题出来了，曹文植等人奏称，吴雅氏尸身并无缢痕。乾隆心想这事与阿桂关系很大，便派阿桂、和珅会同刑部堂官及原验、复验堂官，一同检验。终于真相大白：吴雅氏被殴而死。海升也供认是自己将吴雅氏殴踢致死，制造自缢假象。

案情完全翻了过来，于是原验、复验官员几十人，一下都倒霉了！有被革职的，有被发配到伊犁的。唯独对纪晓岚，皇上只给他个革职留任的处分，不久又官复原职。因为纪晓岚曾说自己"短视"，这就为自己留了退路。

《战国策》中有一句名言叫"狡兔三窟"，意指兔子有三个藏身的洞穴，即使其中一个被破坏了，尚存两个；如果两个被破坏了，还剩一个。这就是一种居安思危的生存方式，也是一种有先见之明的预防策略。在办事中，我们不妨学学这一招。

用最大的努力去争取好的结果，同时做好失败的心理准备和物质准备，以及应变措施。这样办事情，就能以不变应万变，永远立于不败之地了。

处于弱势时，就先退几步

找人办事，一定要在忍耐中懂得进退之法，处于弱势时，就先退几步。进退之法，是许多成大事者都心知肚明的行动要略。

李鸿章在权力的争斗中，就很好地做到了这一点，他绝不冒险，所以才有步步高升的机会。

当时大太监李莲英深受慈禧太后的宠爱，权倾朝野，人人望而生畏，人称"九千岁"。此人狐假虎威，老谋深算，心狠手辣。李鸿章以军功而升高官后，最初看不起太监，无意中就得罪了李莲英，因此，李莲英就想给他点颜色瞧瞧。

不久后，慈禧太后有意静居，想把清漪园修缮一番，以便颐养天年，但却苦于筹款无术，时常焦躁。李莲英趁机说："李爵爷是朝廷重臣，若能体仰上意，玉成此事，以慰太后，以宽圣心，当立下不世之功。"

李鸿章听到有这样贴近慈禧太后的好机会，岂肯轻易放过？当即满口应承，并马上献计献策，同李莲英商量。李莲英听了大喜，拍手称善，笑容可掬地着实奉承了李鸿章一番。接着李莲英又谦恭有礼地希望李鸿章入园内踏勘一回，看看哪里该拆该建，做到心中有数。

可是到了约定的日子，李莲英却借口有事不能奉陪，只派了个伶俐的太监领着李鸿章转悠了一整天。事后不久，李莲英又故意捡了个光绪皇帝肝火最旺的时候，诬陷李鸿章在清漪园里游玩山水。光绪最忌讳的就是别人不尊重他的皇权帝位。听说权倾当朝的李鸿章竟敢大摇大摆地在他御苑禁地游逛，顿时大怒，认为这是"大不敬"，是对皇权、皇位的公然藐视和冒犯！光绪一怒之下，不问青红皂白，立即下诏"申饬"，将李鸿章"交部议处"。

所谓"申饬"，就是由皇帝、太后或皇后派一名亲信太监，捧着圣旨去，指着某人的鼻子，当众数落臭骂一顿。而被骂的人，既不能申辩，也不能回骂，还要伏在地上谢恩。这"申饬"虽不伤皮肉，却是极使人难堪的侮辱性惩罚。

李鸿章被御批"申饬"后，他自然懂得其中奥妙，于是便立即派人送了银子，免去了当众受辱之苦。李鸿章自然很快悟出了吃亏的原委，从此以后便对这位"九千岁"刮目相看，敬礼如仪。这就是李鸿章的退让之法：不去冒险与人争斗，而以守住自己为重。

善于退让，也能赢得成功，因为这样做一则保住了自己，二则保留了机会。

人与人之间总有强势与弱势之分，因此我们就更需要精通"撤步术"。让步并不是懦弱的表现，它是为了获得更大的进步。就像跳远一样，为了跳出好成绩，后退几步是必然的。求人办事一定要注意，该进时则进，该退时就要毫不犹豫地后退几步，由此你会取得更大的成功。

形势不妙，先走为上

在办事的过程中，难免会遇到一些棘手的，甚至解决不了的难事。这种时候最好不要死挺硬扛，而是要采取"先走为上"之策略。

所谓"先走为上"是指办事者在自己的力量远不如对手的力量时，不要和对手硬拼，以卵击石，自取失败，应该采取"走"的策略，避开是非，争取另开新路。

1990年，安德斯·通斯特罗姆被瑞典乒乓球队聘为主教练。由于通斯特罗姆平时对运动员指导有方，再加上其战略战术比较高明，所以瑞典乒乓球队连年凯歌高奏。在1991年世乒赛上，他率领的瑞典男队赢得了所有项目的冠军。在1992年夏季奥运会上，他们又夺得男子单打金牌，这块金牌也是瑞典在这届奥运会上获得的唯一一枚金牌。

然而，正当瑞典国民向通斯特罗姆投以更热切期望的时候，他却突然宣布将于1993年5月世乒赛结束后辞职。通斯特罗姆的业绩如此辉煌，瑞典乒乓球联合会已向他表示："非常希望"延长其雇佣合同，那么他为什么要在春风得意时突然提出辞职呢？许多人对此感到迷惑。

后来人们才知道，正是通斯特罗姆连年的成功促使他作出了辞职的决定。他透露说，自他担任主教练以来，瑞典乒乓球队取得一次又一次的胜利，但是"现在我已感到很难激发我自己和运动员去争取新的引人注目的胜利。瑞典乒乓球队需要更新，需要一个新人来领导。"

在这里，主教练通斯特罗姆用的正是"先走为上"的计策。在体育赛场上，没有永远不败的常胜将军。通斯特罗姆在感到很难再去"争取新的引人注目的胜利"之际，果断地退下来，无疑是明智之举。这样既可以保持住自己的声望，又可以使瑞典队得以更新。

在我国古代，晋国公子重耳的故事也是个很好的例子。

晋国公子重耳由于国王昏庸，献公听信骊姬的谗言，逼迫太子自杀，因而出走流亡在外，这样他既避免了骊姬的迫害，又能留得余生待国有转机时回朝主持朝政。他在流亡期间，也渐渐变得成熟干练，而且他也充分利用"走"来寻找他的同盟者。这样他就在"走"的同时来促使晋国内外发生有利的变化，最后，他终于在秦国大军的护送下归晋。

这是留与走的一个鲜明对比：留则无生路，走后得王位。这虽是一个治国之君的经历，但这个道理在我们平时办事的过程中也是大有作用的。切记：走是为了等待时机，创造条件，不是为了躲避困难，寻求安逸。

过度敏感不利于办事

在准备求人之前，自以为对方会给予热情接待，可是到时候却发觉，对方并没有这样做，而是采取了低调。这时，心里就容易产生一种失落感。其实，这是自己对彼此关系估计错误，期望太大而形成的。

求人办事，察言观色当然是必备的技能，但是如果你过于敏感，那就等于是给自己套上了一个无形的枷锁，对于办事是没有什么益处的。

这种过度的敏感从根本上说是一种自卑感在作怪。他们总希望自己是生活的强者，是别人心目中的优秀分子，可往往事与愿违，想象与现实之间有距离，这种距离促使他们更加敏感紧张，随时捕捉任何可能对自己不利的信号。结果很有可能会形成一种恶性的心理循环：你越紧张兮兮的，就越容易成为别人的话柄或笑料，反过来又会进一步加剧你的猜疑与敌意，这样就会把人际关系搞得一团糟。

菲菲到多年不见面的同学家去探望。这位同学已是商界的顶级人物，每天造访他的人很多，十分疲劳，因此，对来家的客人，只要是一般关系的，一律不冷不热待之。

菲菲以为自己会受到热情款待，不料到那里后发现同学对她不冷不热，心里顿时有一种被轻慢的感觉，认为此人太不够朋友，小坐片刻便借故离去。她愤愤然，决心再不与之交往。后来才知道，这是此人在家待客的方针，并非针对哪个人的。她再一想，自己并未与人家有过深交，自感冷落，不过是自作多情罢了。于是又改变了心态和想法，采取主动姿态与之交往，反而加深了了解，增进了友谊。

幸亏事后菲菲并没过度敏感到不与同学交往的地步，因而增进了友谊。假如当初她因受了一次冷落就不和人交往了，那也就不会有以后的友谊了。

无论是工作或生活中，过度敏感都是十分不利的。比如，"北大怪侠"孔庆东在《47楼207》中曾写过这样一件趣事：

上中学时，几位同学在一起边走边玩儿，忽然间走到前边的一位姓马的同学转过头来，愤怒地叫道："你们叫谁马寡妇？"其实大家谈论的话题与他一点关系都没有，他就这样给自己起了个外号。

人们常说做贼心虚，可是有很多人，他们自己明明并没有做什么见不得人的事，但心里却常发虚，他们过分地注意别人对自己的评价或态度的微小变化，其实别人并没有拿他们怎么着，但他们总会以为大家在同他们过不去。这样一来，不但把自己弄得紧张不堪，别人也不会再情愿给他们办事了。

分清事情的分量再办事

事情有大有小，有轻有重，是放弃西瓜捡芝麻，还是丢掉芝麻捡西瓜，这既可能涉及自身的利益，又可能涉及他人及整体大局的利益。所以，在这取舍两难的选择之间，就应该掂量一下事情的分量，尽量采用舍小取大、弃轻取重的处理原则。这样虽然丢掉了小利，但所换取的可能就是大利或大义。

蔺相如是战国后期赵国人，他本是赵国宦官令缪贤的门客，通过完璧归赵、渑池之会后，一跃成为赵国的上卿。

廉颇是赵国上卿，多有战功，威震诸侯。蔺相如却后来居上，使廉颇很恼火，他想："我乃赵国之大将，身经百战，出生入死，有攻城野战之大功，你蔺相如不过运用三寸不烂之舌，竟位居我上，实在令人接受不了。"他气愤地说："我见相如，必辱之。"从此以后，每逢上朝时，蔺相如为了避免与廉颇争先后，总是称病不往。

有一次蔺相如和门客一起出门，老远望见廉颇迎面而来，连忙让手下人回转轿子躲避开。门客见状，对蔺相如说："我们跟随先生，就是敬仰先生的高风亮节。现在，您与廉颇将军地位相同，而您见了他就像老鼠见猫一样，就是一般人这样做也太丢身份了，何况一个身为将相的人呢！连我们跟着先生也觉得丢人。"蔺相如问："你们嫌我胆小，你们说廉将军和秦王相比，哪个厉害？"门客答道："秦王厉害。"蔺相如说："既是秦王厉害，我都敢在朝廷上呵斥他，侮辱他的大臣们，我连秦王都不怕，却单单怕廉将军吗？"蔺相如接着说："我想强秦不敢发兵攻打赵国，是因为我和廉将军在位。如果我们二人争闹起来，势必不能并存。我之所以这样做，是把国家利益放在前头，把个人的事放在后头啊！"门客恍然大悟。廉颇闻之，深感内疚，于是负荆请罪，与蔺相如结为"刎颈之交"，演出一幕千古流芳的"将相和"。

　　蔺相如之所以能千古流芳，就在于他能忍小辱而顾全国家大义，对事情的分量把握得好。赵国之所以不被他国欺负，就是因为有将相文武二人的威势。可见，把握好事情的分量，不仅利于个人关系，对集体、对国家也是幸莫大焉。所以，每个人在办事情之前，都要先把握好事情的分量然后再去办，这样方能事半功倍啊。

　　事有大小，事有种类，事有难易，有的事关系到自己的切身利益，有的事则可办可不办。我们不但要知道哪些事应该怎样办，而且要知道哪些事该办，哪些事不该办。

　　如果你觉得事情能够办成，就应该毫不犹豫地去办。

　　如果你觉得要办的事情把握不大，就要给自己留下回旋的余地。

　　如果你觉得要办的事情没有能力办到，就不要勉强去办。

　　有些事情无论是工作上的还是家庭中的，能办的要及早办，不能办的也要想办法找关系求人去办，我们在实际生活中遇到更多的是别人求办的事，对于这类事我们应该有一个因事制宜的态度。

第三节　找不同类型的人办事要有不同的方法

性情暴躁的人

办事时，难免会碰到性情比较暴躁的人。这种时候，我们该怎样与之相处办事呢？

所谓性情暴躁的人，通常是指那种好冲动、做事欠考虑、思想比较单纯、喜欢感情用事、行动如急风暴雨似的人。一般来说，这种人没有太多的心计，喜欢直来直往，不会转圈，同时他也不会为别人考虑太多。正是因为这样，这种人容易被得罪也容易得罪别人。许多人都不愿意和这种性情暴躁的人来往。

其实，这是一种对人认识不足的偏见。他们身上也会有很多优点，在同这些人办事时不妨好好利用这些优点，你就会发现，事情完全不像你想象中那么难办。

首先，这种人常常比较直率。心里想什么，就会直接把它表现出来，不会搞阴谋诡计，更不会在背后算计人。他对某人有意见，会直截了当地提出来。所以，与其和那些城府较深的人相处，还不如与这种人打交道。

其次，这种人一般比较重义气、重感情。只要你平时对他好，尊敬他，视之为朋友，他会加倍报答你，并维护你的利益。所以，和这种人交往，不一定非要那么客套，或讲什么大道理。你只要以诚相待，他必定真心相对。

最后，这种人还有一个特点，就是喜欢听奉承话、好话。因此，与其交往的时候，最好多采用正面的方式，而谨慎运用反面的或批评的方式。这样往往可以取得更好的效果。

总之，在求助这种人的时候，不必含蓄，不必讲太多的技巧，有什么说什么就可以了。平时交往过程中对他义气些，搞好彼此的关系，你有事情去求他，只要能做到，一般他不会袖手旁观的。这时，你就可以讲明困难，请求他的帮助，而无须拐弯抹角，费尽心机地想法求他了。你可以真诚一些，说一些好听的话，这样十有八九他会欣然帮助你的。

性格冷淡的人

当我们找人办事时，极有可能会遇到这样一些人，他们很多时候都是我行我素，对人冷若冰霜，他不会注意你在说什么，甚至你会怀疑他有没有听进去。和这类人打交道，找他们办事的确让人感到不自在、不舒服，但出于工作、生活的需要，我们又往往不得不求助于他，那么，在这种情况下，我们应该怎么办呢？首先出于对自尊心维护的需要，我们就要采取一种相应的措施！

从表面上看，似乎他怎样对你，你也可以以同样的方式去对待他。但是，这种想法是不正确的。首先，你要认清一个事实，那就是我们有事情求助于他而不是他求助于我们，这样呈现出来的优势、劣势很明显，以冷淡对待冷淡对我们求人办事是有害无益的。

其次，他们的冷淡并不是由于他们对你有意见而故意这样做，而是他们性格的一种自然表现。尽管很多时候，我们在主观上会认为他们的做法使你的自尊心受到伤害，但这绝非他们的本意，他们也没有意识到对你的伤害。因此，你完全不必去计较它，更不要以自己的主观感受去判断对方的心态，以至于也做出冷淡的反应。这样常常会把事情弄糟。

其实，尽管性格冷淡的人通常兴趣和爱好比较少，也不太爱和别人沟通，但是，他们还是有自己追求和关心的事，只是别人不大了解而已。所以，在求他之前和办事之中，不仅不能冷淡，反而应该多花些工夫，仔细观察，注意他的一举一动，从他的言行中寻找出他真正关心的事来，尽可能地了解他。一旦触到对方所热心的话题，他很可能马上会一扫往常那种冷淡的态度，而表现出相当大的热情。而这时候也是你们关系最融洽的时候，提出要求自然会很容易让对方接受并乐意帮助你。

另外，还应该注意，在这个过程中需要更多的是耐心，要循序渐进，要设身处地为他们着想，维护其利益，逐渐使他们去接受一些新的事物，从而调整和改变他们的心态。这样，当我们有事情请求他们帮忙时，也不会轻易碰钉子。

清高孤傲的人

在人与人的交往中，有些人往往自视清高、目中无人，处处表现出一副"唯我独尊"的样子。求这种举止无礼、态度傲慢的人办事，确实是一件很让人头痛的事情。可是，如果我们有事相求而不得不同这种人接触时，该怎么办呢？

或许有人会说，对这种人就必须以牙还牙。他傲慢无礼，我便故意怠慢他。这种做法在有些时候也许是必要的，但这里面感情成分太大，甚至是感情用事。似乎对方的傲慢清高对我们是一种侮辱，于是，我们也要用这种方式去回击他。但理智而现实地思考一下自己的处境和目的，我们就会发现，寻找适当的接近方式让他认可、接纳你才是上上之策。因为，如果他傲慢、你怠慢，便极有可能使交往无法顺利进行下去，这显然对我们不利。所以，我们应该从如何使自己办事成功出发，选择自己的行为方式，而不能仅凭感情用事而白白浪费时间与机会。

对此，可供你参考的建议有以下几点：

第一，尽可能地减少与其交往的时间。在能够充分表达自己的意见和态度或某些要求的情况下，应尽量减少他能够表现自己傲慢无礼的机会。一次就把事情办成是最好的。这样，对方往往也会由于缺少这样的机会而收敛自己的气焰，从而不得不认真思考你所提出的问题。

第二，语言简洁明了。尽可能用最少的话清楚地表达你的要求与问题。这样，会让对方感到你是一个很干脆的人，是一个很少有讨价还价余地的人，因而约束自己的行为，不会太放肆。

第三，不要认为对方对你客气，你就认为他热情有礼貌，他多半不是真心的。

总之，你要在不得罪对方的前提下，达到你的目的，所以和这样的人说话、办事一定要小心谨慎。

耍阴阳脸的人

在办事过程中免不了会遇到这样的人：他当面奉承你，背后却对你嗤之以鼻；他为了赢得你的好感，会事先送上一两下掌声；为了取得你的"庇护"，整天低声下气地围着你打转；他对你心怀不满，但当面总是笑脸，背后却到处搬弄是非……这类人物，有着阴、阳两张脸皮，具有双重人格。

的确，有些人就是这样圆滑世故、八面玲珑，喜欢耍手腕，甚至是吹吹拍拍、两面三刀，有事没事就对别人放两支冷箭。对此类行为若处理不当，很可能会在交往中"触礁"。

所以，对于这样的人，在与他办事的过程中，一定要小心谨慎。尽量不要戳穿他的假面具，当然更不能简单地拒绝他们肉麻的奉承，因为这样可能会得罪他们，从而影响自己的事。求这样的人办事，还要谨防被他们所利用。值得特别注意的是，除非自己迫不得已，否则，尽量不要求这样的人办事，即使求他们办事，也一定要慎之又慎，避开他们所设的陷阱。

私心较重的人

这个世界上自私自利的人为数不少，无论你走到哪儿，总会遇到几个。这种人心目中只有自己，凡事都将自己的利益摆在前头，如果要这种人做些于己无利的事，他是肯定不会考虑的。

有一位王小姐，经常手不离计算器，这说明她始终在计算着自己的利益。所坚持的一定是自己的利益；至于其他事情，她不会在意如何做好，只会考虑怎样做才最省事。这种悭吝之徒谁都不会对她产生好感。

但是，很多时候，我们又不得不有求于这种人，这种时候，最好的办法就是暂时按捺住自己的厌恶之情，说话要顺水推舟、投其所好。当他发现自己所强调的利益被肯定时，自然就会表示出满意。如此，你求人的目的就很容易达到了。

此外，私心较重的人尽管心目中只有自己，十分注重个人的利益得失，但是，他们也往往会因利益而忘我地工作。如果我们能够通过适当的方式，将他们这种特点加以引导利用，也可发挥优势，为我们做一些事情。例如，对于这种人无法以情义唤起他们助人为乐的热情，不过完全可以用一种利益交换的方式让他们为自己办事。我们可以直接给予其一定的物质回报作为办事的条件，在这种利益的驱使下，他们的办事热情一定非常高涨。不过让这种人办事，你也必须注意一点，那就是不能让其吃亏，让他在利益的驱动下自觉为你办事。比如说，有一种产品 100 块钱一件。你给他 200 块钱，让他帮你捎回两件，这种情况下，他就会有怨言。因为你虽然给他的钱正好买两件产品，但是他却认为自己吃了亏，因为他没有从中挣到劳务费。在这种情况下，他就有可能为你购买几十块钱一件的劣质产品，那你的损失就不止几十块钱了。所以，求助这种人办事，最好要让他占上一点小便宜，让他在利益的驱动下自觉地为你办事。

第三篇

办事要懂的学问和技巧

凡是遇到一件事，无所适从，最好选择与你无害的一面。

——古代波斯诗人　萨迪

第一章 办事中的关系学

第一节 办事要有人可求、有人可找

关系网的妙用

一个人能否找对人办对事，首先取决于你跟多少人建立了关系，和多少人发展关系，以及这种关系的密切程度。

俗话说："万丈红尘三杯酒，千秋大业一盏茶。"一个人的办事能力跟这个人的人际关系有着直接关系。人们都知道"众人拾柴火焰高"的道理，一个人是否有人脉，是否有宽广的人际关系网，是衡量他能否找对人办对事的标准。请记住：你的人脉有多广，你办事的能力就会有多大，没有人脉的人，是绝对成不了大事的！

很多人都读过《西游记》，想必对孙悟空的了解是最多的。孙悟空给人的第一印象就是本领很大，能力很强。他护送唐僧西天取经，一路上降妖除魔，最后到达了西天，修成了正果。不可忽略的是，他还是一个会找人且善于找人的典范。每当他遇到不能战胜的妖怪时，他的第一反应就是去寻找具有高超法力的神仙、菩萨帮忙。孙悟空的关系网简直就是天罗地网，上至天庭，下达地府，西有如来，东有龙王。所以不管多么厉害的妖怪，他也有法子找到高人来对付。

不仅孙悟空如此，在日常生活中，对一般人而言也是这个道理。自己能解决的事自己动手就可以搞定，遇到无法达成的事就需要动脑子、想办法，去寻找可以解决问题的高人。高人不会从天而降，而且也不会在你遇到麻烦的时候及时出现，这需要你平时与各种人建立良好的关系，时常保持联络，编织一个有效的人脉关系网，并且要经常维系这个网络，只有这样，在关键时候才能找到合适的人替你办事。

但遗憾的是，很多时候，当我们提起关系网，就让人们觉得是带有贬义色彩，这种看法是十分片面的。因为关系网本身没有错，它是中性的，关键看它是怎样建立起来，是怎样运用的。如果建立关系网，不违背一定的道德标准，运用关系网也没有超出法律制度规定，那么，这样的关系网何罪之有呢？

建立合适的关系网是个人成功不可或缺的。在国外成功学中就有"友谊网"之说。它认为，喜欢别人，又能让别人喜欢的人，才是世界上最成功的人。成功的人们大多喜欢广泛交际，形成了自己的"友谊网"。比如，你要某人推荐几个供你拜访的朋友，如果这个人是个失败的人，他只能好不容易为你提供一两个人，而且好不容易才找到这一两个人的地址和电话。成功的人就不同了，他们会推荐出一大堆朋友，而且是在长长的名单上寻找，因为名单上包括各式各样的朋友。由此显示出成功者与失败者在交友方面的差别。

在你的关系网中，应该有各式各样的朋友，他们能够从不同的角度为你提供不同的帮助；同时，你也要根据他们不同的需要为他们提供不同的帮助。这才是关系网应当具有的特征。

关系网既然称作是"网"，就应当具有网的特点。也就是说，在这一张网上朋友的构成有点有面，分布均匀。有的人交友却不是这样，他们结交的范围十分狭窄，分布十分不均，只在自己熟悉的范围内认识一些人，而这些人的行业和特长比较单一。这样就构不成一张标准的关系网了。

建立了广泛的关系网后，你遇到机遇的概率就更高。在很多情况下，就是靠朋友的推荐、朋友提供的信息和其他多方面的帮助，人们才获得了难得的机遇。例如，某公司新来了一位大领导，急需配备秘书，在许多人跃跃欲试的情况下，李政被选中了。原因就在于这位领导委托自己的一个下级黄先生为自己物色秘书，而黄先生和小李是好朋友，他们都是某名牌大学毕业生。黄先生自然清楚，小李肯定胜任秘书职位，于是就把这个朋友推荐出来了。结果，领导本人满意，组织考察合格，正在为前程茫然奔波的小李更是欣喜若狂，因为他找到了自己适合的位置，在当时情况下，当领导的秘书，是他的心愿，也是他成功的一个里程碑。这个里程碑的获得，关键因素是他有那么一个得到领导信任的好朋友。有很多人在交往的过程中存在着急功近利的思想，认为所交往的朋友就应该对自己有帮助，这种想法是非常不正确的。殊不知，有很多机遇是在交往中实现的，而在初步交往中，人们很可能没有看到这种机遇，在这个时候，不要因为没有看到交往的价值，就忽视这种交往。谁知道与谁的交往会带来很大的机遇呢？

撑竿跳高选手、两次奥运会金牌获得者鲍勃·理查兹曾告诉人们，他将打破达彻·瓦默达姆的纪录，但不管他怎样尝试，他的成绩总是比纪录矮 1 英尺（约 30 厘米）。后来，他想起达彻·瓦默达姆或许能帮助他，于是他大胆地拨通了达彻·瓦默达姆家的电话，希望达彻·瓦默达姆能帮助他。达彻邀请理查兹到他家来，并许诺将自己所有的技巧传授给他。达彻确实这样做了。他花了 3 天时间指导鲍勃，纠正他的错误动作，结果鲍勃的成绩提高了 8 英寸（约 20 厘米）。

当格特鲁德·博伊尔看到自己的服装公司面临困境的时候，她去找了一位耐克的执行主任，而那人很愿意给格特鲁德提出建议；当克雷格·基尔博格向他的同学、协会成员和政府领导寻求支持来消除对孩子的剥削时，他们都义不容辞地、无偿地向他伸出了援助之手。

因此，每一个伟大的成功者背后都有别人的无私帮助。没有人是通过自己一个人而达到事业的顶峰的。一旦你决定要成为出类拔萃的人，你就可以开始吸收大量对你有帮助的人和资源了。

而其他各方面有所建树的人是你所有资源中最大的资源。你要做的就是找到他们，编织一张有助于你事业成功的"关系网"。

背靠大树好乘凉

当我们想探求某些人的成功之道时，总会发现这些成功的人士背后大多都有深厚的社会背景。查一查一些政治界、金融界的名人家谱，都可以看到他们周围雄厚的政治资本。实际上，有许多的人际关系就在自己身边，只是有许多人不知道去利用而已。

其中最主要也最容易被忽视的便是利用领导关系。

这就好比你想乘凉的时候，如果能够背靠着一棵大树，感觉总是会比较舒服。而领导就是那棵能供你乘凉的大树。只有善于利用这种关系，才能使我们感到天底下没有办不了的事，也没有不能办的事。但是，我们也不应该不分情况、不加考虑、不管大事儿小事儿都找领导去办。否则，不但让领导认为你太缺乏能力，而且真正遇到向领导张嘴的事儿时反而无法开口了。

那么，哪些事情应该利用领导关系来办呢？

1. 和单位工作有关的事

常言道："老实人吃哑巴亏。"在同等条件下，有这样的两个人，他们工作都算对得起自己的良心，比较勤恳认真，但在分房时，一个"有苦难言"，对领导只提了一次要求，虽然自己结婚好几年，3 口人挤在一间破旧的平房里。但另一位却三天两头地找领导诉苦，有空就拨拨领导脑子里面分房的这根弦，结果被优先考虑。而他的那位老实的同事却只能眼巴巴地看着别人住进宽敞明亮的新房，难道他不明白其中的奥妙吗？

有些人认为向领导要求利益，就肯定要与领导发生冲突，给领导找麻烦，影响两者的关系；也有人一心想埋头苦干、任劳任怨、不讲价钱，只要被领导重用，什么都不敢提，结果往往也是一事无成。干好本职工作是分内的事，要求自己应该得到的也是合情合理的，付出越多，成绩越大，应该得到的就越多。

只要你能为领导干出成绩，向领导要求你应该得到的利益他也会满心欢喜。如果你无所作为，无论在利益面前表现得多么"老实"，领导也不会欣赏你。事实上，从领导艺术上讲，善于驾驭下属的领导也善于把手中的利益作为笼络人心、激发下属的一种手段。从某种意义上讲，下属找领导办事不仅解决了自身的实际问题，而且还是加深与领导关系的一种手段。

2. 直接涉及自身利益的事

也就是说，找领导办事一定要看事情是不是直接涉及自身利益，如果是，则领导无论是从对你个人还是关心单位职工利益的角度，都认为是一种义不容辞的责任。这样的事领导愿办，也觉得名正言顺。

比如，你爱人调动工作，如果你通过别的关系可能会费了九牛二虎之力也难以办成；如果你找单位领导办，领导就可能觉得你重视他的地位，使他有了救世主的感觉，又可以作为为单位职工解决困难而积累其领导的资本。有时，这样的事你不找领导，领导反而会产生你看不起他的想法，那以后的关系也就有危机了。

你一定要记住的是：找领导办事必须直接关系到你的切身利益，或你爱人的事，或孩子的事，或直系亲属的事，如果不管七大姑、八大姨的事都揽过来去找领导办，不但领导不会答应，而且还会认为你太多事，影响你在领导心目中的形象。

总之，虽然"背靠大树好乘凉"，但是也要分清事情的类型，确定该不该找领导办，否则徒劳无功事小，更会伤害彼此间的关系。

价值1亿美元的关系

有一位亿万富翁在接受某杂志社记者的采访时，坦然地承认他有2亿美元的财产。不过他在说完后，却又马上补充了一句："其实只有 1 亿美元是我自己辛苦赚来的。"

"那么你其他的 1 亿美元是怎么来的呢？是你继承的遗产吗？"记者马上追问。

"不！不！我没有继承任何人的遗产。"亿万富翁说。

"那你的钱到底是怎么来的呢？"记者又问。

"其他的 1 亿美元是别人帮我赚来的。当我和别人交往的时候，我无时无刻不在替别人着想，这也是我能够得到另外 1 亿美元的原因。"亿万富翁这么说。

这位亿万富翁的哲学，相信对你一定会有所启发。我们都有着自己的人脉网络，只要你善于开发，每一个人都会成为你的金矿。

好人脉能够为你创造机遇。不善于经营人脉的人无法有效地把握迎面走来的机遇，他们常常与机遇失之交臂，而善于经营人脉的人却能牢牢将机遇抓在手中。

李嘉诚的次子李泽楷家中实木装饰的餐厅里挂满了镜框，上面镶嵌着李泽楷与一些政界要人的合影，其中有新加坡总理李光耀以及英国前首相撒切尔夫人等。结交上层人士广结人脉，是李泽楷能够在商界游刃有余的坚实基础。

1999 年 3 月，李泽楷凭父亲李嘉诚与他个人的人脉资源，使香港特区政府确立了建设"数码港"的项目，并将其交由盈科集团投资独家兴建。李泽楷则再次利用丰富的人脉资源，收购了上市公司得信佳，并将自己的盈科集团改名为"盈科数码动力"。盈科的收购行动及数码港概念的刺激，使其股市市值由 40 亿港元变成了 600 亿港元，成为香港第十一大上市公司，李泽楷一天赚了 500 多亿港元。

2003 年，李泽楷出席了在瑞士达沃斯举办的世界经济论坛，并与微软的比尔·盖茨、索尼的董事长兼首席执行官出井伸之这些杰出的企业家在一起讨论。这使得李泽楷在商界更具有影响力，同时也为李泽楷在商界赚得更多财富培植了广博的人脉。

激励大师安东尼·罗宾曾说："人生最大的财富便是人脉关系，因为它能为你开启所需能力的每一道门，让你不断地成长，不断地贡献社会。"

上海威顺康乐体育咨询有限公司董事长兼总经理吴榷华直言自己有两三千个朋友，每年都会见三四次的有 1500 个，而经常联系的就有三四百人。目前吴榷华的个人资产已经超过 8 位数。吴榷华坦言，自己的事业是因得到朋友的帮助才会这么顺利。"包括开公司、介绍客户和业务等，各种朋友都会照顾我，有什么生意都会马上想到我。"

在朋友的推荐下，从 1999 年到 2000 年，吴榷华涉足房地产行业。当时上海的房市非常热，很多楼盘都出现了排队买房的盛况，而且有时即使排队也不一定能买到房。吴榷华通过朋友不仅买到了房，而且还是打折的。

最好的时候吴榷华手中有十几套房产。2004 年，政府开始对房地产行业实施限制政策。吴榷华听从朋友的建议将房产及时变现，收益颇丰。

人们成功机遇的多少与其交际能力和交际活动范围的大小几乎是成正比的。因此，我们应把营造好人脉与捕捉成功机遇联系起来，充分发挥自己的交际能力，不断扩大自己的人脉网，发现和抓住难得的发展机遇，就能轻松拥抱成功！

有人脉就等于有金矿！

此外，要想有好的人脉关系还应该遵守下列原则：

（1）不要让你身旁的人感到紧张和不安。当别人和你说话的时候，你一定要让对方感觉到你是可以信赖的人，使他能够放心地对你畅所欲言。

（2）放弃以自我为中心的作风，避免陷于利己主义。如果你在交谈的时候，发现自己有这些倾向，你应该马上改变说话的语气。

（3）让你自己成为一位具有幽默感的乐观主义者。如果你真的做到了，那么别人一定会认为和你交往是有意义和有价值的。

（4）当别人对你有所误会或不满时，你应该主动地表示，有解释误会的诚意。

（5）要努力做到能够主动地爱别人。

（6）不要放弃向成功的人表示称赞和祝福的机会，也不要放弃向遭到不幸或失败的人表示同情和鼓励的机会。

（7）主动地和别人接触，努力地做他的精神支柱。

如果你能够切实地做到以上这几点，你一定能够引起别人的注意，并且博得对方的好感。

切实做好以上几点后，相信你一定会拥有一张非常实用的人脉网，这为你以后求人办事奠定了良好的基础。

用亲和力打造关系

聪明的人善于把"关系"变成办事的资本，他们凭借自己的本领最大限度地打通各个环节，以便为自己办事制造人事关系。与他人建立"关系"，其目的就是相互帮助，别人有急事、难事的时候，你鼎力相助；你有难办的事时，朋友也会两肋插刀。但是建立关系最基本的要求就是要有亲和力。

现实中，很多人的苦恼正是因为缺乏良好的亲和力。有这么几个例子就很好地说明了这一点。

张总是一家大型企业的负责人，他最近经常头疼，因为他发现下属越来越难以管理了，朋友建议他学习人际交往的艺术，于是张总报名参加了学习人际交往的培训班。就这样，张总放弃了和家人团聚的机会，积极地参加培训，学习了许多人际沟通的方法和技巧。可是一回到单位，面对下属，那些具体的问题又出来了，他的那位女下属对他说话还是那样冲，他一听到她说话，还是忍不住想发火。他真的觉得有些控制不住自己。

刘爽见了谁都很客气，总是很礼貌地同别人寒暄几句。开始时，他的同事很喜欢他的礼貌，可是时间一久，他发现自己并不能够深入地和人交流。他觉得自己和别人总是隔着一层，而他的同事也是以同样的礼貌回敬他，渐渐地，他觉得自己和同事的距离越来越远了。他真的觉得很累，他不明白，为什么坐在他旁边的同事小王为人大大咧咧，有时还对人发脾气，却反而有那么多知心朋友？刘爽觉得自己可是全部按照人际交往的规范来执行的，怎么会这样呢？

李小姐有点像"工作狂"，尤其最近，整天忙于工作，压力很大，好不容易和朋友见上一面，但聊天的内容却全是工作，朋友听着都头疼。回到家里，面对家人，她满脑子想的还是工作。李小姐现在发现自己的思维内容非常狭窄，除了工作还是工作，头脑里没有一点其他的东西。等到一上班，她才发现自己特别爱发脾气，明明知道应该对客户有礼貌，可是一见到客户，她说话就带着烦躁的语气，弄得最近客户的投诉率也接连上升。

像张总、刘爽、李小姐这样的人，我们在生活中经常可以碰到，他们正在为自己在人际交往中缺乏亲和力而感到苦恼。具有良好的人际沟通和亲和能力是我们每个人都梦寐以求的，良好的人际亲和力能给我们带来种种好处。不仅使我们获得更多的友情，感受到人与人之间的关爱与温暖，还会使我们获得更多的人际资源，让我们拥有意想不到的好前途和办事的好机会。

你可以通过以下几个方面去打造你的亲和力：

1. 主动攀谈，求得他人认可

言为心声，只有用语言与别人交谈，才能加深彼此的了解。以交谈的方式与别人沟通，可促进和深化交往。

2. 善意疏导，去除他人误解

人与人之间出现矛盾、摩擦是正常的，关键是要多沟通，说开了彼此之间就会取得理解。

3. 随和解释，赢得他人佩服

要想取得对方的信任以利于沟通，就要注意在言谈举止方面大方自然一点，不要清高自傲、孤芳自赏，该坦率、直露的地方绝不含糊其辞。只有这样，别人才会相信你，并乐意与你交往。

4. 大度宽容，善待他人

利益是互惠的，交往也是互惠的，只有善待他人，他人才能善待你。彼此之间通过包涵和谅解就能进一步加强联系和沟通。这就要求我们在交往中，适当谅解和善待对方的缺点和不足，得饶人处且饶人，通过交谈和解释等方式向对方表示自己的好感，以了解对方。

有很多人认为只有领导才需要具备良好的亲和力，这其实是很片面的。须知，良好的人际亲和力不仅是一个管理者所必备的，也是一个普通的员工所应具备的。因为我们生活在这个纷繁复杂的世界上，每天都必须与很多人打交道，无论是作为一名销售人员、一名科研工作者，还是一名行政管理人员，良好的人际沟通能力都是通向我们事业成功之路的桥梁。一个具有良好人际亲和力的人在工作中会有很好的人缘，也容易得到同事的支持和鼓励。

冷庙也要常烧香

建立人际关系也要学会在冷庙中烧香，不要只挑香火旺盛的热庙进香。热庙因为烧香人太多，神仙的注意力分散，你去烧香，也不过是众香客之一，显不出你的诚意，神对你也不会有特别的好感。所以一旦有事求它，它对你只以众人相待，不会特别照顾。

但冷庙的菩萨就不是这样，平时门庭冷落，无人礼敬，你却很虔诚地去烧香，神对你当然特别在意。同样烧一炷香，冷庙的神却认为这是天大的人情，日后有事去求它，它自然特别照应。如果有一天风水转变，冷庙成了热庙，神对你还是会特别看待，不把你当成趋炎附势之辈。

其实不只是庙有冷热之分，人也同样如此。一个人是否能发达，要靠机遇。你的朋友当中，有没有怀才不遇的人，如果有，这个朋友就是冷庙。你应该与热庙一样看待，时常去烧烧香，逢到佳节，送些礼物。为求实惠，有时甚至可以送些钱，请他自己买些实用的东西。又因为他是穷人，当然不会履行礼尚往来的习惯，并非他不知道还礼，而是无力还礼。不过他虽不曾还礼，但心中却绝对不会忘记未还的礼，这是他欠的人情债，人情债越欠越多，他想还的心越切。所以日后他否极泰来，他第一要还的人情债当然是你。他有清偿的能力时，即使你不去请求，他也会自动还你。这时候你有求于他，就是轻而易举的事情了。

所以，如果你认为对方是个英雄，就该及时结交，多多交往。或者乘机进以忠告，指出其所有的缺失，勉励其改正缺点。如果自己有能力，更应给予适当的协助，甚至施与物质上的救济。而物质上的救济，不要等他开口，随时给予。有时对方很急着要，又不肯对你明言，或故意表示无此急需。你如得知此情形，更应尽力帮忙，并且不能有丝毫得意的样子，一面使他感觉受之有愧，一面又使他有知己之感。寸金之遇，一饭之恩，可以使他终生铭记。日后如有所需，他必奋身图报。即使你无所需，他一朝否极泰来，也绝不会忘了你这个知己。

而要想真正做到冷庙烧香，关键是平时多给人提供帮助。这对搞好人际关系很有帮助，有时更是一本万利的事情。没有几个人会不知道"红顶"商人胡雪岩，他的发迹实际上就是"冷庙烧香"的典型。

胡雪岩本是浙江杭州的小商人，他不但善经营，也会做人，精通人情世故，懂得"惠出实及"的道理，常给周围的人一些小恩惠。但小打小闹不能使他满意，他一直想成就大事业。他想，在中国，一贯重农抑商，单靠纯粹经商是不太可能出人头地的。他想到大商人吕不韦另辟蹊径，从商改为从政，名利双收，所以，胡雪岩也想走这条路子。

当时，杭州有一小官叫王有龄，他一心想往上爬，又苦于没有钱做敲门砖。胡雪岩与他也稍有往来。随着交往加深，两人发现他们有共同的目的，殊途同归。王有龄对胡雪岩说："雪岩兄，我并非无门路，只是手头无钱，十谒朱门九不开。"胡雪岩说："我愿倾家荡产，助你一臂之力。"王有龄说："我富贵了，绝不会忘记胡兄。"

于是胡雪岩变卖了家产，筹集了几千两银子，送给王有龄。王有龄去京师求官后，胡雪岩仍旧操其旧业，对别人的讥笑并不放在心上。

几年后，王有龄身着巡抚的官服登门拜访胡雪岩，问胡雪岩有何要求，胡雪岩说："祝贺你福星高照，我并无困难。"

王有龄是个讲情义的人，他利用职务之便，令军需官到胡雪岩的店中购物，胡雪岩的生意越来越好、越做越大。他与王有龄的关系也更加密切。

故事中的胡雪岩就很好地做到了"冷庙烧香"这点，他的朋友王有龄当时对他并没有帮助，但胡雪岩仍然甘冒倾家荡产的危险去帮助他。待到王有龄发达了，自然就会对胡雪岩倾力相助了。

其实，"冷庙烧香"并不是很难办的事情，有时仅仅需要随时体察一下别人的需要即可，这是最简单不过的事情了。时刻关心身边的人，帮他们一个忙。日后，你就很容易得到他们的帮助。

生活中，无论做什么事情，遇到什么人，不妨灵活点，经常帮别人一把，别人也会牢记在心，当你有事时，就很容易得到帮助。

你还需要做的就是趁自己有能力时，多结交一些潦倒英雄，使之能为己所用，这样会大大增加请求别人帮助时成功的概率。

对朋友的投资，最忌讳急功近利，因为这样就成了一种买卖。如果对方是有骨气之人，更会感到不高兴，即使勉强接受，也会不以为然。日后就算回报，也是得八两还半斤，没什么额外好处可言。

平时不屑往冷庙上香，临到头再来抱佛脚也来不及了。一般人总以为冷庙的菩萨不灵，所以才成为冷庙。其实英雄落难，壮士潦倒，都是常见的事。只要一朝交泰，风云际会，仍是会一飞冲天、一鸣惊人的。

从现在起，多注意一下你周围的朋友，若有值得上香的冷庙，千万别错过了才好。

经常进行感情投资

你或许有过这样的经验：当你遇到了困难，你本以为某人可以帮你解决，于是你就想马上找他。但你后来转念一想，过去有许多时候，本来应该去看他的，结果你都没有去，现在有求于人就去找他，会不会太唐突了？甚至因为太唐突而遭到他的拒绝？

记得有这样一个寓言：说是黄蜂与鹧鸪因为口渴得很，就找农夫要水喝，并答应付给农夫丰厚的回报。鹧鸪向农夫许诺它可以替葡萄树松土，让葡萄长得更好，结出更多的果实。黄蜂则表示它能替农夫看守葡萄园，一旦有人来偷，它就用毒针去刺。农夫并不感兴趣，他对黄蜂和鹧鸪说："你们没有口渴时，怎么没想到要替我做事呢？"

这个寓言告诉我们这样一个道理：平时不注意与人交往，建立关系，等到有求于人时，再提出替人出力，就为时已晚了。

俗话说："常用的钥匙最有光泽。"因此，我们平时一定要注意和周围的人培养、联络感情。只有平时经常联络，朋友之情才不至于疏远，朋友才会心甘情愿地帮助你。如果你与朋友分开之后从来没有联络过，彼此将会变得陌生，你去托他办事时，一些关乎个人利益的事情，他就很难主动帮你。

无论从实用主义或从情感价值角度去看，朋友之间的友谊都值得我们保持和维系。

三国时期的刘备，就非常注重对朋友的感情投资。当刘备还在读私塾时，就非常讲义气，经常帮助同学。即使后来大家分开了，刘备还与同学常保持联系。其中有一个叫石全的朋友，为人真诚，但家中很贫苦。刘备不嫌石全家贫，常邀石全到自己家做客，谈论天下局势。

后来，刘备与群雄争夺天下时，在一次战役中，兵败受到敌人的追杀，是朋友石全冒着生命危险将刘备藏了起来，救了刘备一命。

可见，朋友有时在危急关头能帮上大忙，能起到排忧解难的作用。但是，朋友关系的维系来自于自己的努力。只要你有这份心、这份情，能够真诚地维持分开之后的朋友关系，那你的人际面会更加广泛，路子也会比别人多出几条。

感情投资，最主要的是来自于交流。平时多加强联系，是加深朋友感情的一种方法。

尽管当今社会流行一句话："认钱不认人。"但是"人情生意"从未间断过。因为人是有情之灵物，人人都难逃脱一个"情"字。

朋友之间在平时人际交往中也需"感情投资"。

所谓"感情投资"，就是在平时交往之外多了一层相知和沟通，能够在人情世故上多一份关心、多一份相助。即使遇到不顺当的情况，也能够相互体谅。

例如，你在生意场上遇到了彼此之间比较投缘的人，有了成功的合作，感情也自然融洽起来，这就是我们常说的"有缘"的人。有缘自然有情，双方为了加深友谊，会为对方付出。当然，就算双方有"缘"，彼此能够一拍即合，要保持长期的相互信任、相互关照的关系也不那么容易，仍然需要不断进行"感情投资"。

在商场上，这种问题表现得尤其突出。每个人都为各自的利益做事，彼此都晓得商人多诈多奸，人与人交往不能不防，所以很容易互相起疑心。结果"缘"就会由合作转为对立，人情变成了敌意。最好的朋友常常会变成最恨的人，这在商场上也屡见不鲜。相互最仇视的对手，往往原先是最亲密的伙伴。

在日常生活中，朋友之间之所以会走到这一步，往往是双方忽略了"感情投资"的结果。一些人常犯这种毛病：一旦与对方建立了良好关系，就不再觉得自己有责任去保护它了，往往会忽略双方关系中的一些细节问题。例如该通报的信息不通报，该解释的情况不解释，总认为"反正我们关系好，解释不解释无所谓"，结果日积月累，堆积成难以化解的矛盾。

更有甚者，在与对方成为朋友之后，总是一味地向朋友索取回报，而不继续进行感情投资。这主要表现为对别人要求越来越高，总以为别人对自己好是应该的；但是别人对于自己稍有不周或照顾不到，就有怨言。这种做法必然会损害双方的关系。

生活告诉我们，友谊之花需要爱心的滋润，否则它会枯萎。朋友之间的"感情投资"应该是经常性的，并非可有可无的。人们从生意场到日常交往，都应该处处留心，时时进行感情投资，这样当你在危急关头时，才会有人及时出手相助。

人脉大师教你办事的艺术

人人都希望能够成功，但真正成功的毕竟是少数。是因为这些少数人命中注定就是成功者，还是因为他们的出身、社会地位、家庭条件、人际关系、个人能力、信念等造就了他们的成功？

人人都有可能成功，成功固然会与遗传有关，但主要还是取决于后天的努力。每个人一生下来，就受到自身的家庭环境、生活环境等因素的影响和制约，但这些因素并非不可改变，人脉就是改变这些因素的利器。且看世界人脉大师汤姆·霍普金斯是怎样很好地利用人脉帮助自己办事的。

汤姆·霍普金斯是世界一流的销售大师，被美国报刊称为国际销售界的传奇冠军，他是房地产销售吉尼斯世界纪录的保持者。他曾与美国前总统布什、英国前首相撒切尔夫人等同台演讲。他出版的书籍被译成 11 种文字。

他是如何利用人脉资源来为自己的成功服务的呢？

第一，赚更多钱的技巧就是去接触更多的人，不断丰富自己的人脉资源。

虽然少数的销售员会否认前面的说法，但多数销售员却不会如此做，他们知道他们必须每天去会见一堆新人才能成功。当然，他也害怕被人拒绝。但是，请你改变这个观念，那就是每一次被拒绝，你实际上是赚到了钱，你被拒绝的次数越多，赚的钱也越多。

第二，销售就是去找人销售产品及销售产品给你找到的人。

电话销售以及陌生拜访的比率大约是 10∶1，那就是说，打 10 个潜在客户的电话可以得到一个面谈机会。不要去问别人的成功比率，不要去和别人比，你只要跟自己比就好了，你要使自己每天进步一点点。

一旦你把你的成功比率设定好，那就要努力去执行。如果你得到大量的会面机会，但是没能做成几笔销售，你可能在未得到有效资格认定之前就失去了机会。在找错销售对象时你无法赚到钱。

第三，开发金矿。

被其他业务员遗漏的顾客，就是一个金矿，只要你愿意并且能够使用它，你就有享受不完的资源。

很多人之所以在销售上失败，是因为他们不知道追踪跟进。

在你公司那些失败的销售员，他们所放弃的客户正能成为你的客户群。

第四，做一个本地优秀的公关员。

报纸上可能会登载着许多有些人升迁的小道新闻，你可以在读每一则文章时，把它剪下来，然后寄给那个升迁的人，再附带一个短笺道贺恭喜。他们肯定会心存感谢。他们不只感谢这短笺，他们可能会非常想了解你。你可以在他们收到短笺的当天拿起电话打给他们，告诉他们你能给他们带来什么样的帮助，或提供什么样的服务。

第五，交换市场。

你应该借由你一些最好的客户来建立自己的交易市场。另外，你还可以选择一些能干的销售员和你做交换。交换包括两个内容：交换客户名单；相互介绍顾客。为此，你要先打第一个电话，告诉销售经理你想做什么，问他你应该在他公司找谁做你的交换市场。

第六，保持联络。

与顾客保持长期联络有 3 种方法：即寄东西给他们；打电话给他们；去看望他们。大部分的顶尖销售冠军至少 10 天寄出一次邮件。很多汽车生意的顶尖销售员每年寄给他的客户新的公司产品介绍小册子 4～8 次。几乎每个大公司都会定期印制小册子给他们的销售员去寄发给他们的客户。

不靠菩萨靠人脉

要实现事业的发达，靠菩萨保佑，靠自己单打独斗，都无济于事。只有人脉才是事业成功的基础。这是领带大王曾宪梓的真实体会。

当年曾宪梓创办香港金利来集团时，仅仅有 6000 港元的资本。发展到今天，金利来集团已经成为庞大的企业集团，曾宪梓的个人财富超过 20 亿港元。回顾曾宪梓的发迹史，几乎无人不为他当年不争遗产换得他人解囊相助而感慨。

　　曾宪梓的父亲曾荣发和叔叔曾桃发在 20 世纪 20 年代末就赴泰国做小生意。曾宪梓 4 岁那年父亲病逝，留下的两间小百货店由叔叔打理。

　　这时曾宪梓与母亲生活在老家。1961 年曾宪梓中山大学毕业后分配到广东省农科院生化实验室工作。

　　后来，曾宪梓的哥哥曾宪概去了泰国，哥哥认为父亲的遗产只是交给叔叔打理，故要求收回叔叔"侵占"的父亲遗产。为了与叔叔抗衡，哥哥多次来信要曾宪梓到泰国去，好联手向叔叔讨回父亲的遗产。

　　1964 年曾宪梓到了泰国。当哥哥与叔叔争吵时，曾宪梓默不作声，脸上还带着羞容。不久，曾宪梓从别人口里了解到，日军占领期间，曾家被日军和当地流氓洗劫一空。后来叔叔几乎是白手起家，惨淡经营了 20 余年，生意才有了今天的规模。曾宪梓了解到这些情况后，决定不依赖先父的荫庇，自己创业。

　　曾宪梓无意与叔叔争遗产，他把精力全部投到领带制作上。他制作的领带，交给哥哥的百货店销售。1966 年，曾宪梓的妻子黄丽群带 3 个儿子来到泰国。曾宪梓为养活一家 5 口人而发愁，加上不习惯泰国炎热多雨的气候，便决定回香港发展。

　　由于曾宪梓主动放弃遗产之争，叔叔被他的理解宽容所感动，对他特别好。在他返港前，叔叔有心帮助他，拿了一匹英国绒布给曾宪梓做领带，好让他赚点盘缠。曾宪梓帮叔叔做了 60 打领带，本来制作款仅仅为 900 港元，叔叔却给了他 1 万港元。曾宪梓说他无功不受禄，坚持只收取 900 港元，余下的钱全部退还给叔叔。

　　1968 年，两手空空来到香港的曾宪梓寄住在姑妈家。到港没几天，曾宪梓就收到了叔叔寄来的 1 万港元。叔叔一再声明，这不是做领带的额外报酬，而是给他一家的安家费。在这种情况下，曾宪梓收下了这 1 万元钱，并回信给叔叔，表示一定发愤努力，回报叔叔雪中送炭之恩。

叔叔资助的这1万港元对于曾宪梓起了很大作用：2000港元给姑妈过春节；2000港元租下油麻地平安大厦一套60平方米的住宅，使全家有了安身之处；剩下的6000港元全部作为创业资本，购买做领带的工具和用料。

创业之初，条件艰苦。曾宪梓开的是夫妻店，厂房就是家里的小客厅。曾宪梓做裁剪，黄丽群缝边，他们的工具只有一台缝纫机、一把尺子、一把剪刀、一个熨斗。每天他们俩干到深夜一两点，赶制出一批后再拿到九龙最旺的尖沙咀去兜售。

有一次一位洋服店老板见他衣衫褴褛，竟然对他下逐客令。后来，他意识到原来是自己的形象出现了问题。于是第二天，曾宪梓穿着整齐的衣服去向店老板赔罪，并且诚心诚意地请老板喝咖啡，他的真诚打动了对方。后来，那位老板不仅欣然接纳他的领带，还成了他的好朋友，在曾宪梓开辟领带销售渠道、成就个人事业方面给了很大的帮助。

曾宪梓不断扩大生产规模，同时叔叔多次在资金和销售渠道等方面帮他，共为他付出了约3万港元的订金。泰丝做的领带，果然不同凡响。曾宪梓凭精致的制作，终于把领带打进了百货公司寄卖。一年半以后，他除去一切开销，净赚了3万多港元利润。他立即乘飞机前往泰国，把钱还给叔叔。叔叔说他攒下这些钱不容易，让他留着做大事业。曾宪梓坚决要还，叔叔拗不过他只好收下，并说："我今生没见过像你这样重义轻财的人，菩萨一定会保佑你发达！"

曾宪梓后来真的发达了，但他不是靠菩萨，而是靠自己的努力和自己营造的好人脉。1970年，曾宪梓夫妇创办了"金利来（远东）有限公司"，员工增至100人。从这一年开始，他们所生产的领带，正式采用"金利来"商标。

从上述事例中我们可以看出，许多成功人士都是靠着丰富的人脉资源才得以办成大事的。因此，你一定要建立一个适合自己的人脉网，等到需要求人办事时，才会有人可求、有人可找，顺利地办成自己想办之事。

第二节　让你的关系网永葆青春

办完事后不要过河拆桥

在人际交往的过程中，有许多人抱着"有事有人，无事无人"的态度，有事时就想起朋友来了，办完事后就过河拆桥，把朋友抛在了脑后。此类人大多会被抛弃，没人愿意再给他帮忙。

王璐便有一个这样的朋友，那朋友是她高中3年的同学，而且十分要好。她们进入了同一所大学，刚开学，她就当了班级干部。有人说：地位高了，人就会变。自从她上任后，见到王璐，有时干脆装作没看见，日子久了，王璐就疏远她了。但她有时也会突然向王璐寻求帮助。出于朋友一场，王璐总是尽自己所能。可事后，她老毛病又犯了，王璐有种被利用的感觉，却无奈于心太软。就这样她大事小事都找王璐，其他朋友劝王璐放弃这份友情，因为这种人不值得交。当王璐下决心与她分开时，她伤心地流下了泪——她除了王璐竟没有一个朋友。

像例子中王璐的那位朋友只会用"互相利用，互相抛弃，彼此心照不宣"来交际，而不去深思人情世故的奥秘之处，这种人很少会得到朋友，更不用说朋友的无私帮助了，他们更加无法达到人情操纵自如的境界。

办完事后不要过河拆桥，而应保持那份人情。在这方面，我们伟大的周恩来总理就堪称"楷模"。周恩来在人际交往中很有人情味，这是有目共睹的。长征途中，当时任民运部部长兼政委的杨立三，坚持亲自给重病的周恩来抬担架，他和同志们在饥寒交迫中，抬着周恩来走出沼泽泥潭的草地后就累病了。19年后，杨立三去世，身为总理的周恩来，坚持要亲自给他抬棺送葬。

1937年6月，周恩来在峡山遇险，护卫他的10多名警卫战士壮烈牺牲。事后，周恩来和另外3个虎口脱险的同志合影留念，周恩来在照片背后写上"峡山遇险，仅余四人"。这张照片一直珍藏在他贴身的衬衣口袋里，直至病逝才被人发现。

"滴水之恩当涌泉相报。"这就是周恩来的人生格言，他用一生来实践这一格言。难怪在举行遗体告别仪式时，围绕安卧在鲜花丛中的周恩来遗体的群众的泪水把地毯洒湿了。难怪会出现十里长街送总理，长夜无言，天地同悲的动人一幕。

值得注意的是，在某些"实用型"人物的眼中，所谓的"人情"便是你送我一包烟，我给你几块钱，就像借债还钱，概不赊欠。这种一次性的交际行为看似洒脱，实则包含了太多的困惑与无奈。诚然，受助者也许在短时间内不愿再次开口求助，而实施援助行为的一方其实也没有必要固守"事不过三"的古训。当人家确实有困难而无能为力的时候，尽管你已经帮助过他，尽管他不好向你开口，但作为知情者，你不应无动于衷，而不妨再次主动伸出援助之手。事实上，这种"后继"的交际行为能够赢得更大的"人情效应"。

但是，无论何种情况下，你都应该将人情做好，尤其是办完事情后千万不要过河拆桥，而应该时时铭记着别人的好处，经常保持必要的联系。唯有这样，你的关系网才会牢不可破。

无论事成与否都要感谢对方

著名心理学家美国人威廉·詹姆斯，在著书期间生病住院。那个时候，有位朋友送给他一束花和写着感谢的卡片，詹姆斯博士在回函中写道：

"人性最深处——渴望被人感谢。"

同样地，在求人办事时，你用真诚的心去感激别人，就会拉近心与心的距离，形成良好的人际关系。在此，你要记住的是：无论事情办成与否，你都应该感谢对方。

但是，在求人办事时，往往有许多人存在这样的心态：对方帮自己办事，如果办成了，理所当然地要感谢对方。如果事情没有办成，就认为不必感谢对方了，更有甚者还埋怨对方。其实，这种心态是不对的。即使对方没有帮你把事情办好，但他可能已经尽了自己的最大努力，事情没有办成，可能是由于其他原因所致。因此，这种情况下你仍然需要感谢对方。

求人办事，不管对方是不是把事情办成了，你都要感谢他们。因为在现实生活中，求人办事并不是"一锤子"买卖，可能这次由于种种原因对方没有帮你把事情办好，但说不定下次他就有机会帮助你办好其他事情。如果你认为对方反正这次没把事情办好，那就没有必要去感谢他了。好像无功就不应当受禄，不值得去感谢，这样，对方就会认为你这个人没有人情味，以后就不太可能再帮助你了。

有一个在外地工作的年轻人，春节时准备回老家过年，但他临时有任务必须加班，抽不出时间提前去买火车票，于是把此事托付给他的一个好朋友。

朋友听后马上跑到火车站，辛辛苦苦排了几个小时的队，由于春节期间车票紧张，轮到他时，火车票卖完了，于是朋友无功而返。年轻人听说后心里很不高兴，不但连一句感谢的话都没有，还给了朋友一个难看的脸色。

朋友排了几个小时的队，虽然没买到车票，但没有功劳也有苦劳，他却连一句感谢的话都没听到，相反还被人埋怨，于是非常生气，一句话也没说就走了。

因为没有帮上忙，那位朋友本来就感到十分内疚，加上遭受朋友的如此待遇，他更是难以忍受。从此以后，年轻人就失去了这位朋友，他永远不可能再期待这位朋友为自己办事了。

生活中这样的例子很多。但是对于一个办事高手来说，即便朋友没把自己的事情办好，还是要感谢他。这样不仅维系了友谊，也为以后的交往打下了坚实的基础。

福特是美国石油大王洛克菲勒的好友，也是帮助他创建标准石油公司的合作伙伴之一。但有一次，洛克菲勒与福特合资经商，因福特投资失误而惨遭失败，损失巨大，于是，福特心中很感不安。

有一天，福特走在路上，正巧发现洛克菲勒与其他两位先生走在他后面，他觉得没脸回头，假装没有看见他们，一直低头往前走。可就在这个时候，洛克菲勒叫住了他，走上前拍了拍他的肩，微笑着说："我们刚才正在谈有关你的事情。"福特脸一红，以为洛克菲勒要责怪他，于是他说："太对不起了，那实在是一次极大的损失，我们损失了……"想不到洛克菲勒若无其事地回答道："啊，我们能做到那样已经难能可贵了。这全靠你处理得当，让我们保存了剩余的60％，这完全出乎我的意料，谢谢你！"洛克菲勒没有因为福特没把事情办好而去埋怨他，相反，还找出一堆赞美和感谢的理由，这真是出乎福特的意料。此后，福特努力做事，不仅为洛克菲勒挽回了损失，而且还为公司赚了不少钱。

由这个例子中洛克菲勒的表现我们也可以看出：求人办事，不要太苛求，只要对方为你办事，无论事情办成与否，你都应向对方表示一定的感谢，这无疑会给办事的人以信心和鼓励，使得两人的感情更为融洽，也为对方下一次为你办事预留了感情的资本。

如果别人为你办事历尽周折，但因种种原因没有帮你把事情办成，而你却连句"谢谢"和鼓励的话都没有，那你就不要期望对方以后会再帮你做任何事情了。

要常保持联系

经常与他人保持联系，是你求人办事不可缺少的环节。人生活在社会当中，时时刻刻都要在群体活动中度过，没有群体活动的人生是没有任何意义的，所以，社会交际、朋友间的联络便成了人生的焦点问题之一。

人际关系需要精心经营和维护，在与朋友间的交往中需要培养一种习惯：没事的时候也要记得与他们经常保持联络。如果平时连一声问候也没有，到了有事相求时才找出尘封已久的名片簿查找别人的联系方式，与别人联络，结果是可想而知的。

就拿一个生活中常见的例子来说，如果你的一位 10 多年前的小学同学，与你住同一城市，彼此都知道对方的联系方式。但是，在逢年过节或者你遭遇不顺时，他从来就未对你问候过。突然有一天，他主动打电话过来要你帮他一个忙，你会怎么想呢？你多少还是会有那么一点不太乐意去帮他吧。反过来，如果你与他或许有几次的联络，在节日或你的生日时问候过你、在你痛苦的时候关心过你，这时他打电话过来寻找你的帮忙，你心里就乐意多了吧。

道理其实很简单，经常与别人保持联系，你才能在别人的心目中占有一定的分量。有了这些，才会为你以后求人办事积累资本。

一般来说，人与人之间的关系会随着见面次数的增多而加深，很久不见面的朋友自然会日渐疏远。

即使你身为上班族，也不要一天到晚都埋头在办公桌前，不论多么忙碌的人，也总会有吃饭的时间和休息的时间。至于那些从事业务工作的人，更是整天都在外面奔跑，这样更能够多利用在外面跑的机会，联络那些久疏联络的朋友。至于整日守在办公桌边的人，则不妨利用午餐时间，与在同一地区工作的朋友共进午餐。与其每天一个人吃饭，不如偶尔也打个电话约其他朋友一起吃顿饭，如果没有时间一起吃饭，一起喝杯咖啡也可以。如果彼此的距离稍远，坐计程车去也没关系，反正只不过是一个月一次的联谊。那些斤斤计较这些小钱的人，很难拓展自己的人际关系。虽然上班族的收入很有限，得靠省吃俭用才能存一点钱。但是，因此而失去了所有与朋友来往的机会，那可就得不偿失了。

在外面奔波的人不妨利用机会顺路探访久未见面的朋友，即使是5分钟也可以；或是利用中午休息时间和对方一起吃顿便饭。虽然只有短短的5分钟，但却对与对方保持长久联系非常重要。

下班后，大家一块喝杯茶。不论是迎新送旧还是大功告成，找各种理由大家一块儿聚聚。这不只是大家互相联络感情，也是松弛一下紧张许久的神经的好机会。人原本就有喜新厌旧的本性，比起早已熟知的朋友，新朋友更能吸引我们的好感而频频与之接触。

此外，你要时刻保持与老朋友的联系。所谓老朋友，就表示彼此已经有了相当程度的了解，珍惜老朋友的态度，也是吸引新朋友愿意主动与我们交往的力量。

英文中的"old"也有怀念的、亲切的意思。随着时间的流逝，人的思想也会日臻成熟，对人生的看法也会更加透彻，所以"老朋友"指的就是值得信赖的朋友。

老朋友指的是不受到时空的阻隔而一直保持着联系的朋友，这种朋友才更难能可贵。这些老朋友正表示了我们自己过去的人生过程，不重视老朋友就是根本不重视自己的过去。老朋友或许是比不上新朋友来得新鲜，但拥有越多的老朋友就如拥有越多的无形资产一般，这也可以证明你自己的品德值得朋友信赖。

老朋友的价值实非笔墨所能形容。然而，如何和老朋友交往却不是一件容易的事。如果你自己不能常保持新鲜感，如何让他人能够一直把你记在心中呢？

因此，无论你采用何种方式，都要积极地与你的新老朋友保持密切的联系，为你时不时地求人办事打下牢固的基础。

诚实守信才能让办事长久

诚实守信不仅是一种美德，而且是求人办事的一个基本要求。试想，如果一个人经常出尔反尔，那么你愿意帮助这样的人吗？

言而无信的人历来都受到人们的指责，没有人愿意帮助他们做事。言而有信，受人尊敬的人，自然会有好的人缘，也会有很多人愿意帮助他们做事。

中国人从古至今都把信用看得相当重要，并且在长期的生活和实践中，总结出了许多关于守信的名言佳句来激励后人。与人交往信守诺言，什么事情说到办到，才可以赢得他人的尊重和信赖，以便于日后更好地交往、合作、办事，达成一种固定而又默契的合作关系。

美国 IBM 计算机公司发展迅速，正是靠公司服务人员在产品的售后服务中，具有高度的责任心和持之以恒的辛勤工作以及他们信守诺言的美德。一天，菲尼克斯城的一个用户急需重建多功能数据库的计算机配件。公司得知后，立刻派一位女职员送去，途中遇倾盆大雨，河水猛涨，封闭了沿途的 14 座桥，交通阻塞，汽车已无法行驶。按常理遇到这种特殊情况，女职员完全有充分的理由返回去，但她并没有被饥饿和途中的艰险吓倒，仍勇往直前，巧妙地利用原来存放在汽车里的一双旱冰鞋，滑向目的地，平时只用二十几分钟的汽车路程，今天却变成了 4 个小时的跋涉。女职员到达用户所在地后，又不顾疲劳，及时解决了用户的困难。IBM 公司正是以工作人员认真负责的工作态度和感人的行动，赢得了广大用户的赞誉。其计算机产品顿时成了用户争相购买的紧俏货，很快，这个公司的用户就遍布世界。

可见，诚实守信的影响是多么巨大，它对一个公司的发展起到了至关重要的作用。

在我们的日常生活中，与人交往，求人办事也应该保持诚实守信的原则。守信，是一个人立于世的金字招牌。没有人会愿意和一个没有任何信誉的人交往；相反，谁都愿意和信誉好的人交往合作。因为信誉是一种保障，和有信誉的人交往办事，可避免自己遭受损失，这会让人心里感到踏实、可靠。

很多人把信誉看得非常重要，视它为自己成功必不可少的一个因素，这是正确的。不讲求信誉，不仅仅会给别人造成损失，同时也会使自己失去很多东西，而且它还会影响与他人更进一步的交往办事，使人们都逐渐地远离你。

也可能有人在求人办事过程中凭借一两次蒙骗而使自己的阴谋得逞，但这种人办事绝对不可能长远顺利。俗话说"群众的眼睛是雪亮的"，这种蒙骗一时的行为迟早会被人们发现。如果你是一个不讲信誉的人，只要有一个人知道，用不了多长时间，所有的人就都会知道，那时候，你就会陷入一个非常难堪的境地中，没有谁会主动来和你交往，甚至还会故意冷落你、躲避你。这样，无论你办什么事情，走到哪里，四面八方都会是厚厚的一堵墙，更别指望别人帮你办事了。

想必很多人都听过这样的一个故事。有一个小牧童正在山坡上放羊，周围有很多农民在田里劳作。小牧童看着山坡上正津津有味吃着青草的山羊，再看看山下田里辛勤劳动的农民，决定搞一个恶作剧。他突然对着山下的农民大声喊："狼来了！狼来了！"山下的农民听到小牧童的呼叫声，一个个都扛着锄头、拿着铁锹跑上山来。等他们气喘吁吁地爬上山坡之后，却连狼的影子都没看到，而那个小牧童却坐在树下哈哈大笑。

过了几天，农民们又听到山坡上有呼救声："狼来了！狼来了……"有了上次被骗的经历，村民们稍微迟疑了一下，但最终还是扛着锄头再次来到了山坡上。让他们感到不可思议的是：山坡上仍然没有狼的影子，小牧童又在捉弄他们。他们十分气愤地离开了。

又过了几天，村民们忽然又听见山坡上传来了呼救声："狼来了！狼来了……"可是此时，人们已经不再相信那个调皮的小牧童了。可是让他们万万没有想到的是——这次狼真的来了，它咬死了那个可怜的小牧童和他的小羊。

从这则故事中我们可以看出，小牧童之死不能怪别人，而是他自己那些一而再、再而三的谎言葬送了他的性命。

求人办事也是一样的道理，你必须诚实守信，否则你拿别人的时间和精力开玩笑，最终吃亏的反而会是你自己。

总之，无论办什么事情都应该恪守诚实守信的原则。只有这样，你与他人交往才能长久。

与人交往要保持适度的弹性

古人云："君子之交淡如水。"西方哲人说："距离产生美。"无论是我国传统上的观点，还是西方现代思想，都向我们说明了这样的一个道理：人与人之间应该保持适当的距离。这一道理在求人办事的时候也是非常有用的。

每天形影不离的人不一定是最亲密的朋友，就像我们每天都与同事在一起工作一样，我们与同事之间并非亲密无间，相反，那种只有一两周才联系一次的朋友才会与我们无话不谈。两个再要好的朋友，如果天天都泡在一起，那种感情也会在朝夕相处中磨灭，最终变得麻木不仁。如果双方能够在交往中保持适当的距离，则更容易贴近彼此的心灵，产生友情的共鸣。

这是因为朋友之间相互的吸引力不管有多大，他们毕竟是两个不同的个体，有着不同的利益。他们因所处的环境不同，所受的教育不同，其人生观、价值观也必然存在着一定的差异。因此，两个人接触的面越广，产生的分歧也越大。因此，朋友之间也只有适度地保持距离，才能够增进双方的感情。

人与人之间的差异是必然存在的，这与交往的次数有着密切的联系。具体表现在：交往的次数越是频繁，这种差异就越是明显，而这种日益明显的差异从一定程度上会引起双方的分歧。

孙某和杨某同在一家公司做销售，她们两人是好朋友，经常形影不离。由于公司的纪律很严格，上班时间她们并没有多少机会说话。

下班回到家，孙某的第一个任务就是给杨某打电话，一聊起来就没完没了。星期天，孙某总有理由把杨某叫出来，陪她去购物、逛街、上公园，杨某每次也都勉强同意。孙某每次都兴高采烈，她拉着杨某一玩就是一整天。

后来，杨某向孙某郑重声明：以后星期天要学习，不再参加孙某的各种活动。

孙某很不高兴，她对杨某的父母说："我很伤心，我把她当作我生活中最重要的朋友，可她竟然这样对我。"

杨某的父母劝她说："孩子，每个人都有自己的事情，你这样每周都缠着她与你在一起，使她失去了自己的生活空间，她自然会感到厌倦的。所以维持你们亲密关系的最好办法是保持一定的距离，往来有节，互不干涉。"

听了杨某父母的话，孙某来找杨某的次数减少了，可是她惊奇地发现，她们的友谊反而更加深厚了。

通过这个例子我们可以看出，人与人之间应当保持适当的距离。如果朋友之间过于亲密无间反倒容易产生矛盾，这样反而会不利于双方之间的友谊，当然更不利于以后办事。

那么怎样保持在交往中的弹性呢？可以分以下几种情况区别对待：

1. 和初次接触的人交往

因为是初交，彼此不怎么了解，心灵尚未沟通，如果过急地想亲近，则很容易让人产生交际动机不纯或交际态度轻浮的看法。相反，如果在初次交往时过于冷淡，又易使人产生你目中无人或深不可测、老谋深算的感觉，使人望而生畏。

所以，在初次与别人交往时，应通过逐步的接触，视了解的程度和可不可交的情况来确定交往的深度和关系的疏密。在初次交往时最聪明的做法是让你的交往带上"弹性"，有伸缩自由的余地，这样既能把握住良机，又能慎重、游刃有余地来进行交往。

2. 和有隔阂的人交往

人与人之间的交往总是难免存在隔阂，一旦隔阂存在，交往时对方必然产生一定的戒备心理。尤其是与那些本来相识甚至是好朋友的人，在发生误解之后又重新打交道的时候，只要有一方在处理关系时有所不慎，都可能引起另一方的高度敏感，甚至使双方的关系进一步恶化。

所以，和与自己有隔阂的人交往时，一般应既主动接近，又保持适当的距离。一切都应处理得从容不迫，富有"弹性"，留有余地，随着交往的加深，彼此重新认识并意识到过去的误解或认识上的差异，最后，双方的隔阂或矛盾就会自然消除。

3. 在一些特定场合的交往

有些场合的交往也需要讲究点"弹性"，比如在公关活动中，在商业、外交谈判中。这些特殊的交往如果不讲究"弹性"策略，就会操之过急或失之偏颇。一般来讲，在公关活动中，公关的目的是为了尽最大努力树立自己美好的形象、扩大知名度、赢得别人的信赖，从而更好地进行交往。在这种场合下，交往既应实事求是，又应维护自己的形象或所代表机构的声誉，如果一味趾高气扬、自大吹嘘，不仅会败坏自己的形象，公关的目的也会无法实现。反之，一味低三下四、"谦卑"十足，也同样让人倒胃口，让人觉得你的公关形象猥琐丑陋，甚至产生不屑与你交往的想法。所以，公关活动有方法、技巧可言，"弹性"公关就是其中之一。此外，在商业、外交谈判中也存在同样的问题，双方既是竞争对手，又是合作伙伴。这就需要"弹性"策略，既把关系处理得松紧适度又易于回旋；既能保证不增加矛盾冲突，又便于进一步增进联络、加强合作。

4. 在特定语境的交往

人们进行交往总离不开语言。而有些特定语境使人们在言语交际中不可把话说得太肯定、太绝对，而应该灵活多变，可上可下、可宽可窄、可进可退，这也需要在言语交际中带上一定的"弹性"。这样，有利于自己掌握交往的主动权，为日后进一步交往留下了回旋余地。

"弹性"策略在交际中的运用是十分有效的，只要你掌握了"弹性"交往的规则和技巧，你就会在与别人的交往中游刃有余、轻松愉快。

第三节　用父母的关系网办事

对父母的关系网有所了解

对于一些年轻人来说，父母的关系网可以帮助他们办成大事。一般来讲，年轻人涉世不深，很少有成熟的社会关系。然而，从另一方面讲，他们又面临着各种各样需要解决的问题，升学、就业、创业或者是婚姻大事。要解决这些问题，除了朋友有限的帮助之外，最好的办法莫过于使用父母的关系网了。

当然，也许有人对于使用父母的关系网不屑一顾，他们认为这样做就像依靠父母一样，有些不光彩。其实，抱有这种心理完全没有必要，因为没有人可以创造出自己所需要的一切资源，也没有人可以单枪匹马解决个人发展中的任何问题。既然自己的朋友关系可以使用，那么父母的朋友关系为什么就不能使用呢？

而且，一般情况下父母的关系网要比自己的关系网有效得多。因为父母的关系网中多是父母的同龄人，他们与年轻人相比具有更深的阅历、更丰富的经验、更成熟的人际关系网络。

因此，使用这些关系来办事，具有更强的可靠性，也更容易获得成功。

要想有效地使用父母的关系网，首先应当了解父母的关系网。一般情况下，父母的关系网也不外乎以下几类：父母的朋友关系；父母的同学关系；父母的同事关系；父母的工作关系等。

对于父母的这些关系网，你一定要有所了解。而要了解这些信息，一是平常要多注意父母的谈话，必要时还可以向他们询问。另外，当你父母的同学或朋友到你家做客时，你一定要热情地招待他们，尽量给他们留下深刻的印象。当父母向他人介绍你时，你也一定要好好表现自己，尽量要把自己优秀的一面展现给对方，必要的时候还可以向对方请教一些问题，或者主动提出自己的愿望，希望对方多多关照等。当你遇到具体问题的时候，向父母的老朋友或者老同学求助，或者你遇到类似难题的时候，可以询问父母是否有这方面的朋友可以帮上忙。

你也可以把父母在相关行业的同学、同事、朋友的电话号码或其他联系方式记录下来，像为自己的朋友分类建档一样，也为父母的关系网进行分类建档。这样你就可以对父母的关系网了解得更清楚。关键的时候，这张关系网就可以成为你办事的得力助手。

定期拜访父母的老朋友

用父母的关系网办事，就要多同父母的那些老朋友常联系，经常去拜访他们。这样，当你有事相求时才不会显得唐突。

左宗棠有个好友，好友有一个儿子名叫黄兰阶，他在福建候补知县多年也没候到实缺。他见别人都有大官写推荐信，想到父亲生前与左宗棠很要好，于是就跑到北京来找左宗棠。左宗棠见了故人之子，自然十分客气，但当听到黄兰阶想让他写推荐信给福建总督时，顿时就变了脸，几句话就把黄兰阶打发走了。

　　黄兰阶又气又恨，离开左府，闲踱到琉璃厂看书画散心。忽然，他见到一个小店老板在学写左宗棠的字体，而且十分逼真。他心中一动，想出一条妙计。他让店主写了个扇面，并落了款，然后得意扬扬地回到了福州。到了参见总督的日子，黄兰阶手摇纸扇，径直来到总督府。总督见了很奇怪，问道："外面很热吗？都立秋了，老兄还拿扇子摇个不停。"

　　黄兰阶把扇子一晃说："不瞒大人说，外边天气并不太热，只是我这柄扇子是此次进京左宗棠大人亲自赠与的，所以爱不释手。"

　　总督大吃一惊，连忙要过黄兰阶手中的扇子仔细察看，发现确系左宗棠笔迹，一点不差。

　　他将扇子还与黄兰阶，就找到师爷商议此事。第二天就给黄兰阶补了知县的实缺，黄兰阶不到几年就升到四品道台。

　　就这样，黄兰阶欺世盗名，竟然一路高升，仕途畅通无阻。究其原因，还是因为他巧妙借用了父亲故友左宗棠的名声和权威。

　　故事中的做法虽然欠妥，但通过这个故事，我们可以得知父母的社会关系网在我们的生活当中也起着十分重要的作用。如果我们能够充分有效地开发父母的关系网，将会给我们办事带来很大的帮助。但是，如果我们想借助这种资源为自己办事，自己就应当有所行动，有所表示。

　　在办事之前我们一般要亲自到父母朋友家中拜访，紧急情况下也可以打电话向他们求助。但无论采用哪种方式，都应当安排妥善合理。因为父母的老朋友一般都是长辈，与他们交往要注意一定的礼节。

　　与其他关系网相比，向他们求助也有一定的优势。经验告诉我们一个真理：向专家和领导求教，比向一般人求教更容易；向长者求教，比向你的同龄人求教更有效。因为大多数的专家、领导，在被问及任何意见时，都会有一种责任感和荣誉感。甚至一般的长辈，被年轻人请教时，也非常愿意把自己的人生经验和收获得失与青年一代分享。

因此，要想靠父母的关系网办事，就先安排点时间去拜访"父母的老朋友"吧。平时多去拜访父母的老朋友，多与他们交流沟通，加深感情，关键的时候他们就会拉你一把。即便他们对你求助的事情无能为力，他们也会为你提供有效的建议，给你更多的鼓励和支持。

像盖茨一样用父母的关系办事

父母的关系网是一张十分有效的人际关系网络，在其中蕴藏着十分丰富的办事资源。该怎样有效地使用父母的关系网办事呢？

那就让我们看看比尔·盖茨是怎么做的吧。

很多人认为比尔·盖茨之所以成为当今世界首富，首先是因为他掌握了世界发展的大趋势，还有他在电脑上的智慧和执着。其实，比尔·盖茨之所以成功，除这些原因之外，还有一个十分重要的因素，就是他十分注重人缘资源的开发和使用。他还是一个非常会运用父母的关系网办事的人。

比尔·盖茨20岁的时候，签到了第一份大订单。这份订单改变了微软公司的命运，也改变了比尔·盖茨的命运。与比尔·盖茨签订这份大订单的不是别的公司，而是当时全世界第一大电脑公司——IBM公司。

比尔·盖茨是怎么做到的呢？当时，微软公司与IBM公司相比，简直就是小帆船与航空母舰，像微软这样的小公司，IBM根本就不屑一顾。但比尔·盖茨坚信他们公司所开发的软件一定具有广阔的市场前景，只是苦于找不到向IBM公司负责人展示这项技术的机会。为了争取到与IBM公司高层负责人接触的机会。他突然想起了一个人，这个人就是自己的母亲。当时，比尔·盖茨的母亲是 IBM 的董事会董事，妈妈介绍儿子认识董事长，这是理所当然的事情。因此，比尔·盖茨向母亲说出了自己的想法，希望她能帮上忙。起初母亲也有些为难，因为 IBM 公司的规定很严格，不允许公司职员使用私人关系来建立业务关系，而且公司董事长一般都比较忙，难以抽出时间来应付琐碎的事情。

可是比尔·盖茨坚定地认为，如果双方合作成功，也将会给 IBM 公司的电脑带来更大的市场份额。于是他一再央求母亲，母亲最终被比尔·盖茨说服了。

在 IBM 公司举办的一次联谊会上，母亲带上了比尔·盖茨，并且礼貌得体地向 IBM 公司董事长介绍了自己的儿子——比尔·盖茨。董事长面对同事的儿子自然显得十分热情，他还亲切地同比尔·盖茨进行了交谈。比尔·盖茨都给予了礼貌的回答，当然他也没有忘记趁机向这位国际巨头推销自己。董事长对这位年轻而又有勇气的小伙子十分感兴趣，自然他们事后又安排了一次正式的会面。

正是这次会面，为比尔·盖茨提供了一个与 IBM 合作的机会，并最终造就了一位世界首富。

从上述例子中我们也可以看出，有时活用父母的关系网办事，也可以成为我们成功的捷径。所以，为了你的事业和前途，就很有必要像比尔·盖茨一样善用父母的关系网办事。

第二章　办事的语言艺术

第一节　求人办事要说好话

赞美的话要说出口

求人办事要想成功，在说话上，就要学会赞美别人。因为几乎任何人都希望得到表扬，你所求助的对象也不例外。有时候，一句赞美的话可以决定一件事情最终能否办成。

吉斯菲尔伯爵说："各人有各人优越的地方，至少也有他们自以为优越的地方。在其自知优越的地方，他们固然喜爱得到他人公正的评价。但在那些希望出人头地而不敢自信的地方，他们尤其喜欢得到别人的恭维。"

吉斯菲尔进一步指出："你若想轻易地发现各人身上最普遍的弱点，只要你留意他们最爱谈的话题便可。因为言为心音，他们心中最希望的，也是他们嘴里谈得最多的。你就在这些地方去搔他，一定会搔到他的痒处。"有不少人，他们喜欢听相反的话；更有许多的人，喜欢别人把他们当作有思想、有理智的思想家。

吉斯菲尔还告诉我们："几乎所有女人都是很质朴的，但对仪容妩媚，她们是至深偏爱、孜孜以求的。这是她们最大的虚荣，并且常常希望别人赞美这一点。但是，对那些有沉鱼落雁之容、闭月羞花之貌的绝代佳人，那就要避免对她容貌的过分赞誉，因为她对于这一点已有绝对的自信。如果你转而去称赞她的智慧、仁慈，如果她的智力恰巧不及他人，那么你的称赞，一定会令她芳心大悦、春风满面的。"

可见，赞美别人还得讲究技巧。那么怎样来赞美别人呢？你不妨试试以下的几种方法：

1. 赞美的话要坦诚得体，且必须说中对方的长处

赞美的首要条件，是要有一份诚挚的心意及认真的态度。言辞会反映一个人的心理，因而轻率的说话态度会让对方产生不快的感觉。赞美也不要太离谱，那样别人会觉得你太虚伪。

1987 年 4 月底，欧阳奋强到香港参加电视剧《红楼梦》首映式，他是饰演贾宝玉的演员。欧阳奋强一踏进机场休息室，亚洲电视台著名演员方国姗就挤到他身边，热情地说："你是欧阳奋强吗？我叫方国姗。他们都说我长得像你。""方小姐比我长得漂亮多了。"欧阳奋强说。亚视艺员领班高先生风趣地说："方小姐可是香港的贾宝玉呀。"

这番相互赞美的话十分自然贴切，使迎接的气氛变得热情而和谐。

2. 在背后赞美效果会更好

赞美人最要不得的一种是，只当着甲的面来赞美甲。假如你当着大家的面来赞美他，为他做一次义务宣传，他一定很高兴。只要你赞美得不过火，大家也不会觉得你是在有意吹捧他。

最好的方式是在背后赞美他。一传十，十传百，总有一天会传到他耳朵里，由不得他不感激你。时机一到，他也会赞美你一通，他是不会忘记使他美名远扬的朋友的。

3. 把对方捧上天，让他感觉不帮你办事会有损他的自尊心

在现代社会活动中，人们会不同程度地存在"有求于人"的情况。怎样才能求得他替你办事，而不至于被对方拒绝呢？这就需要你巧妙地吹捧他，将对方引入你设定的情景中，然后提出你的要求，这样会使你的要求得到满足。

这是因为吹捧、恭维对方，也是一种高妙的"绵里藏针"的方法，能够极大地满足对方的虚荣心，当对方飘飘然时，你突然提出自己的要求，并在话里话外使对方感到你在怀疑他的能力和权威，一旦感到权威受到了挑战，他就必然尽全力证明给你看。如果办不到你所求的事，就会有损自己的自尊心，这时他只有想方设法硬着头皮为你办事了。

4. 把对方美化成道德上的"完人"

赞美可以是多方面的，通常你把对方说成是道德上的完人比称赞他的衣饰得体更有效果。

这种事例在日常生活中有很多很多，也许当事人自己都没有感觉到有什么特殊之处，但又确实达到了办事的目的。这时，人的自尊、名声、荣誉、能力……都可以成为你求人办事的武器。

5. 把对方标榜为能力上的"超人"

美国黑人富豪约翰逊要修建一座办公楼，但在资金上还有300万美元的缺口，他出入多家银行都没有贷到这笔款。

建造开工后，到所剩的钱仅够再花一个星期的时候，约翰逊约一家银行的主管一起吃饭。席间，银行主管对约翰逊说："在这儿我们不便谈，明天到我的办公室来谈吧。"

第二天，当约翰逊断定该银行很有希望给他贷款时，他说："好极了，唯一的问题是今天我就要拿到贷款。"

"你一定在开玩笑，我们从来没有一天之内就能办妥这样的事的先例。"银行主管说。

约翰逊把椅子拉近，说："你是这个部门的主管。也许你应该试试看你有无足够的权力把这件事在一天之内办妥。"

这样一下子就激起了对方的好胜心。这个银行主管试过以后，本来他说办不到的事终于办到了，约翰逊也如愿拿到了这笔贷款。

这类似激将法，因为谁都不愿意被人看扁，你用赞美的方式把对方说成是全能的，他自然想方设法去维护自己的这个"全能"形象。

6. 重点捧对方那些你特别需要的能力

当一个人很有兴趣地谈到他的专长，或他所取得的成绩，或他所开展某项业务的辉煌时，你适时地提出与之相关的要求，在这样的时刻，他拒绝你的可能性最小，你的要求得到满足的成功率最大，这是经过心理学家及社会学家的实验所证明了的。当你有求于人时，就去赞美他、吹捧他，营造一个合适的氛围，使你的需求最大可能和最大限度地得到满足。

相反，有些人只知道诉苦，让别人帮忙，激发别人的同情心，殊不知，这些是远远不够的。

赞美他人是求人办事的一柄利器。人不分男女，无论贵贱，都喜欢听合其心意的赞誉。同时，这种赞誉能给他们加倍的能力、成就和自信的感觉。

然而，你也要明白，赞美不当，恰似明珠暗投，更有甚者，反而激起疑惑甚至反感，这便是懂得颂扬却没有掌握颂扬诀窍的后果。

要使赞美能够奏效，只要我们心中掌握各人性情的不同之处，便能区别对待，有的放矢，从而达到目的，把事情办好。

赞美别人是一种博取好感和维系好感最有效的方法。它还是促进他人继续努力卖命的最强烈的兴奋剂，这是由人性的本能所决定的。

求人办事，应尽可能多地赞美别人，这样你将获得更多的好处。

不吝惜恭维的话

有人说："人性的弱点决定了人是最禁不住恭维的动物。"对任何人来说都是如此，你求他帮助办事，恭维他是理所当然的。你恭维了他，他也反过来重视你。另外，得到恭维的人是不会放着对方的难题不管的。

因此，在这个社会上，会说恭维话的人，肯定比较吃香，办事儿顺利也就顺理成章了。当一个人听到别人对自己所说的恭维话时，心中总是非常高兴，脸上堆满笑容，口里连说："哪里，哪里，我没那么好""你真是很会讲话"。即使事后冷静地回想，明知对方所讲的是恭维话，却还是没法抹去心中的那份喜悦。因为爱听恭维话是人的天性，虚荣心是人性的弱点。

当你听到对方的吹捧和赞扬时，心中会产生一种莫大的优越感和满足感，自然也就会高高兴兴地听从对方的建议。

相信你也到私人商摊处买过衣服，在你试衣时，卖主肯定就来搭话了：

"啊！真漂亮！穿起来非常合身，朴素、大方、有风度。你年轻了好几岁。"

本来你是不想买那件衣服的，却买回来了。

第二天，你神气起来，可是穿了不到两小时，某条缝线断了，裂开了一个大洞。此时，你才骂他是个"骗子"。然而，又有何意义呢？

要想在办事儿时求人顺利，首先要摒弃一些主观意识，学会恭维别人。当你自觉地去恭维别人时，你的办事能力就会相应提高。

恭维别人主要体现在求领导办事方面。要想求领导办事，就必须会说恭维话。会说话同办事是相辅相成的。话说得好听，说得到位，领导便易于接受你提出的条件和要求；否则，即便是一件简单的事情，也会容易办砸。所以要学会说恭维的话，就必须学会顺情说好话。顺情说好话一般叫做赞美或者恭维，世俗的说法即是阿谀奉承和溜须拍马之类。其实，这种世俗的说教是最不利于办事儿的。要想把事情办成功，总得拣对方爱听的话说，才有利于解决事情。所以，要学会说恭维的话。

几乎所有人都爱慕虚荣，其特点往往是在他们做没有多大把握的事情时，极乐意看到自己在这些没什么把握的事情上表现不凡，获得别人的称赞。当你对他们这些没把握的事情中任何一点加以恭维时，就会发生你所期望的功效。

恭维领导的某个特点，意味着肯定这个特点。只要是优点、长处，对集体有利，你可以毫无顾忌地恭维。领导也需要从别人的评价中了解自己的成就以及在别人心目中的地位，当别人恭维他时，他的自尊心会得到极大的满足，并对恭维者产生好感。于是，这位恭维者找这位领导办起事来就会特别顺利。

求人办事要用恰当的语言

求人办事时，你的语言技巧有着难以估量的作用。恰当的语言，会使你顺利地达到目的。

求人时，不能一味谈自己的事，把自己的请求提出后，最好先诚心诚意地听取对方的意见。

善于求人的人，很注意礼貌用语。不得体的言辞，往往会伤害别人的感情，即使你事后想弥补，那也来不及了。所以，在求人办事的过程中，使用语言时，要注意以下几个方面，把话说得恰到好处：

1. 不说不中听的话

求人时就要使对方产生好感，所以，你必须言语和善。尤其是那些心直口快的人，更要深思慎言，不说让人生厌、惹人不快的话，否则是会事与愿违的。

2. 不要说沮丧的话

既然去求人，就处在比较卑微的位置。在出现困难和危难时，如婚姻危机、事业不顺、孩子没有工作的时候，人们往往情绪低落，容易说一些沮丧的话。要注意，这是不得体的。因为这容易使对方感到压抑，引起对方的不快，也易使你们话不投机。

3. 不要说贬低自己的话

有个求别人者喜欢用贬低自己来抬高对方，其实这样会给人一种"虚伪"的感觉。谦虚要用对地方，不能自贬的时候，还是实事求是的好。

4. 不要担心、怀疑对方的话

求人办事的人，往往意愿都比较紧迫，容易说一些急于求成、催促对方的话，甚至仅凭一己之断，胡乱猜疑对方的能力、权力和身份，表现出自己的担心或说一些情绪低落的话。这些话暴露的多是一些负面意识，因而也会产生一些负面效应，这是应尽力避免的。

5. 要注意语气和措辞

求人办事，即使是关系很密切的人，措辞、语气也要适度，不要用命令的口气，如"你必须帮我办""一定要完成"等，这样说，有时会强人所难，让人难以接受，而要说"请尽量帮我一把""最好能帮我干到底"，给人留下回旋的余地。如果是当时难以答复的问题，就要说"过两天给我一个信儿好吗"或"到时我来找你，请你费心"等。求人办事一定要给对方留下考虑和商办的时间。

总之，求人办事时一定要注意运用恰当的语言，只有这样你才会真正地求到别人帮忙。

要学会没话找话说的本领

在办事过程中，与人谈话时要善于寻找话题，也就是要学会没话找话说的本领。所谓"找话"就是"找话题"。写文章，有了个好题目，往往会文思泉涌，一挥而就；交谈，有了好话题，就能使谈话融洽自如。好话题，是初步交谈的媒介、深入细谈的基础、纵情畅谈的开端。好话题的标准是：至少有一方熟悉，能谈；大家感兴趣，爱谈；有展开探讨的余地，好谈。

但值得注意的是，那种不分场合地说三道四或不分情势地东拉西扯、没话找话是十分让人反感的，势必令人不愉快。但事无绝对，求人办事时，如果掌握一定的原则，没话找话说一样能够融洽气氛。这两条原则如下：

1. 兴趣原则

你找别人办事有时需要从一个话题入手，这种时候自己感兴趣而对方不感兴趣的话题应该少谈或不谈。比如对方对足球既不爱好又不感兴趣,你却滔滔不绝说得津津有味,他插不进话,就会让他感到厌恶;对方感兴趣而自己不感兴趣的话题,应该适时暗示,可以利用对方谈话中的基本内容,把话题顺势转移,也可以借用对方谈话中的某个细节,把话题转移到别的内容上去。对于双方都有兴趣的话题,则不应轻易偏离,要相互补充、相互渗透。

2. 注意相似因素

人们都喜欢同在某方面或多方面与自己相似的人说话。比如,你在外地碰到同一地域的人,你操家乡口音,对方会感到亲切,因为文化背景相同。在年龄上,老年人爱与老年人做伴,青年人爱与青年人交往,这是由于年龄相似,彼此的兴趣爱好和节奏都容易协调。如果你与所要交谈的对象年龄上差距过大,作为主动者,你应力求找出与对方年龄结构相符合的话题。与社会地位和经济条件不如自己的人交谈,千万不能闭口摆架子、张口摆阔气,否则势必使对方产生逆反心理和不满情绪,出现话不投机半句多的局面。

人类学家沙勃说过:"社会是人际关系的联络网,主要靠沟通活动来维持。"人不可能时时处处都置身于熟人圈中,应该认识到,一个人在熟人圈里需要交际,在陌生的环境中也需要沟通。像上述场合之中,"没话找话"既能避免冷场,使气氛和谐,更能使生人变熟人、路人变朋友。

当然,这种初次交往中的没话找话,又必须找得准确,说得得体、有情感。白居易说:"动人心者莫先于情。"与人交谈,要使"快者掀髯,愤者扼腕,悲者掩泣,羡者色飞",唯有炽热的感情。倘若你自身对所谈的内容缺乏热情,语气显得冷漠、无动于衷,你又怎能感染对方,引起对方心灵的共振呢?

此外,和陌生人成为朋友,是锻炼没话找话说的好途径,是扩大横向联系的机会,是求知学习的好渠道,这不失为提高办事能力的好办法。

第二节　掌握说话的技巧

从对方说"是"开始

求人办事，切记不要开始就谈及你们意见不同的事，而应着重在彼此持相同意见的事，所以一开始你就要对方回答"是"，而千万不要让他说出"不"来。假若一开始双方就彼此不合，那他会存下反辩的成见，如此你就算再说上千言万语，而且是句句实言，但对方早已对你有了不良的印象，再要使他改变过来是不大容易的。所以，求人办事，先得迎合对方的心理，使对方觉得这次交谈是商讨，而不是争辩。

据心理学研究证明，当一个人对某件事说出了"不"字，无论在心理上还是生理上，比他往常说其他字要来得紧张，他全身的组织——分泌腺、神经和肌肉都会聚集起来，形成一个抗拒的状态，整个神经组织都准备拒绝接受。反过来看，一个人说"是"的时候就没有收缩作用发生，反而放开，准备接受。所以在求人办事的开头，我们获得"是"的反应越多，就越容易得到对方对我们最终提议的注意。

要使别人说出"是"所需的技巧其实很简单。

下面就是一个很好的例子。

王林在一家公司做推销员，在他推销的区域内有一家大工厂，王林当时就认为它是他们未来的一位大主顾，于是王林花费了几个月的时间，费了很多口舌，最后总算得到了一小笔订单。当时王林心想，假如能使对方满意的话，可能会有大批的订单，这也是王林最殷切期望的。

几个星期后，王林决定去那家工厂看反应，想要让对方签下一笔大订单。但是当他遇到工厂的总工程师时，人家第一句话就对王林说："王先生，以后我不能再买你的马达了。"

这使王林大吃一惊，所以马上问对方："为什么？"

他说："因为你们的马达太热，我的手都不敢放上去。"

王林立即知道和那位工程师争辩是没有好处的，这是他以往不知多少次失败得来的教训，因此王林立即采用柔和的方法，使那位工程师开头就说"是"。

王林说："李总，你的话不错。马达外围烫手是不好的，你所需要的是发热量不超过协会规定的标准的，即可以较室内温度高上华氏 72 度。我说得对吗？"

他说："是的。但是马达四周烫手，都超过了规定的度数。"

王林不与他争辩，仅仅问他："当时工厂室内的温度是多少？"

他说："噢！大约是华氏 75 度吧。"

王林接着说："对了，室内的温度再加上马达本身发热的 72 度，那一共是 147 度呀！手将被烫坏了呢！"

他听了这些话什么也没说，仅点点头，于是王林趁机又对他建议："李总，我们不可以把手放在马达上，你认为这意见对吗？"

听完王林的话后，那位工程师便承认说："我想你的意见有道理。"

他们又随便闲谈了一会儿，随即那位总工程师喊他的秘书来，约定在下月中订购了王林公司 5 万元的货物。

上述事例中王林所用的说服方法，是 2000 年前希腊大哲学家苏格拉底所用的，这种"苏格拉底式的辩证法"就是得到对方的"是"的反应。使对方不断地说着"是"，从而无形中把对方的"非"的观念改变过来。

因此，以后你在求人办事的时候，最好应用苏格拉底的方法，使对方多说"是"，减少对方的反感，轻松达到你的目的。

理直气壮地求人

一般人求人办事时，态度低三下四，让对方可怜，这种人对方可能见得比较多。但是，如果你一反常规，理直气壮地求人，从气势上不输给对手，给对方造成一种错觉，使得对方产生这样一种怀疑："这人可能有些来路。"如此，就能很容易地替你办事了。

20世纪80年代初，国际市场需要润滑油基础油，我国西北一家石油化工公司看准了这一行情，于是不惜血本，按照国际标准生产出8种牌号的润滑油基础油，打入国际市场后，声名大振。可是，好景不长，由于国际石油市场竞争激烈，油价下跌，若继续坚持出口，公司将要亏损1000万元。面对危机，公司总经理认为，参与国际交易，自己是后起者，在强手如林的情况下，要挤进去不容易，应该马上想办法站住脚。如果一遇风浪就退出来，那么，想再占领市场将会更困难。他决心带领公司同仁从夹缝中冲出去。为此，他亲自到欧美一些国家做市场调查，搜集信息，寻找合作伙伴，开辟新市场。

在美国北部，总经理找到美国著名的鲁布左尔石油公司国际销售部。他开门见山地说："希望你们能买我们的产品。"对方说："你凭什么让我们把别的公司的产品推掉，而买你们的产品？"总经理理直气壮地列举了自己公司的三大优势："第一，我们公司的产品质量有保证，有很高的信誉；第二，我们可以长期合作，保证长期供货；第三，我们公司有自备码头，保证交货及时，并有良好的服务，产品资料齐备，保证信守合同。"除了谈到这三大优势，总经理还不紧不慢地告诉鲁布左尔石油公司的那位洋经理，美国的莫比尔石油公司已经购买了他们的产品。

莫比尔石油公司在美国享有盛名，是世界第六大石油公司。这位经理听说莫比尔公司已购买了这家石化公司的产品，立即放下架子，同意洽谈生意，并对公司的产品做了质量评定。经检验，该公司的润滑油基础油全部指标达到规定要求。他们很快向世界各地分公司发放了准予购买的许可证。就这样，我国西北这家石油公司开辟了新的市场，在国际石油市场上占有了一席之地。

由此可以看出，有时理直气壮地求人不失为一种非常好的办法。设想，如果上例中的总经理在外国经理面前唯唯诺诺，企图通过引起别人同情而获得帮助，那肯定就是另一种结果了。

学会含糊地说话

在办事过程中，有时需要你含糊地说话。含糊法是运用不确定的或不精确的语言进行交际的方法。在公关语言中适当运用含糊法，这是一种必不可少的艺术。办事需要言辞模糊，这听起来似乎是很不可思议的。但是，假如我们通过约定的方法完全消除了言辞的模糊性，那么，我们就会使我们的语言变得贫乏，就会使它的交际和表达的作用受到限制，而其结果就摧毁了语言的目的，人们的交际就很难进行，因为我们用以办事的工具——语言遭到了损害。

例如，你要求别人到办公室找一个他所不认识的人，你只需要用模糊语言说明那个人矮个儿、瘦瘦的、高鼻梁、大耳朵，便不难找到了。倘若你具体地说出他的身高、腰围精确尺寸，他倒反而很难找到这个人。因此，我们在办事时要学会含糊地说话。

一般来说，含糊法主要有以下几种：

1. 宽泛式含糊法

这是一种用含义宽泛、富有弹性的语言传递主要信息的方法。

现代文学大师钱钟书先生，是个自甘寂寞的人。他居家耕读，闭门谢客，最怕被人宣传了。一天，一位英国女士，好不容易打通了钱老家的电话，恳请让她登门拜见钱老。钱老一再婉言谢绝没有效果，他就妙语惊人地对英国女士说："假如你看了《围城》，像吃了一只鸡蛋，觉得不错，何必要认识那个下蛋的母鸡呢？"洋女士最终被说服了。

钱先生的回话虽是借喻，但从语言效果上看，却是达到了"一石三鸟"的奇效：其一，是属于语义宽泛、富有弹性的模糊语言，给听话人以寻思悟理的伸缩余地；其二，是在与女士的交往中，不宜直接明拒，采用宽泛含蓄的语言，尤显得有礼有节；其三，更反映了钱先生超脱盛名之累，自比"母鸡"的这种谦逊淳朴的人格之美。一言既出，不仅无懈可击，而且又引人领悟话语中的深意，钱老的道德与大家风范真是令人敬仰。

2. 回避式含糊法

就是根据某种场合的需要，巧妙地避开确指内容的方法。

一个美国客人在韶山毛泽东故居参观之后，中午在一家个体户饭店吃饭，在付钱时，他看到老板娘家境富裕，他突然提出如下问题：

"老板娘，如果你的老同乡毛泽东还在，会允许你开店吗？"

这是明知故问，其中意思不言自明。这时，老板娘略一寻思，就做出回答："没有毛主席他老人家，我早就饿死了，还能开什么店啊！"然后她接着说，"如今，邓小平接了班，党的富民政策好，日子越过越美好！"

显然，美国客人意在用老板娘的回答来否定毛泽东的历史功绩，而老板娘以回避正题的模糊法，反而做出令人折服的回答，既不轻慢美国客人，又维护了毛主席的威望，赞扬了如今的富民政策。

此外，还有一种选择式含糊法，即根据办事的不同目的，用具有选择性的语言来表达的方法。

以上列出的几种含糊法，若针对不同的情况加以选择应用，可以使你办事更加顺利。

求人也要善于听别人说话

人们经常陷入这样一个误区，那就是只有在社交场合我们才需要聆听别人说话，其他的场合就无所谓了。其实，这是一种很片面的想法。事实上，我们并非只有在社交场合才需要聆听别人说话。

在办事时我们同样需要聆听别人的话。办事高手总是专心倾听，而能力平庸的人总是专心于说。某位经营评论家曾经说过："越是伟大的人，越会提供给别人说话的机会；越是卑微的人，越会积极争取说服别人的机会。"

所以，请你务必谨记下面这些现象：许多高阶层领导人，不论在任何场所，都会用更多的时间征求别人的意见，而用较少的时间提供给别人意见。这些人在下决定时，总不忘记问别人："你认为如何呢""你要提供给我什么意见呢""在这样的情况下，你会如何解决呢"。

下面有一个关于倾听的例子，从中我们或许会学到某些东西。

1998 年，当时美国最大的一家汽车公司要签订一项购买蒙面材料的合同。有几个公司为其准备好了材料样品。汽车公司把所有样品看过后发出了要这几个公司的代表参加最后谈判的邀请。其中一个公司的代表杰克是在患有严重喉炎的情况下去谈判的。杰克几乎不能说话，于是就在纸上写下自己嗓子哑了不能说话的情况。

出乎意料的是：对方的董事长替杰克说了，对方展示了杰克的样品后开始夸奖起来。在之后进行的讨论中，完全站到杰克的立场替他说话。杰克参加谈判的方式仅限于微笑、点头和做一些手势。

而最终的结果是那次杰克一下子订出 50 万美元的蒙面材料合同，真是出乎杰克的意料。

从这里不难看出倾听的重要性，假如当初杰克嗓子不哑，可能就不会有那么幸运了。

在办事过程中，如果你聆听别人说话，可以获得以下好处：

1. 聆听会使你理解别人

如果你不能理解对方的谈话，你就不可能使办事很有条理地进行。而你能不能理解对方的谈话，完全取决于我们能不能专心聆听对方的谈话。

2. 聆听可以让你正确地作出判断

如果你不能聆听对方的谈话，就无法正确地判断他的想法。不能正确地判断他的想法，就根本不能够利用他的想法创造有利于自己的状况。

3. 通过聆听可以影响对方

当你聆听别人说话的时候，你可以思考出如何影响他的方法。你提供对方说话的机会，就是让对方把说服他所必备的利器交到你的手中。但是，你必须记住，为了影响别人而聆听他人说话时，不可有先入为主的观念，而必须敞开胸怀才可以。

同时，为了更好地聆听别人说话，你可以从以下 3 个方面做起：

1. 尽量让别人有说话的机会

你可以向对方说："让我听听你的经验。"

用这样的方式引发对方的思考，给他创造说话的机会。这样可能会因为让他有了说话的机会，从而引发他对你的好感。

2. 用提出问题的方式补充你的意见

别人的意见可以帮助你把可能有缺漏的意见补充得更周详、更完整。所以你可以问对方："关于我的看法，你有什么意见？"

对于任何事情你都不应该过分武断，而聆听别人意见是避免你陷于武断的最好办法。

3. 集中精神聆听别人的谈话

你所做的是不仅要能张开耳朵听话，也要能开启心灵听话。也就是说，你除了要集中精神聆听之外，也要在心里给予评价，这是你能够真正办好事情的一大法宝。

总之，在办事时，要善于积极聆听别人说话，这样才能够大大提高你的办事效率。

借人口中言，传我心腹事

有事情想求别人帮忙，但由于很多原因，你又不好直接开口说，这种情况下，你不妨借别人的口说自己的话。事实证明，这是求人办事的一个重要的技巧。难堪的事经由"我听人说"一打扮，就变得不再尴尬；有风险的话，通过别人传过去，便有了进退的余地；不想或不便直接面对的人，也可经第三者从中周旋，穿针引线，解决问题。有这样一个例子：

一个推销百叶窗帘的推销员偶然得到一条消息：某公司要安装百叶窗帘，而且其经理和某局长又是老相识，这位推销员灵机一动，就想出了一个接近对方的好办法。于是他便打听到这位经理的所住之处，然后提着一袋水果前去拜访。在彼此都介绍之后，推销员这样说道："这次能找到您的门，实在是多亏了刘局长的介绍，他还请我替他向您问好呢……"

"说实话，第一次与您见面就十分高兴……听刘局长说，你们公司现在还没有装百叶窗……"

第二天，百叶窗帘一事自然就成交了。这位推销员的高明之处就是他有意地撇开自己，借"刘局长介绍"来说出自己的目的，这种很巧妙地借他人之力的方法，让对方很快就接受了他的请求。

社会本来就纷繁复杂，虚虚实实、真真假假，谁又能去时刻提高警惕辨别真假呢？因此这就为那些懂得留心的人创造了绝佳的机会。

某天下午，李刚来到他的一个朋友的朋友家中，并且还带来了朋友的一封介绍信。他们彼此一番寒暄客套之后，李刚接着说："此次真是幸会啊，因为我们赵科长极为敬佩您的才华，叮嘱我若拜访您时，务必请您在这本书上签下名……"边说边从公文包里取出这位朋友最近出版的一本新书，于是这位朋友不由自主地信任起李刚来。

在这里，赵科长的仰慕和签名的要求只不过是一个借口，李刚的目的是想对这位朋友进行恭维，使他高兴。

而李刚使用这种巧妙的方法有意撇开自己，用"我的上司是您的忠实读者"这种借他人之口、传自己之意的方法，就比

"我崇拜您"来得更巧妙、更有效，同时又不显露出自己的阿谀谄媚，因而更容易使人接受。尤为高超的是，他已将这位朋友的书提前准备好了。

像这种求人的高明手段，确实是让人难以招架，更不失为一个求人办事的好方法。

对于两个素不相识、陌路相逢的人来说，你求他办事的原因是你与他是朋友的朋友、亲戚的亲戚，显然这是十分牵强的。但是，一般人是不会不给朋友面子，也不至于让你吃闭门羹的。而这个方法是你求人的一条捷径。

在求人的时候，如果通过第三者的话来传达自己的心情与愿望，这在求人过程中也是一件很正常的事情。有时人们会不自觉地发挥这一技巧。比如说："我听同学王林说，你是个特别热心的人，求你办事准错不了……"但是要当心，这种话不能说得太离谱了，不然就有可能会闹出笑话，最好是事先做一些调查和研究。

比如，为了事先了解对方，可向他人打听有关对方的情况。第三者提供的情况是很重要的，尤其是与被求者的初次会面有重大意义时，更应该尽可能多地收集对方的资料。但是，对于第三者提供的情况，也不能全套照搬，还要根据需要有所取舍，配合自己的临场观察、切身体验灵活引用。同时，还必须切实弄清这个第三者与被求者之间的关系。这一点非常重要，否则效果可能会适得其反。

如何避免碰钉子

在求别人办事时，你可能会遇到这种情况：当你满怀希望地向他人提出要求时，却当场遭到对方的拒绝，碰了钉子。那场面是很令人难堪的。这种被拒绝而产生的尴尬，往往使你感到心灰意冷、失落、心理失衡，甚至出现不正常心理，比如记恨或报复的心理，因而影响彼此之间的关系。

在现实生活中，造成尴尬的原因很多，有些是无法预见的、难以避免的，但有些却是可以通过自己的努力加以避免的。从办事的角度来看，避免尴尬也是办事能力的组成部分。懂得并力争避免不必要的尴尬场面的出现，是每一个办事高手都应该掌握的。

远行之人，前有高山挡路、石头绊脚，自然会想办法绕过去，或者另辟蹊径。这种做法应用在求人办事里，便是绕着圈子达到目标，避免碰到钉子。

换言之，求人办事若想避免碰钉子，便得拐弯抹角地去讲一些话；有些人不易接近，就少不了逢山开道、遇水搭桥；搞不清对方葫芦里卖的什么药，就要投石问路、摸清底细；有时候为了使对方减轻敌意，放松警惕，我们便绕弯子、兜圈子，甚至用"顾左右而言他"的迂回战术将其套牢。

生活中有不少人是"直肠子""一根筋"，这种人在办事时更多地表现为"碰到南墙不回头""十头牛也拉不回来"。这样的人最该学点迂回术，让自己的大脑能多转几个圈子。

举个简单的例子：某些以鱼类为生的鸟类，其嘴的形状，直直的，上下两部分又长又宽阔。吞吃食物时，有的常常把捕到的鱼儿往空中一抛，让那条鱼头朝下尾朝上落下来，然后一口接住咽了下去，这样的吃法可以使鱼在通过咽喉时，鱼刺由前向后倒，不会卡在喉咙里。

求人办事也一样会碰到各种"刺儿"，这个时候便不能"直肠子"，而应该想办法兜个圈子，绕个弯子，避开钉子。这是求人办事应该具备的策略和手段。连鸟都会"把鱼倒过来吃"，聪明人怎么能让"刺"卡在喉咙中呢？

有位编辑向一位名作家约稿。那位作家一向以难以对付著称，已经有好多编辑在他面前碰了钉子，所以这位编辑在去他家之前感到既紧张又胆怯。

刚开始时，这位编辑失败了，因为不论作家说什么话，这位编辑都说"是，是"，或者"可能是这样的"。无法开口说明要求作家写稿的事，于是编辑只好准备改天再来向他说明这件事。

就在编辑起身准备告辞时，脑中突然闪过一本杂志，这本杂志上刊载了一篇有关这位作家近况的文章，于是就对作家说："先生，听说你有篇作品被译成英文在美国出版了，是吗？"作家猛然倾身过来说道："是的。""先生，你那种独特的文风，用英语不知道能不能完全表达出来？""我也正担心这点。"他们滔滔不绝地说着，气氛也逐渐变得轻松，最后作家竟答应为编辑写稿子。

这位不轻易应允的作家，为什么会为了编辑的一席话而改变了原来的态度呢？因为他认为这位编辑并不只是来要求他写稿，而且又读过他的文章，对他的事情十分了解，所以不能随便地应付。就这样，那位编辑不仅没有碰钉子，还成功地约到了稿子。

有时为了避免碰钉子，你可以运用必要的试探方法。比较常见的方法有：

1. 自我否定法

就是自己对所提问题拿不准时，如果直截了当提出来恐怕失言，造成尴尬。这时，就可以使用既提出问题同时又自我否定的方式进行试探。这样，在自我否定的意见中就隐含了两种可能供对方选择，而对方的任何选择都不会使你感到不安和尴尬。

2. 投石问路法

并不直接提出自己的问题和方法，而是先提一个与自己本意相关的问题，请对方回答，如果从其答案自己已经得出否定性的判断，那就不要再提出自己原定的想法，这样可以避免尴尬。

3. 触类旁通法

当你想提一个要求时，还可以先提出一个与此同属一类的问题，试探对方的态度。如果得到肯定的信息时，便可以进一步提出自己的要求；如果对方的态度是明确的否定，那就免开尊口，以免碰钉子。

4. 顺便提出法

有时提出问题，可以不用郑重其事的方式。因为这种方式显得过分重视、至关重要，一旦被否定，自己会感到下不来台。而如果在执行某一交际任务过程中，利用适当时机，顺便提出自己的问题，给人的印象是并未把此事看得很重，即使不满足也没有什么感觉。

5. 开玩笑法

有时还可以把本来应郑重其事提出的问题用开玩笑的口气说出来，如果对方给予否定，便可把这个问题归结为开玩笑，这样既可达到试探的目的，又可在一笑之中化解尴尬，维护自己的尊严。

6. 打电话法

打电话提出自己的要求与面对面提出有所不同，由于彼此只能听到声音而不见面，即使被对方所否定，其刺激性也较小，比当面被否定更易接受些。

总之，在求人办事时应该多绕几个圈子，这样才能保证你在求人办事中得到最大的实惠，少碰些钉子。

要学会自我推销

当你有事情求助于初次见面的人时，自我推销就显得非常重要。因为在初次见面时，如果能让人对你留下深刻的印象，那将是非常重要的。

为了做好自我推销，你首先要做好自我介绍。

当你们见面，目光相对、互露微笑之后，接下去就是"我叫……"的自我介绍，这种介绍的要点就是要讲清楚自己的名字和身份。如果对方因没有搞清你的名字而叫错你，彼此一定会觉得很尴尬，很容易造成不愉快的场面。因此，自我介绍时，除了要讲清楚自己的名字和身份外，最好能附带一句能给别人留下深刻印象的解释，比如说："我姓张，弓长张。"这样不但不会使对方误解，还可以加深印象。

非常重要的一点是必须记牢对方的名字，最好的办法就是找机会说出对方的名字，帮助记忆，在讲话中时常提到对方的名字，这样对方会觉得你很重视他，而感到愉快，促进感情交流。

接下来，你就可以向别人推销你的优点了，当然，在自我推销时你必须抓住时机。

在中国历史上关于推销自己的故事就有很多，"毛遂自荐"便是最著名的一个例子。

当时，赵国被秦国打得节节败退，公子平原君计划向楚国求救，打算从门下食客当中挑出 20 名文武兼备的人物与他随行，结果精选出 19 位，还差一位无法选出，平原君为此伤透了脑筋。这时有个叫毛遂的人自我推荐，要求加入。

平原君大为惊讶，就对毛遂说："凡人在世，如同锥子在袋子里面，若是锐利的话，尖端很快就会戳穿袋子，露在外面，而人会出人头地。可是你在我门下 3 年，一向默默无闻，为什么你没有显露锋芒？"

毛遂回答说："我之所以默默无闻，就是因为我一直没有机会，如果把我放在袋子里面，不仅尖端，甚至连柄都会露在外面。"

平原君听完后，就决定让他加入行列，凑足了 20 人，前往楚国求救。到了楚国后，毛遂大露锋芒，协助平原君成功地完成了任务。其余 19 人都望尘莫及，自愧不如。

求人办事也一样，只有你真正向别人推销出你的才能时，别人才会信任你，你的事情才会更好办。

要善于打破冷场

学会求人办事，还必须有能够打破冷场的本领，尤其遇到陌生人时，这方面就显得更加突出。或许有些人觉得，和陌生人或者不十分相熟的人打交道时，总是不知道该说什么，有一种非常尴尬的气氛。

于是，人们经常要问，交谈时，应该如何引起话题？如何才不致让话题中断？仔细观察就会发现，在交谈中处于劣势的一方常常是寻找话题的责任者。例如在求人办事的过程中，求人者需要仔细挑选交谈的话题；在谈生意的过程中，希望合作的一方则有选择交谈话题的义务；至于在情侣的交谈场合中，往往会听到男人喋喋不休地谈论这种或那种事，说自己的单位如何如何等。

最好的办法就是你应该站在关怀对方的立场去和对方交谈，尤其是采取主动的人更应该注意，不论如何，得到关怀总会令人觉得愉快。

另一方面，作为被动的一方，对于不懂其内容的话题，也不要显出漠不关心的样子。往往一些你本来不感兴趣的话题，也会带给你意外的收获，使你受益匪浅。比如说，以后和别人谈话时，如果再提到这个话题，你就可以说："我上一次也和某人谈论过这件事……"这样，就可以很容易和对方交谈。

有的人或许苦于与别人交谈时没有合适的话题，其实你大可放松一些。因为无论你从事什么职业，如果能与不同的人交谈，除了能扩展兴趣外，还能增加你的见闻。有了这种想法后，在你的世界里，应该不会再有不感兴趣的话题存在了。

如果你实在不会寻找话题，你可以去听听一些前辈们的闲谈。一般说来，前辈的闲谈是很有趣的。当然，有时你会觉得他们所说的话很无聊或是太落伍，但是，不管怎么说，前辈的经验多、知识丰富，因此谈话的内容往往会很精彩，值得一听。

老实说，寻找话题并不是一件很困难的事。因为在你的生活环境中，只要是看得到的东西，都可拿来当作话题，例如报纸上的新闻、电视剧情、自己的经验，甚至你每天接触的一草一木都可以成为交谈的话题，换句话说，只要你善于发现，交谈的话题无处不在。

但是不管怎样，如果你想让自己的事情办得非常漂亮，你就先要做好勇于打破冷场的准备。

利用"心理共鸣"法求人办事

利用"心理共鸣"法求人办事不失为一个比较好的方法。人与人之间，本来有许多地方是相同的。但是，要产生共鸣，得有相当的说话技巧。

当你对另一个人有所求的时候，最好先避开对方的忌讳，从对方感兴趣的话题谈起，不要太早暴露自己的意图，让对方一步步地赞同你的想法，当对方跟着你走完一段路程时，便会不自觉地认同你的观点。

伽利略年轻时就立下雄心壮志，要在科学研究方面有所成就，为此，他希望得到父亲的支持和帮助。

一天，他对父亲说："父亲，我想问您一件事，是什么促成了您同母亲的婚事？"

"我看上她了。"父亲不假思索地答道。

伽利略又问："那您有没有娶过别的女人？"

"没有，孩子。家里的人要我娶一位富有的女士，可我只钟情于你的母亲，她从前可是一位风姿绰约的姑娘。"

伽利略说："您说得一点也没错，母亲她现在依然风韵犹存。您不曾娶过别的女人，因为您爱的是她。您知道，我现在也面临着同样的处境。除了科学以外，我不可能选择别的职业，我对它的爱犹如对一位美貌女子的倾慕。"

父亲说："像倾慕女子那样？你怎么会这样说呢？"

伽利略说："一点也没错，亲爱的父亲，我已经 18 岁了。别的学生，哪怕是最穷的学生，都已想到自己的婚事，可是我从没想过那方面的事，以后也不会。因为我只愿与科学为伴。"

伽利略继续说："亲爱的父亲，您有才干，但没有力量，而我却能兼而有之。为什么您不能帮助我实现自己的愿望呢？我一定会成为一位杰出的学者，获得教授身份。我能够以此为生，而且比别人生活得更好。"

说到这，父亲为难地说："可我没有钱供你上学。"

接着伽利略又说："父亲，您听我说，很多穷学生都可以领取奖学金，这钱是公爵给的。我为什么不能去领一份奖学金呢？您在佛罗伦萨有那么多朋友，您和他们的交情都不错，他们一定会尽力帮忙的。他们只需去问一问公爵的老师奥斯蒂罗·利希就行了，他了解我，知道我的能力……"

父亲被说动了："嗯，你说得有理，这是个好主意。"

伽利略抓住父亲的手，激动地说："我求求您，父亲，求您想个法子，尽力而为。我向您表示感激之情的唯一方式，就是……就是保证成为一个伟大的科学家……"

伽利略最终说动了父亲，他实现了自己的理想，成为了一位闻名遐迩的科学家。

伽利略请求父亲帮忙，采用的是"心理共鸣"的说服方法。这种说服法一般可分为以下 4 个阶段：

（1）导入阶段。先顾左右而言他，以对方当时的心情来体会现在的心情。例如，伽利略先请父亲回忆和母亲恋爱时的情形，引起了父亲的兴趣。

（2）转接阶段。伽利略巧妙地通过这句话把话题转到自己身上："我现在也面临着同样的处境。"

（3）正题阶段。提出自己的建议和想法。伽利略提出"我只愿与科学为伴"，这也正是他要说服父亲的主题。

（4）结束阶段。明确提出要求。为了使对方容易接受，还可以指出对方这样做的好处。伽利略正是这样做的，他说："……为什么您不能帮助我实现自己的愿望呢？我一定会成为一位杰出的学者，获得教授身份。我能够以此为生，而且比别人生活得更好。"

就这样，伽利略终于达到了自己的目的，为最终实现自己的理想奠定了基础。

在日常生活中，我们也不妨试着用这种"心理共鸣"的方法求助别人，这可能会带来让你满意的结果。

第三节 见什么人说什么话

摸清对方的身份、地位说话

无论在哪个国家、什么年代，地位等级观念都是很强的。对方的身份、地位不同，你说话的语气、方式以及办事的方法也应有异。如果不明白这一点，对什么人都是一视同仁，则可能会被对方视为无礼，尤其是对方身份、地位比你高的人，会认为你没有教养，不懂规矩，因而他不喜欢听你的话，不愿帮你的忙，甚至会有意为难你，这样可能会阻碍自己办事的路子，使所办之事一波三折。因此，求人办事时，先要摸清对方的身份、地位再说话。

北宋时期，知益州的张咏，听说寇准当上了宰相，对其部下说："寇准奇才，惜学术不足尔。"这句话一语中的。张咏与寇准是多年的至交，他很想找个机会劝劝老朋友多读些书。因为寇准身为宰相，理应学问更多一些。

恰巧时隔不久，寇准因事来到陕西，刚刚卸任的张咏也从益州来到这里。老友相会，格外高兴，寇准设宴款待。在郊外送别临分手时，寇准问张咏："何以教准？"张咏对此早有所考虑，正想趁机劝寇公多读书。可是转念一想，寇准已是堂堂的宰相，居一人之下，万人之上，怎么好直截了当地说他没学问呢？张咏略微沉吟了一下，慢条斯理地说了一句："《霍光传》不可不读。"当时寇准没弄明白张咏这话是什么意思，可是老友不愿就此多说一句，所以也就没再细问。回到相府后，寇准赶紧找出《汉书·霍光传》，他从头仔细阅读，当他读到"光不学亡术，暗于大理"时，恍然大悟，自言自语地说："此张公谓我矣！"（这大概就是张咏要对我说的话啊！）因此，寇准读了《霍光传》，很快明白了张咏的用意，从中受益匪浅。

寇准是北宋著名的政治家，为人刚毅正直，思维敏捷，张咏赞许他为当世"奇才"。所谓"学术不足"，是指寇准不大注重学习，知识面不宽，这会极大地限制寇准才能的发挥，因此，张咏劝寇准多读书加深学问的意思既要客观，又要中肯。然而，如果说得太直，对于刚刚当上宰相的寇准来说，面子上不好看，而且传出去还影响其形象。张咏知道寇准是个聪明人，给了一句"《霍光传》不可不读"的赠言让其自悟，通过让其读《霍光传》的委婉方式，使当朝宰相愉快地接受了他的建议。

办事的高手都是懂得看对方的身份、地位来说话的，这也是个人办事能力与修养的体现，平常我们所说的"某某人会来事"，很大程度上就体现在"见什么人说什么话"的才智上。这样的人不只当领导的器重他，做同事的也喜欢他，这样的人办事的成功率当然高。

比如，当你要与上司说话，或是探讨工作，就应该尽量用"请教"的语气。向上司多请教工作方法，多讨教办事经验，他会觉得你尊重他，看得起他。所以，在工作中、在办事过程中，即使你全都懂，也要装出有不明白的地方，然后主动去问上司："关于这事，我不太了解，应该如何办？"或"这件事依我看来这样做比较好，不知局长有何高见？"

如此一来，上司肯定会很高兴，这样不但会减少错误，上司也会感到自身的价值。有了他的帮助和支持，后面的事情就好办得多了。

战国时期著名的纵横家鬼谷子曾经精辟地总结出与不同身份的人交谈的办法："说人主者，必与之言奇，说人臣者，必与之言私。"（意思是：与上司说话，须用奇特的事打动他；与下属说话，须用切身利益说服他。）请牢记这些话，它对我们今天仍有一定的指导意义。

摸清对方的性格说话

办事的时候，因为不了解对方的性格、志趣或者没有猜准对方心意而无意引起对方反感，甚至伤害对方的事是屡见不鲜的。对一个做事雷厉风行、说一不二的人，你却慢条斯理，沿着羊肠小道跟他"绕圈"，只会让他不耐烦甚至躁动发火；对一些优柔寡断的人，你若采用优柔寡断的态度与他交涉，常常会因为表达含糊、词义暧昧而使交易告吹；如果你的领导是个呆板而不懂幽默的人，你最好不要对他开玩笑。

对一些爱露"锋芒"的人，你若任他肆意妄为，你们的交往可能会由于你们之间产生相互警惕以至嫉妒而遭失败。对一些"假正经"（心里想的跟嘴里说的相反），你若真跟他"正经"，那你可不会给他留下好印象。

所以，与人办事，一定要弄清这个人的性格，依据他的性格投其所好或投其所恶才会对办事有好处。

春秋时期，齐国有田开疆、古冶子、公孙捷三勇士，很得国王齐景公宠爱。三人结义为兄弟，自称"齐国三杰"。他们挟功恃宠、横行霸道、目中无人，甚至在齐王面前也"你我"相称。乱臣陈无宇、梁邱据等乘机收买了他们，阴谋夺取政权。

相国晏婴眼见这股恶势力逐渐扩大，危害国政，暗暗担忧。他明白奸党的主力在于武力，三勇士就是王牌，虽屡次想把三人除掉，但他们正得宠，如果直接行动，齐王肯定不依从，反而会弄巧成拙。

有一天，邻邦的国王鲁昭公带了司礼的臣子叔孙前来访问，谒见齐景公。景公立即设宴款待，也叫相国晏婴司礼；文武官员全体列席，以壮威仪；三勇士也奉陪，威武十足，摆出一副不可一世的骄态。酒过三巡，晏婴上前奏请，说："眼下御园里的金桃熟了，难得有此盛会，可否摘来宴客？"

景公即派掌园官去摘取，晏婴却说："金桃是难得的仙果，必须我亲自去监摘，这才显得庄重。"

金桃摘回，装在盘子里，每个有碗口般大，香浓红艳，清芳可人。景公问："只有这么几个吗？"

晏婴答："树上还有三四个未成熟，只可摘6个！"

两位大王各拿一个吃，味美可口，互相赞赏。景公乘兴对叔孙说："这仙桃是难得之物，叔孙大夫贤名远播，有功于邦交，赏你一个吧！"

叔孙跪下答："我哪里及得上贵国晏相国呢，仙桃应该给他才对！"

景公便说："既然你们相让，就各赏一个！"

盘里只剩下两个金桃，晏婴复请示景公，传谕两旁文武官员，让各人自报功绩，功高者得食此桃。

勇士公孙捷挺身而出说："从前我跟主公在桐山打猎，亲手打死一只吊睛白额虎，解主公之围，这功劳大不大呢？"

晏婴说："擎天保驾之功，应该受赐！"

公孙捷很快把金桃咽下肚里去，傲眼横扫左右。古冶子不服，站起来说："虎有什么了不起，我在黄河的惊涛骇浪中，浮沉九里，斩骄龟之头，救主公性命，你看这功劳怎样？"

景公说："真是难得，若非将军，一船人都要溺死！把金桃和酒赐给他。"可是，另一位勇士田开疆却说："本人曾奉命去攻打徐国，俘虏500人，逼徐国投降，威震邻邦，使他们上表朝贡，为国家奠定盟主地位。这算不算功劳？该不该赏赐？"

晏婴立刻回奏景公说："田将军的功劳，确比公孙捷和古冶子两位将军大10倍，但可惜金桃已赐完了，可否先赐一杯酒，待金桃熟时再补？"

景公安慰田开疆说："田将军！你的功劳最大，可惜你说得太迟。"

田开疆再也听不下去，按剑大嚷："斩龟打虎，有什么了不起？我为国家跋涉千里，血战功成，反受冷落，在两国君臣面前受辱，为人耻笑。还有什么颜面立于朝廷之上?"遂拔剑自刎而死。

公孙捷大吃一惊,亦拔剑而出,说:"我们功小而得到赏赐,田将军功大,反而吃不着金桃,于情于理,绝对说不过去!"手起剑落,也自杀了。古冶子跳出来,激动得几乎发狂地说:"我们三人是结拜兄弟,誓同生死,今两人已亡,我又岂可独生?"

话刚说完,人头已经落地,景公想制止也来不及了。

齐国三位武士,无论打虎斩龟还是攻城略地,确实称得上勇敢,但仅为匹夫之勇。因此,两个桃子就轻易地杀了三个勇士。晏婴就是抓住了他们不能忍耐自己骄悍之勇的性格,而达到自己的目的。

对方的性格,是我们办事的最佳突破口。投其所好,便可与其产生共鸣,拉近距离;投其所恶,便可激怒他,使其行为按我们的意愿进行。无论跟什么样的人办事,我们都应首先摸透他的性格,依据其性格就很容易办成事。

揣摩对方的心理说话

求人办事时,通过对方无意中显示出来的态度、姿态,了解他的心理,有时能捕捉到比语言表露得更真实、更微妙的内心想法。

例如,对方抱着胳膊,表示在思考问题;抱着头,表明一筹莫展;低头走路、步履沉重,说明他心灰气馁;昂首挺胸,高声交谈,是自信的流露;女性一言不发,揉搓手帕,说明她心中有话,却不知从何说起;真正自信而有实力的人,反而会探身谦虚地听取别人讲话;抖动双腿常常是内心不安、苦思对策的举动,若是轻微颤动,就可能是心情悠闲的表现。

懂得心理学的人常常通过人体的各种表现揣摩对方的心理,达到自己办事的目的。

那么怎样才能很好地做到揣摩对方的心理说话这一点呢?

首先,要设法了解对方的想法与凭据的来源。

有一位著名的人力资源专家曾经这么说:"假如对方很爱说话,那么我就有希望成功地说服他。因为对方已讲了七成话,而我只要说三成话就够了!"

实际上,很多时候,人们为了要说服对方,而滔滔不绝地摆事实、讲道理,把话说了七成,只留下三成让对方"反驳"。这样如何能顺利圆满地说服对方?所以,你要学着尽量将原来说话的立场改变成听话的角色,去了解对方的想法、意见,以及其想法的来源或凭据,这才是最重要的。

其次,站在对方的立场上考虑问题。

当你感觉到对方仍对他原来的想法保持不舍的态度,此时最好的办法,就是先接受他的想法,或者先站在对方的立场发言。

这样做主要是因为每一个人都有很强的自尊心,当他的想法遭到别人无情的否决时,尽管有时自己也意识到了你是正确的,但极可能为了维护尊严或咽不下这口气,而变得更倔犟,更加坚持己见,拒绝反对者的新建议。若是你说服别人落到这个地步,成功的希望就不大了。

曾经有一位推销员挨家挨户推销洗衣机,当他走到一户人家里,恰好这户人家的太太正在用洗衣机洗衣服,就忙说:"哎呀!你这台洗衣机太旧了,用旧洗衣机洗衣服是很费时间的。太太,该换新的啦!"

结果,还没等这位推销员说完话,这位太太马上产生反感情绪,驳斥道:"你在说什么啊!这台洗衣机很耐用的,我都用了6年了,到现在还没有发生过一次故障,新的也不见得好到哪里去,我才不换新的呢!"这位推销员只好无奈地走了。

过了几天,另一名推销员又来拜访那位太太。简单地沟通后,他初步了解了太太的心理,便说:"这是一台令人怀念的洗衣机,因为很耐用,所以对太太有很大的帮助呀。"

这位推销员先站在太太的立场上说出她心里想说的话,使得这位太太非常高兴,于是她说:"是啊!这倒是真的。我家这台洗衣机确实已经用了很久，是有点旧了，我正在考虑要换一台新的洗衣机呢。"

于是推销员马上拿出洗衣机的宣传小册子，提供给她做参考。没过几天，那位太太就订购了一台新的洗衣机。

第二位推销员与第一位推销员的差别之处就在于，他是在揣摩对方的心理说话，因此很容易就达到了自己的目的。

有时你在求别人办事时，对方会有一些感到不安或忧虑的问题，对此，你要事先想好解决之道以及说服的方法，一旦对方提出问题时，可以马上说明。如果你的准备不够充分，讲话时模棱两可，反而会令人感到不安。所以，在行动前，你应事先预想一个引起对方可能考虑的问题，此外，还应准备充分的资料，给对方提供方便，这是相当重要的。

善于观察与利用对方微妙的心理，是帮助自己提出意见并说服别人的重要策略。如果你能洞悉他们的心理，并加以引导，你的成功率就会大大地提高。

根据对方的具体情况说话

求人办事，还要注意根据对方的具体情况说话，这样对双方都会有好处。

比如，有一天，你去找你的上司，请他出面帮助你办某件事。平常你的上司总是一副精力充沛的样子，在工作上也颇得心应手，单位内的人都认为他很有前途，可是恰巧在这一天，他显露出悲伤的神色，很可能是家中发生了问题。

对这位上司来说，这实在是件很尴尬的事，为了不让部下知道，他表面极力装得若无其事。午餐后，他用呆滞的眼神望着窗外，此时，他那迷惑惘然的脸色，已失去了朝气。当你看到领导的这种表情时，就不要急于把你自己的事说出来，而应尽你最大的设想，找出领导真正苦恼的原因，并对他说："科长，家里都好吗？"以假装随意问候的话，来开启他的心灵。

"不好！我正头痛呢，我太太突然病倒了！"

"什么？你太太生病了！我怎么一点都不知道？现在怎么样？"

"其实也不需要住院，医生让她在家中疗养。太太生病后，我才感到诸多不便。"

"难怪呢！我觉得科长你的脸色不好，我还以为你有什么心事，原来是你太太生病了。"

"想不到你的观察力这么敏锐，我真佩服你。"

他一面说着，脸上一面露着从未有过的笑容，此刻可以知道你成功了。在人最脆弱的时候去安慰他，才能体现你的体谅和善意。上司的苦恼，在尚不为人知晓前，自己应主动设法了解，相信你的这份善意，上司必定会深受感动的。自然，这以后，你再要求上司帮忙，上司会心甘情愿地帮你办事。

根据对方的情况办事，还有重要的一条是不能犯忌，如果犯了所求对象的忌讳，恐怕该成的事也难办成了。

对性格外向、爱好交际的人，在办公室与他们谈话，一般不会有什么副作用，而对性格内向、胆小怕事、敏感多心的人则容易产生副作用。此时，就应当换个环境，在室外、院子里随便谈心，才容易达到说服的目的。

找人办事时只一味地谈自己的事，并不停地说"请你帮忙，请你帮忙"之类的话，会让人感到万分的厌恶、不耐烦的。

谈话的话题应该视对方的情形而定，再好的话题，若不能符合对方的需要，就无法引起对方的兴趣，最好是想办法引起彼此共同的话题来，才能聊得投机，然后再设法慢慢地把话题引入自己所要谈论的范围里。

在日常谈话中，一般人都是说些身边琐事，这或许想向对方表示亲切。在正式交谈中，希望你不要把老婆、儿女当作谈话的资料，否则总不免给人不务正业的感觉。

谈话先从政治、经济等比较严肃的题目开始，然后再拓展到文学、艺术、个人的兴趣方面等比较轻松的话题。这样比较容易获得别人的认同。

一个善于求人的人，一定很注重礼貌，用词考究，不致说出不合时宜的话，所以要使对方对你产生好感，必须言语和善，讲话前先斟酌思量，不要想到什么说什么。那些心直口快的朋友平时要多培养一下自己的深思慎言作风，切不可不看周围具体情况就脱口而出，那样会影响到自身的形象和办事的效果。

看清对方的文化层次说话

求人办事时，还应该看清对方的文化层次再说话，这样才能使你的事情办得更顺利。

一般说来，埋头做事者常常是事业心很强或对某事很感兴趣的人，一旦开始做事，便全身心投入，不愿再见他人。这种人往往惜时如金，爱时如命，铁面无情。要敲开这种人的门，求他们办事，首先不要怕碰"钉子"，还要有足够的耐性，并且要善于区分不同情况，或硬缠或软磨，直至达到目的为止。

毕加索的夫人弗朗索瓦兹·吉洛特也十分爱好绘画，一入画室便不再容许别人打扰。一次她正在作画，儿子想让妈妈带他去玩，便敲响了门，可吉洛特已全身心投入到绘画上，听到敲门声和儿子的喊声，只是回应了一声，仍旧埋头作画。停了一会儿，门还没开，儿子又说："妈妈，我爱你。"可得到的回应也只是："我也爱你呀，我的宝贝儿。"门还是没开。儿子又说："我喜欢你的画，妈妈。"

吉洛特高兴了，她答道："谢谢！我的心肝，你真是个小天使。"可仍旧不去开门。儿子又说："妈妈，你画得太美了。"吉洛特停下笔，但没有说话，也没有动。儿子又说："妈妈，你画得比爸爸好。"

吉洛特的画当然不会比艺术大师毕加索画得更好，但儿子的话却句句说到了她的心里，她也从儿子那夸大的评价中感到了儿子的迫切心情，所以最终把门打开了。

生活中我们还会经常遇到一些自命清高的人，他们常常是洁身自好的墨客或仕途失意的文人，或者是那些自命不凡、看破红尘的人。这种人文化层次一般都较高，他们不愿与常人来往，却希望同有才华的人结交，因此要顺利地叩开这种人的大门，最有效的办法就是善于表现自己，设法展示出自己的才华，因其爱"才"便会自开家门。

毛泽东年轻时曾去拜谒一位隐居山间的姓刘的老翰林，他先献上一首诗："翻山渡水之名郡，竹杖草履谒学尊。途见白云如晶海，沾衣晨露浸饿身。"诗的前两句写经过长途跋涉前来贵地拜谒学尊，第三句暗指刘氏能摆脱俗事纠缠，在山间过隐居生活，末句则写明了他目前遭受饥饿的现状，也暗示了前来拜谒的目的。

刘翰林一见信上的诗，对他的才气很是赞赏，不仅热情接待了他，还给了他不少盘缠。毛泽东通过展示其才能顺利地达到了自己的目的。

再比如，一个文化层次较高的人到乡下或基层找普通农民或工人办事儿，就不应该装腔作势、满嘴文绉绉地高谈阔论，也不能以"文"交心，以诗会友，而应该放下架子，用老百姓容易接受的话进行沟通和交流，这样才能显得平易近人、与对方没有文化距离和心理距离。对方有了这样的感受，办起事情来才不致产生障碍。

一般来说，对文化程度低的人所采用的方法应简单明确，多使用一些具体的数字和例子；对于文化程度高的人，则可以采用抽象的说理方法。如此，看清对方的文化层次再说话，就可以让事情办得更顺利。

第四篇

办事要会交际

　　为生活，物质固然很重要，但是为了和人们共同生活，能够正确遵守彼此间的正确关系才是最重要的。

　　　　　　　——日本经营之神　松下幸之助

第一章　会应酬，没有办不成的事

第一节　遵守应酬准则

凡成功者无不懂得自制

全球华人中的首富李嘉诚说："自制是修身立志成大事者必须具备的能力和条件，希望每个人都能做到自制！"

自制的方式，一般来说有两种：一是去做应该做而不愿或不想做的事情；一是不做不能做、不应做而自己想做的事情。比如，你每天早晨坚持锻炼身体，当某一天天气特别寒冷，你不想冒着寒冷继续坚持锻炼，但是你最终走出家门，继续锻炼，这就属于前者。后者的表现也较多，比如你喜欢抽烟，但到了无烟室，你必须强忍住内心的欲望不抽烟。

一般情况下，自制和意志是紧密相连的，意志薄弱者，自制能力较差；意志顽强者，自制能力较强。加强自制也就是磨炼意志的过程。

自制对于个人的事业来讲，发挥着重要的作用，加强自制有助于磨砺心志，有助于良好品性的形成，能使人走向成功。

自我克制能够造就一个天才，而自我放纵却能毁灭 10 个天才。

公元 14 世纪，有个名叫罗纳德三世的贵族，是祖传封地的正统公爵，他弟弟反对他，把他推翻了。弟弟需要摆脱这位公爵，但又不想杀死他，便想了个办法。罗纳德三世被关进牢房后，弟弟命人把牢房的门改得比以前窄一些。罗纳德三世身高体胖，胖得出不了牢门。弟弟许诺，只要罗纳德能减肥并自己走出牢门，就不仅能获得自由，连爵位也能恢复。可惜罗纳德不是那种有自制能力的人，他无法抵挡弟弟每天派人送来的美食的诱惑，结果不但没有减肥，反而更胖了。所以他只能永远做一个囚徒。

一个没有自制力的人，就像被关在铁栅栏中的囚犯。任何一个优秀的人都明白：如果没有自制力，就永远不可能成功。勇者勇于接受精神上和肉体上的磨炼，他们愿意接受超出自己想象的任务，并全身心投入其中去完成它，他们让大脑保持活跃，思考一些有挑战性的问题，不断地思索需要认真对待的事情，以期训练自己的自制力。而这种自制力决定了人们在关键时候的所作所为。传记作家兼教育家托马斯·赫克斯利说："教育最有价值的成果，就是培养了自制力，不管是否喜欢，只要需要就去做。"

自制使人充满自信，也会赢得别人的信任。在商人中间，自制能产生信用。一个人可能在缺乏教育和健康的条件下成功，但绝不可能在没有自制力的情况下成功！

自制是刚毅的本质，也是性格的灵魂。

美国总统亚伯拉罕·林肯刚成年的时候，是一个性急易怒的人。但后来，他学会了自制，成为一个富有同情心、说服力和有耐心的人。他曾经对陆军上校福尼说："我从黑鹰战役开始养成了控制脾气的好习惯，并且一直保持下来，这给了我很大的好处。"

自我克制，不急不躁、不怨天尤人、不轻易发怒是良好的品质，具有自我克制能力的人比焦虑万分的人更容易应付各种困难，解决种种矛盾。一个做事克制、光明磊落、生气蓬勃、令人愉悦的人，到处受欢迎，也更容易成功。

诚信是形成持久关系的基础

有人把诚信看得非常重要，视它为自己成功必不可少的一个因素，这是非常正确的。不讲求诚实，这不仅仅是对别人造成损失，同时也会使自己失去很多东西，而且它还会影响你与他人更进一步的交往，使人们都逐渐地远离你。

与人相处中，诚信是一个非常重要的交往原则，人们应该以古人为榜样，做到"言必信，行必果"。什么事情，说到做到，做不到的就不要轻易许下承诺，一旦承诺不能兑现，一定要实事求是地跟对方讲明其中的原因，求得对方的谅解。

现在的一些年轻人认为：一个人的诚信建立在金钱的基础上，一个人有钱、有雄厚资本，就象征着有诚信。这种想法是对诚信的畸形理解。讲诚信在于身体力行，一个人是否讲诚信不取决于他的财富，而取决于他对待别人是否有一颗诚实守信的心。

现在，社会越来越开放，人际交往越来越频繁，要获得别人的认同，不断取得信任，就应该"己所不欲，勿施于人"，"己欲立而立人"，真诚待人。要知道，不管时代怎么变，诚信作为为人处世的基本准则不会变，也不能变。因为诚实守信已经被人们定为一种做人与为人的美德，人们常以讲信用来表达对人的尊敬，言而无信的人历来都受到人们的谴责。言而有信、受人尊敬的人，自然会有好的人缘，而言而无信、受人指责的人没有好人缘也是必然的。

中国人从古至今都把信用看得相当重要，并且在长期的生活实践中，总结出了许多关于守信的名言佳名。如《论语》中有："与朋友交，方而有信。"宋代理学家程颐说："人无忠信，不可立于世。"还有"一言既出，驷马难追""一言九鼎，一诺千金"等，这些都告诫人们要守信。因此，一生不要有一次欺骗，免得对方对你的为人产生怀疑，进而对你个人全盘否定。

爱耶伯劳曾说过："信用仿佛是一条细线，一时断了，想要再接起来就难上加难。所以，你要使用信用这笔人生存款时，千万不要透支。当你的信用值为负数时，你可能就变成了一个'穷光蛋'。"

平时一旦对别人有所承诺，就一定要恪守信用。这说起来简单，做起来却相当困难。只要稍有疏忽，就可能会失信于人。所以，要想做一个守信的人就不要轻易许诺。

在许诺之前人们应先对自己的能力作出正确的衡量，问问自己："我真的能履行那些诺言吗？"如果不确定，那就不要拍着胸脯装硬汉。应该用"我尽力""我试试看"来回答。许诺是一件非常重要的事，答应别人就如同欠了别人的一样，因此，千万不要轻率地向别人许诺。

对于已经许诺的事，就应该认真付出，努力地去实现它。要知道，如果无法守信，即使理由很充分，别人也会对你产生不信任，这自然会损坏你的形象，影响你的事业。

如果你兑现不了你曾许诺的事，或遇到了严重的、不可预见的困难，一时无法做到承诺，就应该及时通知对方，这样可以避免不必要的误会。千万不要打肿脸充胖子，到最后丢掉了自己的信誉。你应当负起责任来，主动采取补救措施，把损失控制到最小，只有这样才会把失信于人的不良影响降到最低点。

凡事不可太较真

"成大事者，不拘小节"，这句话用在处世中，就是凡事不可太较真。就像观赏大玉圭的人，不细考察它的小疵；得巨材的人，不为其上的蠹蚛而快快不乐。因为一点瑕疵就扔掉玉圭，就永远也得不到完美的美玉；因为一点蠹蚀就扔掉木材，天下就没有完美的良材。

处理事情的时候，一味强调细枝末节，以偏概全，就会抓不住要点去做工作，没有重点，头绪杂乱，无从下手。因此无论是用人还是做事，都应注重主流，不要因为一点小事而妨碍事业的发展。须知金无足赤，人无完人，我们要用的是一个人的才能，而不是他的过失，那为什么还总把眼光盯在其过失上呢？忍小节，就是不去纠缠小节、小问题，要宽恕待人，用人之长。

一个人对于某事犹豫不决时，就会迷惑或彷徨。这时候，如能针对自己的目的，抓住核心问题来研究，就可以发现一条排除迷惑的大道。例如，你要选购西装，不妨先明确地限定是何种花纹、式样、布料，如果决定以花纹为主，那么，式样和质料就可以作为次要考虑的条件。如果抓住重点来研究，就能果断地选购，而且，以后也不会遭到别人的埋怨，自己也不会后悔。

把着眼点放在较大目标上，也是规避自己过于较真缺点的有效方法。一个没有做成生意的售货员向经理报告说："买卖没做成，但我和那位客人吵嘴赢了。"在销售中，重要的是做成生意，而不是分辨谁对谁错。与员工一起工作，重要的是发挥他们的潜力，而不是就他们犯的小错误大做文章。与邻居相处时，重要的是互相尊重与友好相处，而不是总盯着他们是否在说别人的闲话。用部队里的术语来说，我们宁愿失去一场战斗，而赢得一场战争，也不愿因赢得一场战斗而失去战争。

在每次激动之前，问问自己："这事值得我大动干戈吗？"没有比这一提问更好的镇静剂了，它总能让你不再因麻烦事而烦恼、激动。如果我们碰到麻烦事时，问自己一声"这事真的重要吗"，那最少90％的争吵与不和都不会发生。

此外，不要掉进琐事的圈套中。在解决问题时，多想那些重要的事。不要为一些表面、肤浅的事情所淹没，要集中精力于大事上。

另外，爱较真的人经常没法转变思想，不会圆滑说话，太过坦诚的话语反而可能招致不满。比如甲认为同事乙小姐的衣服难看，便马上对她说：腿短而粗的人不适合穿这种裙子。结果乙小姐脸一沉，扭头便走，留下甲在一旁发愣。或者同事小李当着处长的面指点小王说："你的稿子里错别字很多，以后要仔细些。"实话固然是实话，但不久后公司内隐约有人传言：

"小李惯于在上司面前打击别人，抬高自己……"倘若如此，小李恐怕会意识到自己的真诚并不那么受人欢迎，既然这样，又何苦呢？

真诚并不等于不假思索地将自己的感觉说出来，因为人们对事物的看法仁者见仁，智者见智，没有绝对的对错。因此，不管为人还是做事，都不要太较真。

心平气和，以柔克刚

《红楼梦》里的林妹妹就不善与姐妹们相处，搞到最后，谁都知道她小心眼，得让着点。

一次，林黛玉与贾宝玉正说话，湘云走来，笑道："二哥哥，林姐姐，你们天天一处玩，我来了，也不理我一理。"黛玉笑道："偏是咬舌子爱说话，连个'二'哥哥也叫不出来，只是'爱'哥哥、'爱'哥哥的。回来赶围棋儿，又该你闹'幺爱三四五'了。"宝玉笑道："你学惯了她，明儿连你还咬起来呢。"史湘云道："她再不放人一点儿，专挑人的不好。你自己便比世人好，也犯不着一个打趣一个。指出一个人来，你敢挑她，我就服你。"黛玉忙问是谁。湘云道："你敢挑宝姐姐的短处，就算你是好的。我算不如你，她怎么不及你呢？"黛玉听了，冷笑道："我当是谁，原来是她，我哪里敢挑她。"宝玉不等说完，忙用话岔开。

这位林妹妹的涵养实在让人没办法承受，稍不合自己脾胃的话，便反唇相讥。更别说当面称赞别人比她好，所以，有时她病了、闷了，盼个姊妹来说话，却鲜有人来。就算姐妹们来问候她，说不得三五句话她又觉得不耐烦了，虽然大家知道她受不得委屈，不苛责她，但是内心里是不喜欢她这么做的，以致到后来，容忍大度的宝钗成了众望所归的对象，黛玉未免落了单。

如果林妹妹心平气和，凡事不挑事端，不去得罪姐妹们，那可真成为女人中的极品了，又有文采又有内涵，人生自会是另一种结局。

当别人正在气头上的时候，你千万不能以刚克刚、添油加醋，烧旺对方的火焰，那你只能"吃不了兜着走"。最好的办法就是：心平气和，以柔克刚。

"以柔克刚"是孙子兵法中的一招。"以柔克刚"是和一个大发脾气的人相处的最好办法。对方越是发怒，你越发镇定温和；你越是紧张的场合，越应保持头脑理智。这样，你才能发觉对方因兴奋过度而显露的种种弱点，而一一加以攻破。

这就好比瓦沟里淌下的流水，一点一滴地落在刚硬的巨石上，最初还未见得有什么现象发生，久而久之，巨石就会出现漏洞，甚至断裂。这就是滴水所爆发出的威力，不可阻挡的"滴水穿石"！

"以柔克刚"它不是以硬碰硬，以刚克刚，它体现在特定的场合和特定的人物的周旋。好比走路，经常可以遇到各种障碍，对横在面前的大石头，是搬开它？绕着走？还是爬过去？只有权衡利弊，才能得出结论。这样才能胸有成竹地一一绕过它们，快速前进。

"以柔克刚"是智慧的、成功的为人、处世、用兵之道。

奥斯卡金像奖获得者——好莱坞明星保罗·纽曼，早期曾拍过一部失败影片《银酒杯》，他的家人也不留情面地把它评为"一部糟糕的影片"。若干年之后，洛杉矶电视台突然决定重新在一周内连续放映该片，显然是有意在公众面前损毁他。

纽曼对此经过冷静思索后，来个出奇制胜，后发制人。他自费在颇有影响的《洛杉矶时报》上连续一周刊登大幅广告："保罗·纽曼在这一周内每夜向你道歉！"此举轰动全美，他不仅并未因此出丑，反而得到绝大多数人的支持、谅解，从而声誉大增，好评如潮，后来终于获得第59届奥斯卡金像奖。

纽曼的胜利取决于冷静、心平气和和有勇气。在当众受辱之后，既不火冒三丈、怒发冲冠，也不萎靡不振，他保持动态的冷静，仔细、认真地分析面临的困境和挑战，找出主要矛盾，然后奋起反击。公开坦然承认自己过去的失败，非但丝毫无损于自己的利益，反而使对方陷入被动的境地，暴露出居心叵测的险恶用心。

如何让自己心平气和地与人相处呢？

1. 轻声细语

它可以表现出说话者的尊敬、谦恭、谨慎和文雅。在和别人交谈时，轻声细语可以缩短人与人之间的感情距离，密切双方的关系。有时，它还能避免一些可能会招致的麻烦。当然，用它来坚持意见、反驳别人、维护正义和尊严，亦或表示强调却是万万不能的。

2. 慢条斯理

这种语调宛如柔和的月光、涓涓的泉水，由人心底流出，轻松自然、和蔼亲切、不紧不慢，能给听者以舒适、安逸、柔和、亲密、友好、温馨的感觉。人们在请求、询问、安慰、陈述意见时常使用这种慢条斯理法，它可以弘扬男性的文雅大度和女性的阴柔之美，尤其是在抒发情感时，这种声和气的运用更具有一种迷人的魅力。

闲谈不搬弄是非

闲谈最能考验一个人的为人，老搬弄是非者就是是非之人。

闲谈是促进人与人关系、加强团结合作的工具。

在谈话中，我们可以获得知识，获得情感。然而，在闲谈中，有时也会发生不幸的结局。病从口入，祸从口出，道理谁不晓得？有时口舌的祸害危险性的确不小，一句不负责任的话，弄不好会使人丧失生命，这绝不是危言耸听。

生活中有那么多人喜欢瞎说，很让人讨厌。比如某甲听到某少女不洁的谣言之后，当成新闻到处传播，这无形中给那无辜少女以巨大的压力而可能酿成无端的悲剧，如此传播小道消息的人极不负责任。

闲谈中，更要回避对方忌讳的事。被击中痛处，对任何人来说，都不是令人愉快的事。不去提及他人弱点，是做人应有的美德。

一般人即使在盛怒之下，通常也不会扩散愤怒的波纹，但其中也有人在激怒下拿起手边的玻璃杯往地上摔。玻璃杯摔完了就没有其他东西可丢，所以充其量也只不过是自己损失几个杯子而已。换句话说，就是你不伤害别人，发多大的火、说什么话都没有关系。

可是，商场上或一般社会的现象又如何呢？某些特殊人物盛怒时那真是相当可怕的事情。平日相当友善的同伴，虽不至于大吼："杀掉那家伙！"但因为个人的立场和利害关系，至少也会演变成"封杀你"的结果：有些人为了公司的前途，不得不牺牲别人。对于公司来说，"封杀你"意味着调职、冷冻、开除等人事变动的宣告。如果你也是经商人士的话，"封杀你"就是代表对方的拒绝往来或"关系冻结"。

所以，我们可以由此得知，无论人格多高尚、多伟大的人，身上都有"逆鳞"存在。只要我们不触及对方的"逆鳞"，就不会惹祸上身，还能平步青云。所谓的"逆鳞"就是我们所说的"痛处"，也就是缺点、自卑感。在人际关系上，我们有必要事先研究，找出对方"逆鳞"所在，以免说话的时候有所涉及。

所以，说话的时候一定要警惕祸从口出，两个人交谈，尽量避免谈论第三者，如果所谈之事不可避免地涉及他人，也要掌握分寸，与事有关的方面可以谈，但只限于此。

在与人闲谈中，应不嘲笑对方的一时失态，不批评对方的一时失误。经常给别人留下台阶，才是真正的君子之风。久而久之，与你打交道的人都会认为你是一个宽宏豁达、胸襟磊落的人。这样你会受到大家的欢迎，做起事来也比较容易。

该说"不"时就说"不"

陈郁是大学教师，住在校内教工单身宿舍内，平时学校的教学任务不是很重，因此，业余时间陈郁也常常给一些出版社或期刊编编书、写写稿子，所以每当接到一个任务后就会有段时间忙得不可开交。她的朋友倩倩，正在读在职研究生，因为学校离家很远，所以有课的时候由于回家不方便就经常住在好友陈郁那里。倩倩平时的工作也很忙，碰到学校课多作业又堆积如山的时候，她总是求陈郁帮她完成作业，陈郁为了朋友哪怕熬夜也要帮倩倩完成。但有一次的情形是，陈郁过两天就要交稿，眼看着火烧眉毛了，这时倩倩又来求救了。陈郁望着朋友无助的眼神和哀求的话语，实在下不了狠心拒绝她，但自己的事又实在是迫在眉睫。这令陈郁左右为难。

到底该怎么办呢？是"Yes"还是"No"呢？

事实上，那些顾于情面不敢说"不"的人，其实是自己意志不坚。这些意志不坚的人，通常认为断然拒绝对方的请求未免显得太过不留情面，而若是在答应后由于客观条件且又力不从心难以履行诺言时，再改变心意拒绝对方，显然为时已晚。因为等无法做到允诺的事情再提出拒绝，给人的印象会是反复无常，甚至需要付出相当的代价去弥补缺失或兑现承诺。如果这件事只限于个人的烦恼，还称得上不幸中的大幸，若因此事而与要求请托的对方发生不愉快的情形，甚至产生怨恨、敌视，演变成双方人际关系上的矛盾与冲突，岂不更得不偿失？

生活中对于别人拜托你而你又力不能及的事，究竟该如何面对呢？简单地说，只要有足够的勇气和智慧，不要顾忌脸面，该说"不"时就说"不"，你就能够轻松过关了。

固然，一开始即斩钉截铁地说"不"，确实会破坏形象，然而不要因此而放弃表示拒绝的权利。即使这样做会破坏他人对自己的期望或好感也在所不惜，何必勉强自己成为偶像型的人物呢？

人要想活得轻松，最好不去承受无谓的"人情包袱"，不要因为拒绝了别人而有愧于心，不要为说"自己对别人的请求无能为力"而感到难为情，不要因为扫了别人的面子而尴尬，不要违背自己的愿望去硬充"大头"，不要怕扮"黑脸"。

拒绝人家不得法，实在太冒险了。例如一个品行不良的朋友来向你借钱，你知道如果借给他是肉包子打狗有去无回；一个相熟的商人向你推销物品，你明知买下就要亏本……诸如此类的事，你要毫不犹豫加以拒绝，可是拒绝之后，就要断交情、被人误会，甚至埋下仇恨的种子。

要避免这种情形发生，唯一的方法便是要运用些聪颖的智慧。学习这种拒绝的方法，要注意：

你应该向对方陈述自己拒绝的理由。

拒绝的言辞最好用坚决果断的昭示，不可游移。

不要把责任全推给别人，含糊其辞。

你千万不要伤害他人自尊心，否则他会迁怒于人，让对方明白你的拒绝是在万不得已的情况下说出的，很是抱歉。

不要让人觉得你比他聪明

在人际交往中，如果要比别人聪明，那么最好告诉别人他比你聪明。

三国时期，杨修在曹操手下任主簿，起初曹操很器重他，杨修却仗着自己的才气变得不安分，遇事喜欢耍小聪明。一次，有人送给曹操一盒酥，曹操吃了一些又盖好，并在盖子上写了"一合酥"三个字，大家都弄不懂这是什么意思。杨修见了，就拿起匙子和大家分吃，并说："这是叫人各吃一口啊，有什么可怀疑的！"

还有一次，曹操令人建一座花园。快竣工了，监造花园的官员请曹操来验收。曹操参观花园之后，是好是坏、是褒是贬，一句话也没有说，只是拿起笔来，在花园大门上写了一个"活"字，便扬长而去。一见这情形，大家犹如丈二和尚摸不着头脑，怎么也猜不透曹操的意思。杨修却笑着说道："门内添'活'字，是个'阔'字，丞相是嫌园门太阔了。"官员见杨修说得有道理，立即返工重建园门，改造停当后，又请曹操来观看。曹操一见重建后的园门，不禁大喜，问道："谁知道我的意思?"左右答道："是杨修主簿。"曹操表面上称赞杨修的聪明，其实内心已开始忌讳杨修了。

杨修最后一次聪明的表露是在曹操自封为魏王之后。曹操亲自引兵与蜀军作战，战事失利，进退不能，长期拖下去，不仅耗费钱粮，还会挫伤士气，撤兵无功而归的话，又会遭人笑话。是进是退，当时曹操心中犹豫不决。此时厨子呈进鸡汤，曹操看见碗中有鸡肋，因而有感于怀，觉得眼下的战事如碗中之鸡肋，"食之无味，弃之可惜"。他正沉吟间，夏侯惇入帐禀请夜间号令。曹操随口说："鸡肋! 鸡肋!"夏侯惇传令众官，都称"鸡肋"。杨修见传"鸡肋"二字，便教随行军士各自收拾行装，准备归程。有人报知夏侯惇。夏侯惇大惊失色，立即请杨修到帐中问他："为什么叫人收拾行装?"杨修说："从今夜的号令，便知道魏王很快就要退兵回去了。""你怎么知道?"夏侯惇又问。杨修笑道："鸡肋者，吃着没有肉，丢了又觉得可惜。魏王的意思是现在进不能胜，退又害怕人笑话，在此没有好处，不如早归，明天魏王一定会下令撤回。所以先收拾行装，免得临行慌乱。"夏侯惇说："您可算魏王肚里的蛔虫，知道魏王的心思啊!"他不但没有责怪杨修，反而命令军士收拾行装。于是寨中各位将领，无不在准备撤退。

当夜曹操心乱，不能入睡，就手按宝剑，绕着军寨独自行走。只见夏侯惇寨内军士，各自准备行装。曹操大惊："我没有下达撤军命令，谁竟敢如此大胆，做撤军的准备?"他急忙回帐见夏侯惇，夏侯惇说："主簿杨修已经知道大王想回归的意思。"

曹操叫来杨修问他怎么知道，杨修就以鸡肋的含义对答。曹操一听大怒，说："你怎敢造谣乱我军心！"不由分说，叫来刀斧手将杨修推出去斩了，把首级悬在辕门外。曹操终于寻得机会，除掉了杨修。

杨修过于卖弄自己的聪明，反而引起了曹操的嫉恨，最终抓住机会结果了他的性命。由此可见，喜欢在人前显摆自身才学的所谓"聪明人"往往不得善终。俗话说，"是金子总会发光"，如果你是真正的聪明，就不要总是在别人面前随便地"卖弄"。那样，不但使你的聪明变得"廉价"，没准还会招致嫉妒，甚至有杀身之祸。

第二节　如何应对难应酬的事

"两难"问题可以这样回答

"两难"问题就是不论你回答"是"或"否"，都可能给你带来麻烦。回答这类问题必须用心。很多时候，问这种问题的人总是别有用心，如果问题来自于你不能得罪的人，或者在公众场合被问到，更会让你的回答难上加难。所以，在回答此类问题时要有适当的方法。

1. 回避正题

在那些不宜完全根据对方的问题来答话的场合，可采用回避正题的模糊回答，它能让你巧妙避开对方问题中的确指性内容，让对方感觉到你没有拒绝他的问题，但又不是他期望的答案。

2. 假装糊涂

"两难"问题中有一种复杂问语，是指利用"沉锚效应"，隐含着某种错误假定的问语。对这种问语，无论采取肯定还是否定的答复，结果都得承认问语中的错误假定，从而落入提问者的圈套。如一个人被告偷窃了别人的东西，但他又死不承认偷过。这时审问者便问："那么你以后还偷不偷别人的东西?"无论其回答"偷"还是"不偷",都陷入审问者问语中隐含的"你偷了别人的东西"的这个错误假定中。对这类问题,不能回答,只能反问对方,或假装糊涂、不明白对方的意思。

3. 自嘲圆场

有时一些"两难"问题被问及,无论怎样回答都会让人觉得颜面无光。此时不妨自嘲一下,给自己圆圆场。

某先生酷爱下棋,但又死爱面子。一次与一高手对弈,连输三局。别人问他胜败如何,他回答道:"第一局,他没有输;第二局,我没有赢;第三局,本是和局,可他又不肯。"乍一听来,似乎他一局也没有输:第一局他没输,不等于我输,因下棋还有个和局;第二局我没赢,也不等于我输,还有和局嘛;第三局也不等于我输,本是和局,可他争强好胜,我让他了。

4. 迂回出击法

在现实生活中,对于一些不能得罪的人提出的难题或者无理的要求,不要急于作出正面反击。可以采取迂回的方法,避免与对方发生正面冲突,在抓住对方漏洞的前提下,不动声色地反击,从而反败为胜。

5. 巧用对比

有些问题如果直接回答,无论是哪种答案都不妥,这时,巧用对比不失为一个解脱的好办法。最好能选用一些人们熟悉的事物进行对比,重要的是这些事物恰恰包含或说明了自己的观点或态度。

6. 以相似问题反击

面对别人的刁难,面对"两难"问题,有时不必去苦思冥想,只要采用与他相似的问题进行反击,以其人之道还治其人之身,就可使自己轻轻松松得到解脱。

对于非"左"即"右"的问题,切忌在对方问题所提供的选择中做单一选择,因为无论是"左"还是"右",都正中了对方的圈套。

如何摆脱冷遇

与人交往，受到冷遇是很常见的。对此，不同的人有不同的反应：或拂袖而去，或纠缠不休，或怀恨在心。有这样的反应也是正常的。但如一概而论，有时就会因小失大，无法进行铺垫，从而影响自己做人办事的效果。因此，了解冷遇的具体情况再做不同的反应，是十分必要的。

若按遭冷遇的成因而分，不外乎三种情况：

一是自感性冷遇，即估计过高，对方未使自己满意而感到的冷落。

二是无意性冷遇，即对方考虑不周，顾此失彼，使人受冷落。

三是蓄意性冷遇，造成的原因是对方存心怠慢，让人难堪。

当你被冷落时，要首先区别情况，弄清原因，然后再采取如下适合的对策。

1. 自我心理调节

对于自感性冷遇，自己应反躬自省，进行心理调节，实事求是地看待彼此的关系，避免猜度和嫉恨于人。

常常有这种情况，在准备求人之前，自以为对方会热情接待，可是到现场却发觉，对方并没有这样做，而是采取了低调的应对态度。这时，人们心里就容易产生一种失落感。

其实，这种冷遇感是自己对彼此关系估计过高、期望太大而形成的。应该说，这种冷遇是"假"冷遇，非"真"冷遇。如遇到这种情况，应自己检点自己，重新审视自己的期望值，使之适应彼此关系的客观水平。这样就会使自己的心理恢复平稳，心安而理得，除去不必要的烦恼。

2. 设身处地

对于无意性冷遇，则应采取理解和宽恕的态度。在交际场上，有时人多，主人又事务繁杂，难免照应不周，特别是各类、各层次人员同席时，出现顾此失彼的情形是常见的。这时，照顾不到的人就会产生被冷落的感觉。

当你遇到这种情况时，千万不要责怪对方，更不应拂袖而去。相反，应设身处地为对方想一想，给以充分的理解和体谅。

比如，有位司机开车送人去做客，主人热情地把坐车的迎进去，却把司机忘了。开始司机有些生气，继而一想，在这样闹哄哄的场合下，主人有疏忽是难免的，并不是有意看低自己，冷落自己。这样一想，气也就消了。他悄悄地把车开到街上吃了饭。

等主人突然想起司机时，他已经吃了饭又把车停在门外了。主人感到过意不去，一再检讨。见状，司机还说自己不习惯大场合，且胃口不好，不能喝酒。这种大度和为主人着想的精神使主人很感动。事后，主人又专门请司机来家做客。从此，两人的关系不但没受影响，反而更密切了。

由此可见，对于无意性的冷遇，应采取理解和宽恕的态度，这种态度引起的震撼会比责备强烈得多。同时，还能感召对方改变态度，用实际行动纠正过失，使彼此的关系得到发展。

3. 针锋相对

对于有意性冷遇，也要从具体情况出发，给予恰当的处理。一般说，当众给来宾冷遇是一种不礼貌的行为，而有意给人冷落那就是思想意识问题了。在这种情况下，予以必要的回击，既是维护自尊的需要，也是刺激对方、批判错误的正当行为。

有这样一个例子：一天，纳斯列金穿着旧衣服去参加宴会。他走进门时，没有人理睬他，更没人给他安排座位。于是，他回到家里，把最好的衣服穿起来，又来到宴会上。主人马上走过来迎接他，给他安排了一个好位子，为他摆了最好的菜。

纳斯列金把他的外套脱下来，放在餐桌上说："外衣，吃吧。"

主人感到奇怪，问："你干什么？"

他答道："我在招待我的外衣吃东西。你们这儿的酒和菜，不是给衣服吃的吗？"

主人当场觉得很难堪，可也没有办法。

4. 抓住对方的要害

与傲慢者打交道最容易遭冷遇，这时就可以抓住对方之要害给以指出，打掉他赖以生傲的资本，这时对方会从自身的利益出发，放下架子，认真地把你放在同等地位上交往。

1901 年，美国石油大王洛克菲勒的儿子小约翰·戴·洛克菲勒，代表父亲与钢铁大王摩根谈判关于梅萨比矿区的买卖交易。摩根是一个傲慢专横、喜欢支配人的人，不愿意承认他和小洛克菲勒的平等地位。当他看到年仅 27 岁的小洛克菲勒走进他的办公室时，摩根并不在意，继续和一位同事谈话，直到有人通报介绍后，摩根才对年轻的小洛克菲勒瞪着眼睛大声说："喔，你们要什么价钱？"

小洛克菲勒并没有被摩根的盛气凌人吓倒，他盯着老摩根，礼貌地答道："摩根先生，我看一定有一些误会。不是我到这里来出售，相反，我的理解是您想要买。"老摩根听了这个年轻人的话，顿时目瞪口呆，沉默片刻，终于改变了声调。最后，通过谈判，摩根答应了洛克菲勒的售价。

在这次交际中，小洛克菲勒就是抓住了问题的关键：摩根急于要买下梅萨比矿区。他再加以点化，从而既出其不意地直戳对方的要害，说明实质，同时也表现出对垒的勇气和平等交往的尊严，使对方意识到自己应认真地、平等地交往，交际过程就变成了坦途。

5. 满不在乎

还有一种方式，就是对有意冷落自己的行为持满不在乎的态度，有时也是对付有意冷落行为的一种有力的武器。他之所以冷落你，就是要你形成心理落差，而你偏偏采取不在意的态度，坦然地面对冷落，我行我素，以热报冷，以有礼对无礼，以"视而不见"来迫使对方改善态度。

一个老太太看不上女儿的男朋友，他每次来，她都不爱搭理，还说点难听的话。对此，男青年并不计较，假装听不见，照样以笑脸相对，彬彬有礼，该帮助干活照样去干，该套近乎套近乎，该送的礼一样不缺，该说的话一句不少。最后，他终于以自己的言行使未来的岳母转变了态度。

如何巧妙而不失体面地拒绝求爱

如果爱你的人正是你所爱的人，那么爱是一种幸福。但是，假如爱你的人并不是你的意中人，或者你一点也不喜欢他，你就不会感觉被爱是一种幸福了，你可能会产生反感甚至是痛苦，这份你并不需要的爱就成了你的精神负担。

别人爱你，向你求爱，他（她）并没有错；你不欢迎，你拒绝他（她）的爱，你也没错。最关键的是看你怎样拒绝，如果拒绝得恰到好处，对双方都是一种解脱，也可以免去许多麻烦。如果你不讲方式，不能恰到好处地拒绝别人的求爱，你就可能犯错误，不但伤害他人，说不定也危害自己。

那么该如何巧妙而不失体面地拒绝求爱呢？

首先，要做到直言相告，以免产生误会，这是非常必要的。你若已有意中人，又遇求爱者，那么就直接明确地告诉对方，你已有爱人，请他另选别人，而且一定要表明你很爱自己的恋人。同时，切忌向求爱者炫耀自己恋人的优点、长处，以免伤害对方的自尊心。倘若你认为自己年纪尚小，不想考虑个人问题，那正好，你可以直言不讳讲明情况。

其次，倘若你不喜欢求爱者，根本没有建立爱情的基础，可以在尊重对方的基础上婉言谢绝。对自尊心较强的男性和羞涩心理较重的女性，适合委婉、间接地拒绝。因为有这类心理的人，往往是克服了极大的心理障碍，鼓足勇气才说出自己的感情，一旦遭到断然地拒绝，很容易感觉受伤害，甚至痛不欲生，或者采取极端的手段，以平衡自己受创伤的感情。因此拒绝他们的爱，态度一定要真诚，言语也要十分小心。你可以告诉他（她）你的感受，让他（她）明白你只把他（她）当朋友、当同事或者当兄妹看待，你希望你们的关系能保持在这一层面上，你不愿意伤害他（她），也不会对别人说出你们的秘密。

你不妨说："我觉得我们的性格差异太大，恐怕不合适。""你是个可爱的女孩，许多人喜欢你，你一定会找到合适的人。""你是个很好的男人，我很尊重你，我们能永远当朋友吗？""我父母不希望我这么早谈恋爱，我不想伤他们的心。"

如果这些自尊和羞涩感都挺重的人没有直接示爱，只是用言行含蓄地暗示他们的感情，那么，你也可以采取同样的办法，用暗含拒绝的语言，用适当的冷淡或疏远来让他（她）明白你的心思。

要记住，拒绝别人时千万不要直接指出或攻击对方的缺点或弱点，因为你觉得是缺点的东西，对他（她）自己或某些人也许并不认为是缺点。所以，不能以一种"对方不如自己"的优越感来拒绝对方。特别是一些条件优越的女青年，更不能认为别人求爱是"癞蛤蟆想吃天鹅肉"，一推了之，或不屑一顾，态度生硬，让人难以接受。

约会是男女开始真正意义上的恋爱的标志，所以，接受别人的约会请求也意味着拒绝别人的求爱。对于不愿意接受的示爱者，我们首先应该拒绝与其约会，不能因为一时心软而使对方误会，导致真正明确两人关系时牵扯不清，给对方造成更大的伤害。拒绝约会应该有"快刀斩乱麻"的魄力，因为这不仅仅代表对一次约会的推搪，而且暗示着自己对对方的爱情的谢绝，这就要求我们一方面要把握说话的分寸，不损害对方的感情，另一方面要表明心意，断绝对方再次邀请的念头。

找各种各样的借口来推搪约会，使对方体会到拒绝之意。

上课、加班、身体欠安、天气不好……这些都可以成为拒绝约会的好借口。在搬出这些借口的同时，可以有意地露出破绽，让对方从借口的不严密性中明白是在有意敷衍。此外，也可以以委婉的方式暗示自己确实不愿意与对方交往。总之，借口不能找得太严密、太合乎情理，不要让对方误认为是客观原因导致不能赴约，从而把约会的时间推至以后，令自己再次处于被动局面。

暗示已经有了意中人，使对方知难而退。

由于约会是恋爱的前奏，当对方刚刚提出约会，尚未表露爱意时，可以"先发制人"，间接说明已经心有所属。对方听了之后，明白自己希望渺茫，自然不会强求，有时甚至会为了避免尴尬，还会找理由取消此次约会。

郭建对新来的同事孙红一见钟情，星期五下午下班前，他打电话给孙红："我听朋友说，这两天香山的枫叶红得最美，你有兴趣和我一起去看看吗？"孙红立刻明白了他的意思，于是笑着答道："哎呀，真是不巧。明天恰好我男朋友的妈妈过生日，我要赶着去拜寿，要不我们改天再叫几个朋友一起去吧！"郭建听了，心里凉了半截，只得敷衍道："那……那就以后再说吧！"

孙红以男朋友的母亲过生日为由，既推掉了郭建的邀请，又表明自己已"名花有主"，郭建只好识趣地知难而退，便不会再提出什么约会的邀请了。

无论如何，在爱情的历程中，当遇到不满意或不能接受的求爱时，最好采用恰当的语言，婉言拒绝，巧妙收场。

怎样应对别人的有意刁难

人生在世并非所有的事都称心如意，在为人处世过程中，难免会碰到一些刁钻古怪之人，他们会在一些正式或非正式场合对你进行有意刁难。如果你恼羞成怒，对刁难者进行指责，就会激起对方的反唇相讥，由此陷入进一步的言语大战。但也不能表现过于温和，这样会让对方觉得你是一个软弱易欺负的人，没准还会找机会再刁难你。

面对别人的有意刁难，既要保住自己的面子，又不至于因回敬过头而显得无礼，做到这一点是很难的。所以，我们可以采取恰当而有效的应对措施：

1. 请君入瓮

生活中，当对方蓄意刁难，说出令人难堪窘迫的话时，最好的解脱方法是采用请君入瓮的方法，巧用话语把对方也引入这种局面中，然后自身撤退，让对方作茧自缚、自食恶果。

2. 以相同思维反击

当别人的有意刁难你不能直接回答时，不妨采用与对方一样的思维，照他那样的逻辑方式，如法炮制地再设一个相同句式的问题来反问对方，这样就巧妙地把球踢还给了对方。

3. 大智若愚

在日常生活和工作中，如果有人在非大是大非的原则问题上刁难你的话，你大可一笑了之，全当不懂对方的话，而让对方自讨没趣。

1992 年的美国大选，克林顿的对手在电视竞选上攻击他不过是夫人的一个木偶，言外之意是克林顿做不了一家之主，更不够格做一国之主，这句话无疑潜伏着杀机，可谓刁难至极。克林顿回答："不知你是竞选总统还是竞选克林顿夫人?"一句妙答，让故意刁难他的人无言以对。

克林顿这种带点傻气的话，其实是大智若愚的表现，既回避了他人对自己年龄太轻不能胜任一个大国总统的怀疑，又回应了对方对其夫人干政的攻击。

4. 巧用反问

巧用反问是应对有意刁难之人的一个普遍、实用的技巧。当对方的问题很难回答或发问的角度很刁钻，你回答肯定、否定都可能出差错时，那就不要回答，你可以把问题再还给对方，巧用反问，将对方一军。

5. 化被动为主动

先有意放松、解除对方的戒备心理，为能牢固地把握主动权打好基础，等到对方上钩了，再予以反击，使对方措手不及。这在应对别人有意刁难时不失为一个好的办法。

主动化解误会

在误会产生后，当事双方谁也不愿主动地、面对面地将诸多鸡毛蒜皮一类的事谈清楚，相反，只在背后说三道四、论长论短，以致误解越来越多，隔阂越来越深，甚至反目成仇，结果令人沮丧。

误会产生的负面影响不能忽视，它带来痛苦，带来烦恼，甚至会产生悲剧。所以，陷入误会的圈子后，必须调整自己，采取有效的方式予以解除。

以下是消除误会的 8 个妙方：

（1）当面说清。解决误会最简便的方法是当面说清。有人由于缺乏勇气，不敢当面对质，结果把问题搞得极复杂。因此，如误会产生后，需要亲自向对方作出说明，当面表明心迹。

（2）主动解释。有人被误会搅得头昏脑涨，总感到心中窝火，不好启齿，结果碍于情面，时间越拖越长，误会越陷越深。所以，有了误会，要主动解释清楚。

（3）查明原因。产生误会后，往往导致甲方怒气冲冲、充满怨恨和敌视；乙方满腹狐疑、委屈压抑。此时，双方要保持冷静，必须下一番工夫调查，搞清楚对方的误解源于何处。

（4）请人调解。有时候，双方误会较深，个人解决可能会受到限制，请他人调解，不失为聪明之举。

（5）书信传情。书信的作用不可估量，有时，当面难以启齿的话题在信上会坦然地表达出来。写信时措辞一定要简短、亲切、明了，语气需要真挚、诚恳，充分表达自己愿意消除误会、重新和好的急切心情，以及对对方的信赖和尊敬。

（6）重新聚会。有时候在误会不大的前提下，可以邀请对方故地重游或聚会畅谈。在和谐、友好的气氛中，彼此心理上的距离会缩短，以往的不快也会烟消云散。

（7）抓住时机。消除误会要选择时机。例如可选择参加婚宴等喜庆日子，此时对方心情愉快、神经放松，胸怀就较为宽广，这个时机往往能得到对方的谅解。

（8）用行动证明。有的误会用语言解释不清楚，那么就用行动去证实。比如在今后的工作中，虚心向其求教，注意肯定人家的长处，在他被人攻击诽谤时，站出来讲几句公道话，这时以前的误会便可化解。

消除误会，还可以采取其他方法。比如，可以与对你产生误会的人平心静气地面谈，也可转托其他人作解释。若这些方法仍不能消除误会，则可请朋友或上司出面解释问题。实际上，由于错误的归因所造成的误会，倒很容易消除。因为只要事实摆出来，误会就会烟消云散。至于由于别人的成见，乃至恶意的中伤、诽谤所造成的误会，则对于这种人格的侮辱，应该毫不怯懦，针锋相对。对于由于偏见所造成的误会，则不必过分重视。因为能扭转偏见固然很好，无力改变就随它去吧！"我行我素"这句话有时还是用得着的。须知，尽管别人的误会会严重影响你的情绪，但人的情绪应当为理智所控制。如果别人的说三道四可以左右我们言行的轨迹，那么，我们就很难成为生活的强者。而且，在误会面前消极、退却，反而会授人以柄，使你更苦恼、更消极，并由此陷入消极情绪和行为的恶性循环之中。

所以，消除误会，需要一点为人的技巧。如果你想和别人正常交往，当双方发生误会时，就要真诚地去面对它。诚心诚意，才能以理服人，以情动人，才能达到交际的真正目的。

拒酒的话该如何说

现代人的各种应酬都少不了酒，只要一上酒席，如有人敬酒，总要喝上一些。如果遇到某些特殊的情况而不想或是不能喝，那该怎么办呢？要知道，酒席上的氛围总是喝酒容易拒酒难。拒酒的话该如何说，才不让劝酒的人觉得是你故意不给面子，或者不让其他人觉得你在故意扫大家的兴呢？

1. 笑容满面，说尽好话

不难发现，相当多的"酒精（久经）考验"的拒酒者，任凭你天花乱坠地劝，他就是笑眯眯地频频举杯而不饮，而且振振有词。

李某乔迁之日，特邀亲朋好友祝贺，小王也在其中，然而小王平日很少饮酒，且酒量"不堪一击"。酒宴上，小张提议和小王单独"意思"一下，小王深知自己酒量的深浅，忙起身，一个劲儿地扮笑脸，说圆场话：

"酒不在多，喝好就行。"

"经常见面，不必客气。"

"你看我喝得满面红光，全托你的福，实在是……"小张只得就此罢休。

2. 以子之矛，攻子之盾

有人拿一些关乎伦理、感情等方面的大道理来施压，迫使你就范，这时你不妨采用以子之矛、攻子之盾之术，也用这大道理做挡箭牌予以反击。

劝酒者都有一个心理：喝也罢，不喝也罢，口头上都必须承认是朋友，是兄弟。抓住这个对方能崇尚的仁义大道理予以反击，劝者碍于"朋友"的情面，不得不就此作罢。

小徐的朋友志刚，人特好，就是有一个毛病，喜欢在酒席上盛情劝酒，而且通常采取那种欲抑先扬的劝酒术，先恭维对方是"高人"或"朋友",再举杯敬酒,让对方骑虎难下。因为他已经在先言明,如果不喝,就不配做"高人",不配做"朋友"。

这天在酒席上,志刚又故伎重演,劝小徐喝酒,可小徐怎么也不想喝,于是说:"今天你要我喝酒简直是要我的命。如果你把我当朋友,就不要害我了!"

志刚也不好意思再劝了,因为小徐使用了和他一样的说话技巧,就是以子之矛,攻子之盾。

小徐的言下之意也很明白:你要我喝酒就不够朋友!

3. 强调后果,表示感谢

饮酒应当是喝好而不是喝倒,让客人乘兴而来,尽兴而归。作为被动者,当酒量喝到一半有余时,应向东道主或劝酒者说明情况。如:"感谢你对我的一片盛情,我原本只有三两酒量,今天因喝得格外称心,多贪了几杯,再喝就'不对劲'了,还望你能谅解。"

如此开脱以后,就再也不要喝了。这种实实在在地说明后果和隐患的拒酒术,劝酒者只要稍解人意并明白"乐极生悲"的道理,都会见好就收的。

4. 女将出马,以情动人

酒席上,女人拒酒往往更能得到人们的理解,如果女人帮着丈夫拒酒,便能替丈夫解围。当然,女将出手,一定要慎重,不要贸然进行,否则会让人觉得你的丈夫不豪爽,而有损丈夫的面子。

如何应对同事的抢功行为

当你挖空心思想出一个好主意,或者你勤奋工作为公司发展做出了极大贡献时,有人却试图把这份功劳占为己有。面对这种情况,你该怎么办?是气急败坏当场找人理论吗?可是或许你根本无凭无据,证明不了自己付出的努力,结果只能贻笑大方。可是吃哑巴亏又多少心不甘情不愿，因为可能以后自己再也做不出这么好的成绩，这口气又实在难咽下去。那到底该怎么办？下面的几种方法或许会对你有所帮助。

1. 防人之心不可无，做好两手准备

因自己疏于防范，让别人有机可乘，抢了你的功劳时，与其说要扭转当前的局面，还不如采取措施杜绝以后发生此类事情。因为虽然这次失败了，但只要保证以后不再犯这样的错误，从长远来看，今后一定会从中受益无穷的。做自己力所能及的事情，努力去改变自己的弱点，就是一个非常宝贵的教训，会帮助我们避免许多麻烦。

当然，你根本不能够确定周围的人到底是诚实还是不诚实——因此你应视情况而定，来判断别人到底是否诚实。这样，你就做好了两手准备，做到了害人之心不可有，防人之心不可无，从而能杜绝类似事情的发生。

2. 时机不成熟，先忍一忍

在知道自己的劳动成果被窃取的时候，在时机不成熟的时候，不妨先忍一忍，一来自己有了养精蓄锐的过渡时期，二来静观其变，事情还有可能向有利于自己的方向发展。

这是一个皆为利来也皆为利往的社会，被人抢占功劳不可避免，但无论是自己不动声色忍耐，还是拍案而起据理力争，都要以大局为重，以不伤害自己的发展前景为要，这样才不至于两败俱伤。

3. 用短信澄清事实

当然，首先写的内容不能有任何坏的影响，短信内容一定不能让对方产生不快。写信的主要目的是要委婉地提醒一下对方，自己当初随便提出的想法，是怎样演变成今天这个令人欣喜的成果。在信中适当的地方，你可以写上有关的日期、标题，可以引用任何现存书面证据。在短信的最后要建议你们进行一次面对面的讨论，这是很重要的，这能让你有机会再次含蓄加强一下你的真正意思：这主意是你想出来的。

如果真的有人把你的功劳忘记了，想把功劳归属于自己，那么这个方法应该能为你争回功劳起一定作用。

4. 夸赞挖你功劳的人，然后重申功劳是自己的

说这番话的时候，要再一次对这位同事的独一无二的才能和见解大加赞赏。这种方法对职业女性来说特别需要。很多研究者发现，女性员工喜欢从"我们"的角度——而不是"我"的角度来做事，所以她们的想法和首创就常常会被男性同事挪用。如果着眼于事情的积极一面——你的同事也是想方设法要干出最好的工作，而且他（她）对要做的事情也有独到的看法，也许会有助于你解决这个可能很棘手的问题。

当你觉得这个方法比较适合你应用时，你就应早点行动，如果等你的同事把你的想法散布开时再行动，困难就大得多了。

5. 退出争夺战

初看起来，这似乎不是一种方法，或者不能算是一种很好的方法。但对某些人来讲，这或许是最好的。你应该问一问你自己：哪个更重要，是把这个想法付诸实施，还是独自拥有想出这个点子的名誉？这是一个复杂的问题，特别是对女性来说，什么时候应该跟男同事理直气壮地理论"挪用他人想法"的问题，什么时候又应该为本机构作出一些牺牲呢？在作出决定时，应该考虑一下，要打这场"官司"得花费多少精力。在某些情况下，比如你正要接受一次重要的提升，要付出大量的时间和精力；或者除了"原则问题"之外其他并无妨碍，而要证明所有权只能使你疲惫不堪……也许还会让你的上级生气，让他们纳闷你为什么不能用你的时间来做点更有意义的事情。在这些情况下退出争夺战显然是明智之举，是上上之策。

第二章　办事送礼的艺术

第一节　怎样送礼

懂一点儿送礼心理学

求人办事总免不了要送别人些礼物，以表示自己的诚意，殊不知送礼还是一门学问，值得人们好好研究一番。

既然是要送礼给别人，当然要好好研究一下别人的心理，这样一来，你就必须要先懂点送礼心理学。心理学是一门高深的学问，人们往往对它所发挥的作用惊叹不已，而将其运用到送礼之中，也同样会收到绝佳的效果。下面是从心理学这一角度出发得出的送礼应注意的问题：

1. 通过礼物可以看出送礼者的性情爱好

李华在过年过节时经常会收到一些礼物，他每次都是将这些礼物与送礼者的名字记下来，为的是作为回礼的参考。

天长日久，他逐渐悟出：从对方所送的礼物上可以观察此人的性情爱好。如果对方送陈年美酒给你，其实表示送者也对美酒有所偏好；若赠送造型典雅的茶具，则送者必是对茶具有爱好者。

如此说来，每个人对礼品的选择，经常在无意识中透露出自己的喜好，即便是价格颇为高昂，也会产生"这也是自己所喜爱的"这种心理，而不去在乎其价格的高低了。

然而从另一个方面讲，这也就带有一种强加于人的色彩，容易给对方一种强迫感。

因此，请记住：一味地选择自己所喜欢的礼物送给别人将失去送礼的意义，只有赠送对方所需要的并且能真正表达自己诚意的礼物，才是真正"送礼的艺术"。

2. 礼品价值的高低，取决于双方的地位和关系好坏

受到别人的照顾或恩惠时，必定为了表达谢意而送礼。然而，送礼却给许多人造成不少的困扰。

阿文非常喜欢帮助别人，但却对那些受惠者送来的礼物深感尴尬，因为许多家庭并不富裕的人却送来非常昂贵的礼品，自己只是举手之劳，常觉得受之有愧，他常常叹息地说："其实可以不用送如此大礼。"

其实，送礼金额的高低往往决定于对收礼者的印象。在节庆前夕，许多商场的礼品柜台前都会听到许多夫妻低声商讨"是否太失礼了""不值得送如此昂贵的东西"之类的话。反之，从收礼者的角度来看，若得到的远比预期的低，便会大感不悦，甚至比根本没有送礼来得更为气愤；可能责备对方"不识时务""没有礼貌"等，有一种身份地位被贬低的愤怒。

3. 送给对方家人喜欢的东西能加强对方对你的好感

当美国电影《ET》上演后，在社会上曾轰动一时，有位先生去拜访他的朋友，就买了"ET"的模型送给对方两个3岁和5岁的孩子，结果小孩子们异常高兴，从那时起就称这位先生为"ET伯伯"，而且每次去都受到他们一家人的欢迎。

像这种情形许多人都见过，甚至亲身体验过。

有句话说："擒贼先擒王。"用来形容这种情形，或许不是十分恰当，但事实就是如此。有时送对方本人喜欢的东西，还不如送其家人喜欢的东西，更能加强对方对你的好感。

尤其重要的是，像这种针对家人的送礼方式，有时还会造成和对方之间的交情在质的方面产生变化等意想不到的效果。

但值得留意的是，像这种情形的送礼，其送礼的内容多少应有点意外性，让别人产生惊喜的感觉，否则效果不会太好。

4. 人在困难时，接受少量的资助会觉得格外感激

有位著名的画家年轻时过了一段非常困苦的生活，经常三餐不继。有一次，他把一幅连自己都没信心的画拿到画商那儿，画商看了半天，付给他一笔在当时他认为很多的钱，令他十分感激。

就画家来说，画商并非买了这幅画，而是给了他前途。后来，他终于成功了。

那笔金额是否很高呢？其实不见得，但直到今日，那位画家对这笔款项一定还觉得非常庞大。人在困厄消沉中，有人向他伸出的援助之手，可以使人产生长久的感恩之情。由此可见，在别人困难时你送的礼物比在别人发达时你再送的礼物要珍贵得多。

如上所述，在送礼时懂点送礼心理学，将会使你顺利地送出礼物，达成自己的心愿。

给送礼一个好的理由

送礼，总要在说法上有个由头才好送出去。比如对方患病、生日或子女升学等特别时日，则是送礼的最好时机，因为这时"师出有名"，名正言顺，显得水到渠成，顺理成章。接礼的人除了感谢之外，也不会有太多的顾忌。否则，礼物送得名不正、言不顺，那就会造成一些不必要的麻烦。

所以，你在送礼时，一定要先找个理由，下面的几种方法可供你参考：

1. 把理由推到不在身边的爱人身上

你可以说："是啊，我也说，找您办事用不着拿东西。而我爱人却说啥也不干，非让我拿着不可。既然拿来了，就先搁这儿吧，要不然，我爱人准得埋怨我不会办事，回到家也交不了差。"

2. 把理由推到对方的孩子身上

你可以说："东西是给孩子买的，和你没关系。别说是来找你办事，就是没这事，随便来串门儿还不一样应该给孩子买点东西吗?"

3. 把理由推到对方的老人身上

你可以说:"你不用客气,这东西是给老爷子买的——老爷子的身体最近还行吧……你方便时把东西给老爷子拎过去得了,我就不再过去专门看他了。"

4. 把理由推到托办事的朋友身上

你可以说:"这东西是我朋友给你买的,我也没花钱,咱把事给他办了,就啥都有了,咱也不用太跟他客气。"

5. 把理由推到对方可能存在的损失上

你可以说:"您给办事就够意思了,难道还能让您搭钱破费?这钱您先拿着,必要时替我打点打点——不够用时我再拿。"

6. 把送给对方的钱说成是暂存在对方手里的

你可以说:"我知道,咱们之间办事用不着钱,但万一需要打点,找我拿钱就不赶趟了——所以,这钱先放你这儿,用上了就用,用不上到时候再给我不是一样吗?"

以上这 6 种说法都颇有人情味,对方听了都觉得好受,"有道理"把礼物收下,而没有明显拒绝的理由。你在求人办事时,不妨参考这些理由,轻松地把礼送出去,办成你想办的事。

选择适当的场合和时机送礼

每一次送礼,都需要把握住场合和时机。人们一般不会无缘无故地接受别人的礼物,把握不好送礼的时机和场合,会使别人产生误解,引发不必要的麻烦。而只有在适当的时候送礼,才会让受礼者自然地接受,替你办事。

某科长老刘去拜访老局长,想申请一笔资金。刚进老局长家的门,透过门窗玻璃发现局长正铁青着脸,旁边站着个小保姆,浑身直哆嗦正在啼哭。刘科长一看地下茶壶茶碗的碎片满地都是,他突然想起了朋友告诉他的话,这位局长有个嗜好——喜欢品茶，更喜欢收藏名产地的茶具。看到这种情况，他灵机一动，赶紧退出。

刘科长急忙来到某专卖店高价买了一套景德镇出产的上等茶具，又买了龙井、碧螺春等上等茶叶，再次来到局长家，对局长说："哎呀！这可是局长的宝贝啊！"局长听完他的话后，更是心疼，脸上不断抽搐。

刘科长掏出刚买的礼物，打圆场地说道："我也是喜欢品茶之人，更是喜欢收藏这些茶具。您看，这是我刚买的上等茶叶和茶具，本打算自己留下的，没想到您的爱好和我一样。宝剑赠英雄，这一套景德镇的上等货就送给您吧！"说着，双手奉上茶具，局长一看，眉开眼笑连声感谢。

"不过局长，我有个要求，这茶叶得让我品尝一下吧，我忍不住了。"

"好，好，没想到你也如此嗜好品茶啊！"笑呵呵的局长吩咐保姆去泡茶。

接着，刘科长与赵局长谈起了茶经："你看，我买的正宗西湖产的龙井：色绿、香郁、味甘、形美，人称四绝，是吧，局长？"

局长一副泰然神色，稳坐在沙发上，将茶碗冲刷一下，摆好，咳嗽一下说："确实是这样，而且不仅茶叶要好，喝茶也有讲究，喝茶讲究就大了，喝茶有很深的文化内涵。品茶不但要茶好，茶具好，水也很重要……"

刘科长认真地听完局长的介绍后，又装作请教的样子问了局长几个品茶方面的问题，引得局长高谈阔论一番。

一壶茶品了两个小时。日渐中午，局长吩咐下厨，留刘科长吃饭，刘科长赶忙推却，临告辞之际，提出申请资金一事。局长不加犹豫地说："星期一到我办公室来吧。"

刘科长终于达到了目的。

刘科长之所以那么容易地就达到了目的，正是因为他在适当的场合和时机送了别人适当的礼品。

"礼"虽然是好东西，但并非在任何情况下给人送礼对方都能接受。很多人喜欢晚上把礼品送到对方家里去，其实这未必是最佳选择。因为晚上对方也可能不在家中，即使他的家人收下了礼物，但有些事情你还是无法交代清楚的；或者他本人在家，却有其他串门人在场，这时带着礼物进去未免有些尴尬。所以，最好的送礼时间应该选在早上对方未上班之前，或者在星期天早上对方刚刚起床以后不久。这个时候带着礼物进屋，既无外人打扰，又能找到关键的人，便于直接沟通交流。另外，有的礼物可以直接在办公室送，比如一些办公用品；而有的礼物只适合于在家送，比如烟酒等。总之，不同的礼物还要选择不同的时间和场合，这样才能起到良好的效果。

另外，求人办事送礼除了要把握好时间和场合，还应当注意以下几个事项：

1. 要雪中送炭，不要锦上添花

"要雪中送炭，不要锦上添花"，意思是说要在别人处于困境时，伸出援助之手，这样就会使人终生难忘。而不要在别人不需要的时候，再去送那些礼物，这样的话那些礼物就显现不出它应有的价值了。

2. 不要给人迟到的祝福

另外，送礼也需要及时。比如在节假日，你可以带上一些礼物，及时向亲朋好友表示祝贺，这对增加亲情、友情是非常有好处的。但如果你等到节日已经过了，再去向亲朋好友祝贺就会失去原来的意义，而且还容易给对方造成心理上的不快，这个时候，你再去送礼还不如不送。

3. 切忌当着外人或在公众场合送礼

送礼一般是为了求人办事，无论是公事还是私事都会涉及双方当事人的一些个人问题，有时候还会让办事一方蒙受受贿的嫌疑，所以送礼最好在私下里送。

送礼不一定非得自己出马

一般情况下，既然有求于人，就应当亲自把礼品送给对方。当你亲手把礼物送给受礼者，这份礼物便增加了它的重要性和意义。因为礼物被递交出去时，你的声音、表情甚至握手和拥抱，都会使对方激动。亲自送礼还有利于当面说明送礼意图，并可以与受礼者同时分享喜悦之情。

但是，有些时候，很多人碍于客观条件，如本人没有时间，或是为了借用他人与对方的关系，你不能亲自把礼物交到对方手上，只有委托他人或亲朋好友代替送达。

这种方式也是有其独到的好处的，当送礼者本人羞于开口，或者不方便与受礼者见面的时候，受委托者可担任赠送者的最佳信使，甚至可以言赠送者所难言之事。

通常，委托他人转送礼品时，应附上一张送礼人的名片。它既可以放在礼品盒内，也可以放在一个写有送礼人姓名的信封里，然后再将这个信封固定在礼品的包装之上。

这种方式最好不要常用，因为委托他人送递，有时会出现表达不清的情况，影响你送礼的真正意图。

通过支付一定的费用，雇请专门公司的送礼使者替自己送去礼物，现已渐渐被越来越多的人接受。这种方式有3种好处：一是可以节省时间；二是可以制造浪漫情调；三是对方如果不愿意见到本人，这样做可以减少对方的心理压力。

大多鲜花类礼品都由花店负责递送，因为它们需要妥善照顾与处理，保证在到达目的地时仍然能保持新鲜。其他易损毁礼品，如水果、巧克力、焙制品等，也同样需要处理与照顾，以保持其原来风貌。在可能的情况下，尽量让商家去搬送它们。

此外，邮局也是一个寄送礼品的专门渠道。通过邮购，可节省逛街所耗费的精力及体力。在翻阅邮购杂志的同时，如看到合适的礼品，可做个记号，然后等到时间差不多了，再下订单。有些邮购公司会将礼物直接送到对方手中，并附上留言卡片。

有时，邮局或其他专递公司给你送来一份礼品，你会感到莫名其妙，因为你不知道送礼者是谁。这就是匿名送礼。以这种方式送礼，是为了不让受礼者知道他的身份，给人留下想象空间。

一般最好不要匿名送礼，尤其是求别人办事时，更不能匿名送礼，这样做只会使受礼者大伤脑筋，甚至对送来的礼物不再理睬，那么你求人的目的也就无从达到了。毕竟每个人都希望知道礼物来自何方、自己应当向谁道谢、应该帮助谁等。

不着痕迹地送礼

很多时候，求人办事是会让人感觉很为难的。不是怕张不开口求人，就是怕被对方拒绝。可是求人办事总得表示一下，否则没人会帮忙。最好的办法就是先混个底熟，不着痕迹地送礼。

某五金机电公司是一家私营单位，行销全国各地的机电产品。1998 年，西北地区严重干旱，小型电机水泵一下成为抢手货。这家机电公司库存 100 台，一日内被抢光，而且有很多人到这里订货。总经理张某抓住这一商业机会，准备大批采购农用水泵。

张某与两名助手连夜乘火车赶往辽宁，与当地一家水泵厂签订了 2000 台水泵合同。但是，该水泵厂方说，资金不到位，不予发货。张某只带了 300 台水泵的转账支票，一再央求对方最好能先发货，自己公司一边销货，一边返还货款。可由于不是关系单位，水泵厂怕讨债困难，所以不肯答应。张某陷入了困境。

后来，在一次吃饭的时候，张某听水泵厂销售部的一位经理说，水泵厂的总经理是个"麻将迷"，只要有陪手，玩个通宵也没问题。张某马上附和说道："本人也是个'麻将迷'，来这两天真憋得够呛，能不能捎个话，今晚打几圈？"

果然在晚上，对方总经理在会议室摆上麻将桌，邀张某及副手前去过几招。张与副手同时上阵，但"手气太背"，两人轮番点炮，总经理赢得不亦乐乎，越玩越精神。凌晨4点钟，张某提出来日再战，别影响总经理白天上班，就与副手返回招待所休息。

第二天晚上，总经理再次邀两人前去一分高下。两人一如前日，输得一塌糊涂。三场牌局，张某与副手输掉1万余元。

之后，张请总经理吃饭。看在牌友的份上，总经理高兴而来。推杯换盏间，张某向总经理提出自己的要求。

总经理犹豫片刻说，"这样吧，先交300台水泵的货款，第一批先发1000台，然后看销售情况再定，怎么样？"

终于搞定了。又过一天，张某押着两辆重卡，带着1000台水泵回去了。不到两个月，张某再次运回1000台水泵，这样如期实现了自己的销售计划。

有时候求人办事，如果直来直去地向对方提出请求，或直接向对方送礼请求帮助，对方是很难接受的。如果用变相的方式或间接的手段，向对方表示一下，彼此心照不宣，在一种默契中，就能将事情办成。

选择恰当的语言

送礼时特别要讲究语言的表达，平和友善、落落大方的动作配合着得体的语言表达，才能使受礼方乐于接受礼物。那种做贼似的悄悄将礼品置于桌下或房间的某个角落，不仅达不到馈赠的目的，甚至会适得其反。

一般来说，在呈上礼物时，送礼者应站着，双手把礼品递送到受礼人手中，并说上一句得体的话。

送礼时的寒暄一般应与送礼的目的吻合，如送生日礼物时，说一句"祝您生日快乐",送结婚礼物时说一句"祝两位百年好合"等,拜年送礼时可说一句"新年好"。

送礼时,有人喜欢强调自己礼品的微薄,如"区区薄礼,不成敬意,请笑纳""这是我们的一点小心意,请收下"。其实,这种时候你完全可以说出自己在礼品上所花的心思,以表示自己的诚意,如"这是我特意为您挑选的"。

一般而言,送礼时运用谦和得体的语言,会营造一种祥和的气氛,无形中增加相互间的友谊。但过分地谦虚最好避免,如"微薄""不成敬意"或"很对不起"等,这可能会引起对方的轻视。

当然,如果在赠送时以一种近乎骄傲的口吻说:"这可是很贵重的东西!"这也不合适。在对所赠送的礼品进行介绍时,应该强调自己对受赠一方所怀有的好感与情义,而不是强调礼品的实际价值。否则,就落至了重礼轻义的地步,甚至会让对方觉得你是在炫耀,这样,好端端的情义礼品,反被你的一番话给糟蹋了,那岂不冤枉?

有些人到对方家中拜访直到要离开时,才想起该送的礼品,在门口拿出礼品时,受礼人却因为谦逊、客套而不肯接受,此时在门口推推扯扯,颇为狼狈。

避免这种情况的办法是:进到大门,寒暄几句就奉上礼品,这样就不会出现因为对方客套而不收礼的尴尬情形。如果错过了在门口送礼的时机,不妨等坐定后,在受礼人倒茶的时候送。此时,不仅不会打断原来谈话的兴头,反而还可增加一些话题。

拒绝收礼通常是不被允许的,除非所送礼物违反了礼貌的规定。出现这种情况时,受礼者应当委婉而又坚决地拒绝收礼;如果送礼者不知道自己错在哪里,应当向他暗示一下礼物不妥的原因。

这时,馈赠者不要太勉强,也不要动怒,更不要随口说一些不恰当的话,以免恶化双方的关系。正确的做法是,送礼者稍做解释或表示歉意后，把礼品带走。然后，分析一下受礼者拒收的原因，之后再采取相应的行动，不失为一种良策。正视拒收、处理得当，照样可以建立起良好的人际关系。

所以，在求人办事时，一定要选择恰当的语言送出你的礼物，不恰当的语言不仅于"事"无补，还会影响彼此的关系。

送礼也要讲究礼节

一般来说，礼物是一种能使人愉悦的东西，所以我们都乐意接受别人的礼物，也乐意送出自己的礼物。那么，送礼都有些什么礼节呢？

由礼物引发出的礼节相当重要。人们可以从送礼的礼节当中看到送礼者很重视受礼者和礼物。

（1）如果可能的话，礼物应该亲自赠送。当你亲手把礼物送给受礼者时，这份礼物将富有附加的重要性和意义，因为当你把它递交出去时，你的声音、表情，甚至握手或轻轻地拥抱都能给对方冲击。

（2）礼物应该包装美观。否则，当别人接受一份普普通通的礼物时，会产生一种很糟糕的感觉。

（3）送礼应该附上自己的名片。随手附上没有签名和个人致意的名片是一件令人扫兴的事，这种情形表达出一种感觉，就是送礼者从未看过这种礼物，好像送礼与他无关似的。如果你使用名片当附件，在你的名字后留下一个空白，写上一些信息，例如："希望你用得上"；如果要送结婚礼物给同事，你可以这么写："竭诚祝福苏珊和杰瑞拥有一个美好生活。"

礼物的附件可以使用好的笔记用纸，或者随手用一张报时贴，如果你有这种信笺，你可以用它们当作附件。它们比你使用名片来得好。

（4）仔细考虑你要写在卡片上的文字。如果在一打美国提子上附上的卡片上，这么写："感谢你给我这笔生意，我期待更多的交易。"这就不令人感动，而这样写的话就会好多了："我们这里冷得要命，你一直工作很卖力，所以应该补充一点维生素 C！"

（5）如果你送礼物给一对夫妻，而你已经忘记那另一半的姓，那么就在卡上写："给布雷德全家，衷心的祝福……"

（6）顾及习俗礼俗。因人、因事、因地施礼，是社交礼仪的规范之一，对于礼品的选择，也应符合这一规范要求。礼品的选择，要针对不同的受礼对象区别对待。一般说来，对家贫者，以实惠为佳；对富裕者，以精巧为佳；对恋人、爱人、情人，以纪念性为佳；对朋友，以趣味性为佳；对老人，以实用为佳；对孩子，以启智新颖为佳；对外宾，以特色为佳。

（7）赠送礼物时避免违反礼节和触及忌讳很重要。例如，中国普遍有"好事成双"的说法，因而凡是祝贺大喜之事，所送之礼，均好双忌单，但广东人则忌讳"4"这个偶数，因为在广东话中，"4"听起来就像是"死"，是不吉利的。白色虽有纯洁无瑕之意，但中国人比较忌讳，因为在中国，白色常是大悲之色和贫穷之色。同样，黑色也被视为不吉利，是凶灾之色、哀丧之色。

有很多人在求人办事时总是有很多困惑，他们想不通自己该送的礼品都送了，为什么对方却迟迟不肯替自己办事。其实，原因很简单，有时仅仅是因为你不讲究礼节，所以到头来，礼是送了，但事情却没有办。所以，在送礼时，一定要讲究应有的礼节，上面所提到的 7 点注意事项，你要好好斟酌，相信对你会有很大帮助。

如何成功有效地送礼

日本人在做生意时最喜欢送礼，且对礼物的选择考虑得相当周到。特别是在商务交际中，提供的小礼品都根据不同人的喜好，设计得非常精巧，可谓人见人爱，很容易让人爱礼及人，很多欧美人拿到此类礼品都会爱不释手，觉得很合心意，都会不由得说一句："It's wonderful!"（太好了！）

如今的商业社会，"利"和"礼"是连在一起的，往往是"利""礼"相关，先"礼"后"利"，有礼才有利，这已经成了商务交际的一般规则。在这方面，道理不难懂，难就难在操作上，你是否能像日本人一样将"礼"成功送出，并让人人都喜欢呢？

送礼其实已成了一种艺术和技巧，从时间、地点一直到选择礼品，都是一件很费心思的事情。

人们都讲礼尚往来，这是人之常情，但问题是你是否把礼送到了点子上，这不仅要合别人的需要，而且要合别人的喜好、兴趣和审美观点。合适、合时、合地又合乎人情、合乎道理，这就不容易了。如果做到了这一点，其效果往往是你意想不到的。据说，马来西亚一位华商，在一个公开场合下接受了该国商业部长赠送的一份礼品，竟然是特许他开办一座大赌城的政府批准书，可见，"礼品"已无奇不有了。

要把礼物送到人"心坎"上，就要慎重对待礼物的轻重，以对方能够愉快接受为尺度。

一般来讲，礼物太轻，意义不大，很容易让人误解为瞧不起他，尤其是对关系不算亲密的人，更是如此。但是，礼物太贵重，又会使接受礼物的人有受贿之嫌，特别是对上级、同事，更应注意。太贵重的礼物，除了某些爱占便宜的人外，一般人就很可能婉言谢绝，或即便收下，也会付钱，要不就日后必定设法还礼，这样岂不是强迫人家消费吗？如果受礼人家中不甚宽裕，就无异于给人出难题。如果对方拒收，你钱已花出，留着又无用，便徒生许多烦恼，这又何苦呢？因此，礼物的轻重选择以对方能够愉快接受为尺度，争取做到少花钱多办事，多花钱办好事。

就礼物的质量而言，它的价值不是以金钱的多少来衡量的，而是以礼物本身的意义来体现的。因此，选择礼物时还要考虑到它的艺术性、趣味性、纪念性等多方面因素，力求别出心裁，让你的礼物轻轻落在别人"心坎"上，激起一朵朵感动的浪花。

1. 借花献佛

如果你送上特产，可说是老家来人捎来的，分一些给对方尝尝鲜，东西不多，又没花钱，不是单买的，请他收下，一般来说受礼者那种因盛情无法回报而拒礼的心态可望缓和，会收下你的礼物。

2. 暗度陈仓

如果你送的是酒一类的东西，不妨假借说是别人送给你两瓶酒，来和对方对饮共酌，请他准备点菜。这样喝一瓶送一瓶，礼送了，关系也近了，还不露痕迹，岂不妙哉。

3. 借马引路

有时你想送礼给别人，而对方却又与你八竿子拉不上关系，你不妨选受礼者的生诞、婚日，邀上几位熟人一同去送礼祝贺，那样一般受礼者便不好拒绝，当事后知道这个主意是你出的，必然改变对你的看法。借助大家的力量达到送礼联谊的目的，实为上策。

4. 移花接木

老张有事要托小刘去办，想送点礼物疏通一下，又怕小刘拒绝，驳了自己的面子。老张便用起了夫人外交，让爱人带着礼物去拜访，一举成功，礼也收了，事也办了，两全其美。看来，有时直接出击不如迂回行动能收奇效。

5. 锦上添花

一位学生受老师恩惠颇多，一直想回报，但苦无机会。一天，他偶然发现老师红木镜框中镶着的字画竟是一幅拓片，跟屋里雅致的陈设不太协调。正好，他的叔父是全国小有名气的书法家，手头正有他赠的字画，他马上把字画拿来，主动放到镜框里。老师不但没反对，而且非常喜爱。学生送礼回报的目的终于达到了。如不能"雪中送炭""锦上添花"也是良策。

6. 借路搭桥

有时送礼不一定自己掏钱去买，然后大包小包地送过去，在某种情况下人情也是一种礼物。比如，你能通过一些关系买到出厂价、批发价、优惠价的东西，当你为朋友、同事买了这些东西后，他们在拿到东西的同时，已将你的那份"人情"当做礼物收下了。你未花分文，只不过搭上点人情和工夫，而收到的效果与送礼一般无二。受礼者因交了钱，收东西时心安理得，毫无顾虑；送情者无本万利，自得其乐。

7. 先说是借

假如你是给家庭困难者送些钱物，有时，他们自尊心很强，轻易不肯接受帮助。你若送的是物，不妨说，这东西在你家放着也是闲着，让他拿去先用，日后买了再还；如果送的是钱，可以说拿些先花，以后有了再还。受礼者会觉得不是在施舍，日后又还，会乐于接受的。这样你送礼的目的就达到了。

一次，英国女王伊丽莎白访问日本，有一项活动是访问NHK广播电台。当时NHK派出的接待人是该公司的常务董事野村中夫。他接到这个重大任务之后，便开始搜集有关女王的一切资料并且进行仔细研究，以便在与其初次见面的时候引起女王的注意而给女王留下深刻的印象。

于是，他开始绞尽脑汁在礼物上寻求突破点，可是一直都没有发现更好的办法。偶然之间，他有了一个新的发现，英国女王的爱犬是一种长毛狗，灵感就从这里来了。他马上跑到服装店特制了一条绣有女王爱犬图样的领带……

在迎接女王那天，他特意打上了这条领带。果然，女王一眼便注意到了这条领带，微笑着走过来和他握手。

野村所送的礼物是无形的，只是一种认同感。但是，正是这种认同感，切合了女王的心意。他用他的良苦用心，把自己的礼物送到了女王的心坎上，让女王感受到他的深深情意。

第二节　送礼的时机

逢年过节送礼

有很多人都知道在求人办事时应提前送礼，但苦于找不到合适的时机，其实逢年过节送礼就是一个不错的时机。中国悠久的传统文化，很大一部分都体现在节日上，如春节、元宵节、端午节、中秋节、重阳节、元旦等。另外，如三八妇女节、五一劳动节、母亲节、父亲节、六一儿童节、教师节、国庆节等，也属于中国人常过的节日。

逢年过节送礼尤其体现在求领导办事上。人们都明白，求领导办事，不能临时抱佛脚，所以，最好能提前在节日上表示一下自己的心意。打着节日的旗号，这样也名正言顺，让对方无法拒绝，自己的目的也容易达到。

小张是那种死要面子活受罪的人。凡事都讲面子，帮人积极主动，求人羞于启齿。他办事有自己的原则，自己能办的事绝不求人，自己不能办的事只好不办。

但事与愿违，小张也有不得不求人的时候。连他自己也不清楚，在很多人托关系拉帮派竞争厂长的硝烟弥漫的战场上，一向退缩不前的他，竟被推举为厂长。起初，他自己都不相信。但主管局长在选举前有言在先：民主选举，公开竞争，被选中不干不行，干不好还不行。

小张感到十分为难，一个即将倒闭的单位，虽然有新产品的专利，但需要资金改进设备，这可是上百万元的差事。单位本身亏损，这笔费用怎么办？

小张面对职工上千双希望的眼睛，自己已不能打退堂鼓，唯一的办法就是，找上级领导申请资金。

小张虽然办事不求人，但他也懂得人情世故，无论公事私事，都得向领导意思一下才成。他也是被逼无奈，为了公家的事，破了自己多年做事的原则。

公事私办，他买好了礼品。其实领导就在他楼上住，每天都见面，但他还是觉得不太合适，犹豫几天，终于抓住中秋节这一机会，在妻子大力支持下，走上三楼，敲开了领导家的房门，以迎接中秋节为名，向领导表示祝福。

领导很高兴，以好烟好茶相待。随便聊几句，小张便如坐针毡，开口说话都觉喉咙发堵，支支吾吾几句，便告辞下楼。

回家后，妻子把他一顿数落。机不可失，时不再来，小张窝火一阵后，又安慰妻子："过几天是国庆，咱还有机会，下次你陪我去。"妻子埋怨道："节日一个接一个，总不能为了公事，我陪你送一辈子礼吧！"

说归说，做归做，国庆节，小张与妻子再次拜访领导，向领导祝福。

临别时，小张的妻子说明来意。局长毫不犹豫就答应了他们的要求，事办成了。

回家后，小张对妻子说："我终于明白有'礼'好办事的道理了。"

求领导办事，千万莫错过节日这个送礼的好机会。礼物不论轻重，节日中的吉祥祝福，几句关爱的话语，更是情义无价，更能让对方感动。有这样的基础，办事就不难了。

生日、寿诞送礼

在别人生日、寿诞上送礼，也可以为自己积累办事的资本。生日作为人生的开始之日，是真正属于自己的节日，一直受到很多人的重视。每逢生日来临，人们都要以这样或那样的形式举行庆祝活动，借以提醒自己珍惜光阴，同时感激给予自己各种帮助的亲朋好友。

送礼在生日庆贺活动中是很重要的祝贺方式，亲人、朋友、同事过生日的时候，送上礼物表示祝贺，可起到增强友情、融洽关系的作用，为以后找人办事奠定基础。

但问题是生日礼物的花样和品种很多，人们经常不知道该送什么样的生日礼物才合适，面对琳琅满目的商品，却不知所措。

其实，送生日礼物时先要搞清楚对象，是亲朋好友，还是一般的关系，是自己的挚友，还是普通的朋友，不同的对象，所送的礼物应是不同的。

年龄也是在送生日礼物时要注意的，才几岁的孩子和耄耋之年的老人，他们过生日的方式以及所送礼物都各有不同。

送生日礼物时还要考虑对方的兴趣，符合生日这天送出的、对方又很感兴趣的礼物，当然会受到他们的欢迎。

送生日贺礼要讲究适度，处理得当，注意场合、家庭环境、季节变化等，如果不因人、因事、因地而宜，因陋就简，量力而行，往往会弄巧成拙，适得其反。亲友之间贺生日是常事，但不能搞得庸俗化，要做到有理、有礼、有益。你不妨参考以下的几个原则：

1. 因人而宜

给不同的对象选择不同的生日礼物。

2. 因地而宜

送生日礼物要注意各地风俗和嗜好。

3. 因时而宜

送生日礼品要考虑时代、季节等因素，相机送礼。

4. 因陋就简

生日送礼不要铺张，要量力而行，自己动手，因陋就简，制作有寓意的生日礼品。

清楚了以上内容，在别人生日时就能送上一份令别人和自己都感到满意的礼品了。

病榻前送礼

社会上有很多人在日常交往过程中，苦于自己没有与上级或同事之间加深感情的机会，总觉得借助节日表示一下自己的心意又太牵强、太俗、太假，唯一特别的机会，就是祈盼他人生病，想在探病中表示一下。利用探病送礼，这未尝不是一个好方法。

从某些方面看，送礼在探病过程中完成，益处甚多：在探病中送礼，可以光明正大，不会有行贿之嫌；病中嘘寒问暖，犹如"雪中送炭"，对方会万分感激，而且对来访者的印象特别深。这对以后求人办事都是非常有利的。

冯女士为办私人旅行社一事伤透了脑筋，总社那边跑过上百次，对方老总就是不肯出示证明材料。冯女士先后托人送过多次礼品，老总就是不接受。她心想，这位老总可真难对付。

老天爷终于赐给冯女士一次机会。一天，老总没上班，冯女士四处一问，听办公室的人说，老总病了，而且秘书也没上班。冯女士琢磨一下，老总会得什么病呢？先买一些美容保健品再说。

冯女士驱车找遍几家医院，终于在一家医院的单间病房内找到化名老总。冯女士一进病房，秘书就十分惊慌地站起来。冯女士用手势止住她说话。病床上的老总，脸色苍白、嘴唇发干、眼窝发黑、双目微闭，手臂上的输液管有节奏地滴落。冯女士心想，女人四十真不易啊。

秘书在旁，局促不安地看表，看样子是着急回家。冯女士轻声说："天快黑了，你先回家吧，晚上我在这儿守着。"秘书如释重负地点点头，快步离开。

一连3天，冯女士精心陪护着老总，亲切暖人的话不知说了多少，老总听了非常感激。出院后两天，老总正式上班了，冯女士这时又去看望她。老总很爽快地就同意了冯女士的要求。

探望病人，一定要先了解一下病情，然后再买礼物。而且送礼时，一定要在病人清醒的时候，多说一些暖人心的话语，别提病情，方便的话陪陪床，这样会加深感情。待病人出院后，再提出自己的要求，就会使事情很顺利地办成。

娶妻生子时送礼

求人办事情可选择对方娶妻生子的时候送礼。毕竟，在喜庆而祥和的日子中，礼物会增加别人的幸福感。

人生最幸福的事情莫过于有情人共结连理。结婚，是人生的一大喜事，作为参加喜宴的朋友，应事先选购一份礼物前往。

恰到好处的贺礼能点缀婚事的浪漫，给婚事庆典增添美妙的音符，使新婚夫妇留下深情的回忆。每一对新人都希望在结婚那天收到珍贵的结婚礼物，以供日后品味。那么，怎样为新郎和新娘送上合适的礼物呢？

给新人送结婚礼物，要考虑跟他们熟识的程度，当然也要考虑自己的经济状况。如同送生日礼物一样，新婚夫妇的好友和亲戚可以有策略地了解一下小两口的愿望。有的新婚夫妇一下子收到12套一模一样的酒具、8套式样相同的被褥，如果送礼人能够事先了解，就可以避免出现这种令人啼笑皆非的情况。

为新人购买礼物要美观、实用，如不知买什么东西好，或者担心物品与别人买重了，也可以将钱作为礼物送给新婚夫妇。礼品要用红包装好并写上"祝新婚快乐"等字样，落款写送礼人姓名。

当你要为朋友结婚时送礼，可以参考下面的几点：

1. 送实用

结婚礼品包括家庭的一些陈设、床上用品、桌上用品、厨房用具、餐具、茶具以及一些可以美化房间的装饰品，对新人来说，这些实用的物品都会受到欢迎。

2. 送纪念

赠送艺术品、工艺品及家传的物品，具有纪念意义。

3. 送兴趣

婚礼礼品的选择要根据新人的情趣、爱好、欣赏水准而定。

小生命的诞生，是一件神圣庄严值得祝贺的事，得到报喜消息的亲友，都应该携带礼品去看望产妇并向其表示祝贺。但此时新生儿和产妇的身体都比较虚弱，最好先打电话向其家人表示祝贺，待一段时间后再去拜访。

祝贺孩子出生时的礼物，内容应以实用为主。养儿育女是件很辛苦的工作，为小宝宝送来即将派上用场的物品，确实为生产的妈妈减少了麻烦，产后的妈妈身体较为虚弱，不妨考虑送她进补的食品。假使你能亲手调制她所喜爱的羹汤，就更能表达出你那温馨细腻的心思了。无论如何，你在别人娶妻生子时所送的礼物一定要精挑细选，送出你的心意和"新意"。

第三节　该送什么样的礼

送适用性的礼物

各种礼品都有它适合的用途，针对这些用途，可以选择这些物品的适宜人群。所以，对于受礼者来说，那些适用的礼品是最好的。

送礼时，赠对方毫无用处的东西是一大忌讳。例如，主管送汽车配件给一个没有汽车的职员，送酒给一个不喝酒的人，或把一件运动器材送给一个腿脚有残疾者，这些都是不恰当的。

此外，还要考虑到受礼者在日常生活中能否应用得上礼品。比如，朋友乔迁之喜，你准备送他一幅很大的装饰画，首先应考虑，他家里摆得下这么大的画吗？

根据性别、职业可将送礼对象分类，如男人、女人、旅行家、经理、文员等，每个人的职业特点不同，他们收到的礼物也应不一样。

适用性永远是选择礼品和送礼的一个重要因素。一位富有想象力的澳大利亚企业家，为他的穆斯林商业伙伴设计了一件独特的礼物。他知道虔诚的穆斯林每天要祈祷 5 次，祈祷时必须面对伊斯兰圣城麦加，而在旅行时很难确定麦加的方向。这位澳大利亚人便送给他朋友一个纯银制的指南针，装在一个便于携带的木盒中。

可以想象，他的穆斯林朋友收到这份礼物将会多么开心！以后，如果他有求于那位穆斯林朋友的话，对方肯定会鼎力相助的。

一般地，日常生活用品可以作为你送对方的礼物，因为它和人们的生活息息相关，人们每天都在和它打交道，或是洗涮，或是做饭，或是饮酒品茶。所以，用日常生活用品作为礼物，往往会让朋友、亲人觉得实在。

日常生活用品的种类很多，像炊具、餐具、茶具、酒具等均在其列。还有一种礼品化的组合性日用品，通过重新包装，也很受欢迎。

组合性日用品，一是组合合理化。有童装与玩具的组合，儿童食品与小玩具的组合，名酒与酒具的组合，服装与个性化饰品组合，笔与手表组合，笔与打火机组合等。

二是品牌档次化。组合的附件品种，大多是品牌主体品种开发的同牌新品种，同牌借光，身价倍增。

三是含义深刻的礼物。如酒与杯组合象征酒逢知己，茶与茶具组合象征君子之交等。

值得注意的是，选择日常生活用品作为礼品，应讲究"受者实惠，送者大方，增进友谊"的原则，这样才能使日常生活用品既显示出实用性，又展示其作为礼品的独特魅力。

鉴于此，你不妨给喜欢喝茶的朋友送去一套茶具，茶具的上面刻有"友情可贵"的语句，此时的茶具，不仅仅是礼物，更是一颗真诚的心。朋友如果收到这样的一份礼物，他能不帮你的忙吗？

投其所好送礼

　　送礼还应讲究投其所好，把挑选出的礼品在适当的时候送给所求之人，才能使别人高兴，同时，送礼也要送得准，不能乱送，这样才能得到帮助。

　　张敬尧最初跟一个说书艺人学说书，在生活困难的时候还能耐住性子学说一段，后来觉得说书整天东跑西走很辛苦，就利用一个偶然的机会混进了北洋军队。

　　张敬尧虽胸无点墨，但耍嘴皮子却很有一套。凭着能说会道、投机钻营，很快由排长升为营长，但他还嫌不过瘾，竭力往上爬。看到别人一年年高升，自己"岿然不动"，他十分心焦，想着怎么钻袁世凯的门路。

　　也是一个偶然的机会，他意外获悉袁世凯的宠妾杨氏喜爱喝进口白兰地名酒，而且还是"海量"。这个消息使他心花怒放，决心利用这一点敲开袁世凯的大门。再说杨氏这里，经常收到一箱箱不署名的人送的白兰地，过了有半个月时间，她暗中查访，才知道是有个叫张敬尧的营长送的，自然十分欢喜，亲自召见。张敬尧一见面，即满口"师母"长、"师母"短，把个杨氏拍得如登青云，内心甚喜。

　　从此，张敬尧通过杨氏算是在袁世凯那里挂了号，几年后他竟升为旅长。

　　张敬尧之所以日后得以高升，全凭着投杨氏所好来送礼。因此，求人办事时不仅要送礼，而且要做到别出心裁地"会"送礼才行。

　　下面还有一个例子，也是说投其所好送礼的重要。

　　有位名人为了创办一所艺术学校，经过一年多的努力，走过好多门路，艺术学校终于有了眉目，下一步就是如何拿下学历这一关了。

这位名人在求人办事方面也掌握了丰富的社交经验，深知人际关系的重要性。通过朋友的帮助，这位名人寻访到区教委一位委员家中。

按常理儿，求人办事无论如何要表示一下诚意，最少也得买2斤好茶叶或别的什么，但这次这位名人却双手空空，只带一张笑脸去拜访。因为这位名人事先了解到很多信息，她知道，那位委员脾气很大，刚正廉洁，对人际关系中的歪风邪气深恶痛绝，有很多办事者重礼相托，结果不是吃了闭门羹就是被逐出门，自然事也办不成。

这次这位名人万分小心，对委员客客气气地说："本来休息日打扰您很不礼貌，请您原谅；这次来拜访您，是为办学申请学历一事；申请早交上去了，未见回音，教委那边我没有熟人，所以朋友介绍我到您这儿，希望您关照一下；如果申请有不充分之处，望您审批时指点一下，我再重新申请上报。"

这位名人十分诚恳地说完，就要起身告辞。那委员模棱两可地说："如果各方面条件都具备，应该会批准的。"

当这位名人第二次拜访时，带来一件礼物，是一块唐朝的砖头，上面有原始烧铸的字，书有"清风明月"4个字。不过，这块砖头不知被什么人制成了一块砚台。

因为名人第一次来委员家时，对客厅留意了一下，她发现，客厅里有几十块砚台摆放在书架上，她凭自己的直觉猜晓委员也许对"砚墨"有癖好。

于是见面寒暄后，这位名人依然面带微笑，从书包里掏出报纸裹着的砖头，对委员说："上周我去农村亲戚家，在废石堆里发现了这块带字的砖头，就带了回来。我也不会鉴赏，今天带来，是想让您指点一下。"

委员接过来，左翻右转，然后又拿起放大镜仔细端详，突然大惊失色地说："这是墨砚！看这金龟戏海的图案，看这周边山水相间的花纹，是经精雕细琢过的，但不失自然淳朴之风，这肯定是历史上哪位名人用过的。真是宝贝啊!"

名人见时机一到就说:"不过是块烂砖头,如果委员不嫌放在家里碍事儿,您就垫花盆用吧。不打扰您了,我告辞了。"

又过了3天,这位名人接到教育部门的通知,艺术学校学历的问题终于解决了。

求人办事,不能盲目鲁莽,以"礼"压人或以"礼"求人。要了解对方的兴趣爱好,投其所好,巧妙安排,这样对方才易于接受,办事也就十拿九稳了。

对症下药送礼求人

医生往往根据患者的病情开药方,即为"对症下药"。在求人送礼时也要讲究对症下药。熟谙世事的人,都知有"礼"好办事,无"礼"办事难。可也有个别人,特别挑剔,对礼物不屑一顾,有时还让来人将礼物带回去,让来人很尴尬。弄不好,对方一生气,事都办不成。所以,送礼也要讲究对症下药,力争做到"礼到事成"。

孟明原本是个默默无闻的公司职员,但跳槽后没几年,反倒把事业做得风风火火,他通过拉关系批工程项目,生意越做越大,据说仅在某地炒了一把地皮,他的一个"擦边球"就赚了几百万。

后来孟明又想承包下自己原来工作过的厂子,想把厂子振兴起来。

几年前当孟明还在那家厂子时,厂里就张罗着对外承包,很多人都跃跃欲试,但主管部门还把那厂子当成香饽饽,硬是拖着不肯撒手。等到工人开不出工资时,却突然没人管了。厂子像皮球一样被踢来踢去,来回很多次踢传,最后归到市企管办。

市企管办的主要领导是原来的副市长,从亲属关系上来说,孟明还得管副市长叫表舅。孟明知道,当过兵的领导都有点倔脾气。听别的亲属说过，谁要给他送礼，算找错了庙门，十有八九被轰出门外，而且还大言不惭地说："我家什么都不缺!"

孟明去过表舅家，寒酸得让他想笑。不过，这次求表舅办事，也总得表示一下。送什么却又拿不定主意。后来，孟明突然想起自己曾在表舅家吃过一顿饭，那顿饭四菜一汤都是辣的，他印象很深。看来这位表舅很喜欢吃辣椒。

于是孟明就在辣椒上做起了文章，他亲自到农贸市场，买了5斤鲜红的干辣椒，用棍挑着，去拜访表舅。舅妈看到后高兴地说："刚要去买，你就给送来了。"

表舅闻声从书房出来，先看见辣椒，后看见人，厉声对孟明说："你又来有啥事?"

孟明心不在焉地说："没事儿，乡下一位亲属送来一堆辣椒，我们全家都怕辣，就送您这儿来了。"

表舅刚转身，忽地想起什么，问："明子，昨天有份报告，是不是你递交的?"

孟明马上说："您说承包那份报告? 是我交上去的，不过没戏! 我都快忘了。"

表舅接着说："下周我们开会研究一下。"

孟明听到差点蹦起来，他发现辣椒起效果了，于是很高兴地回家了。

不久，孟明如愿承包了厂子。

由此可见，求人办事还真该对症下药地去送礼，否则可就会有诸多麻烦了。

第五篇

找不同的人办事
有不同的方法

测验一个人的智力是否属于上乘，只看他的脑子里能否同时容纳两种相反的思想，而无碍于其处世行事。

——美国小说家　菲茨杰拉德

第一章　找领导办事的艺术

第一节　直接找领导办事

以"情"激发领导为你办事

　　人都有恻隐之心，领导当然也有。求领导办事能获得应允，有时恰恰是这种同情心起了作用。下属之所以找领导帮助，是因为在生活中出现了困难，比如经济困难、住房困难、子女就业困难等。找领导办事，说到底也就是想让他们帮助解决这些困难。要想把事情办成，最好的方法就是把这些苦衷原原本本、不卑不亢地向你的领导倾吐出来，让他对你的境遇产生同情心，从而帮助你把问题解决掉。

　　要引起领导同情，就需要把自己所面临的困难说得在情在理，令人同情不已。所以，越是给自己带来遗憾和痛苦的地方，则越应该大加渲染。这样，领导才愿意以拯救苦难的姿态向你伸出援助之手，让你终生对他感恩戴德。

　　要引起领导同情，还必须了解领导的个人喜好。他赞扬什么、批评什么，又讨厌什么，了解他的情感倾向和对事物善恶的评判标准。了解了这些，你就可以围绕着领导的喜好来唤起他的同情心。当引起对方感情的共鸣时，就一定会收到奇特的效果。

　　某市房地产开发公司新竣工了一幢职工宿舍，按照刘某的级别和工龄，他是分不到新房子的，但他确实有许多具体困难：自己和爱人、小孩挤在一间 10 平方米的房里，倒也还凑合，可他乡下的父母来了，就不方便了。于是刘某只好去找上司，一开口就对上司说："主任，如果您单位有人把年老体弱的父母丢在一边不管，您认为该不该？"

"当然不该！是谁这样做？这还是人养的吗？"上司一脸的义愤。

"主任，这个人就是我。"刘某垂着头，无可奈何地说。

"你为什么这样做？平时我是怎么教育你们的？要你们尊老爱幼，你竟然……"

刘某耐心地听爱啰唆的主任数落完，才缓缓开口说道："常言说道，养儿防老，我父母就我们姐弟俩。姐姐出嫁了，条件也不好。况且，在我们乡下，有儿子的父母，没有理由要女儿、女婿养老送终，这是会被人耻笑的，除非他的儿子是个白痴。可我不是白痴，我是个大学生，又分在这样一个响当当的单位，在你这位能干、有威信的领导手下工作。一辈子含辛茹苦的农村父母，培养一个大学生多不容易呀！乡亲们都说我父母有福分，今后有享不尽的福。可是我现在，一家三口住一间平房，父母亲来了，连个睡觉的地方都没有。想把父母接到城里来，自己又没有条件；不接来，把两个年老体弱的老人丢弃在乡下，我心里时常像刀割般难受。我这心里一想起我可怜的父母……"刘某说到这里，落下了伤心的泪水。

"小刘，可你的条件不够……"主任犹豫着说。

"我知道我条件不够，我也不好强求主任分给我房子。如果主任体恤我那年老多病的父母，分给我一间半间的，我父母来了，有个遮风的地方就行了。如果主任实在为难，我也不勉强，我明天就回乡下，把父母送到敬老院去。"

主任沉默不语。

刘某知道主任在动摇，于是又趁热打铁地说道："我把父母送敬老院，在乡人眼里必将落下不孝的罪名。只是，我担心有人会说您的闲话，说您不体恤下情，说您领导的单位，职工连父母都养不活。您是市人大代表，那些闲话有损您的威信的……"

"小刘，你不要说了，我尽量给你想办法。"

几天后，刘某拿到了一套两居室的钥匙。

由此可见，求领导办事可以在"情"上激发他。从上级曾经切身感受过的事情入手，在人之常情上下工夫，把自己所面临的困难说得在情在理，令人痛惜。

上级的同情心有时是诱出来的，有时是激出来的。如果上级对某个下属有成见，认为他水平很差，那么这个下属若要博得上级的同情，可能就是一件相当困难的事情了。人只有在没有成见的时候才能产生同情心。

攀附关系使领导为你办事

依靠关系办事在几千年前就已经存在。关系是一种感情的凝聚和利益的融通。有了关系也就有了路子、有了利益、有了各种随时可以兑现的希望。所以，无论谁都很重视关系，因为我们深知，一旦哪一个环节的关系打了结，出了问题，就很可能会影响到切身利益甚至仕途前程。

与某些重要人物或关键人物关系亲密或所谓"关系铁"的人都是神通广大的人，他们往往能把朋友托办的事办得非常漂亮。

所以，要想办成事，必须靠关系。特别是下级找上级办事，必要时更要攀附一下关系才好。与上级攀附关系，应该注意的问题有很多。

1. 要了解和掌握上级的身世和社会关系网

任何一位上级都有自己的人情关系网。这个"网"的形成与他的身世和人生经历有直接的关系。要想与他攀附关系，必须先暗地里多留心和注意他的身世和社会关系网，包括他的同乡关系、亲属关系、朋友关系、同学关系、上下级关系等。掌握了这些关系之后，鉴于直接与某上级建立关系多有不便，则可"曲线救国"、另辟蹊径，设法同一两位与这位上级关系甚笃的人建立关系。这样，在必要时，便可以借助这些关系的力量，使上级碍于某些关系的面子不好拒绝，不便拒绝，不能拒绝。

2. 要委婉自然，牵动旧情

攀附关系不是生拉硬套，本来没有亲戚关系，偏偏七拐八绕，硬说有亲戚关系；或者本来与上级的某位朋友无甚关联，偏偏鼓吹自己与人家情深义重，如此这般，很容易引起上级的厌恶和鄙视。所以，与上级拉关系，要循循善诱、顺理成章、委婉自然，让上级感受到虽是不经意地提起，却一语中的，牵动着上级的旧情，甚至让上级陷于对旧情旧事的缅怀之中。

3. 要讲究场合

在众目睽睽之下是不便与上级攀附关系的，因为绝大多数上级是不情愿公开自己的身世和社会关系的。非但如此，上级本人还会认为你多事，而旁观者更会认为你是在有意巴结上级。所以，在公开场合攀附关系不但对上级有碍，也对自己有失。与上级拉关系最好是在背后与上级拉家常、唠闲嗑的时候；或者在酒桌上小酌、在茶余饭后散步的时候；或者在上级情绪好而且还具有拉关系可能的时候。在这些情况下，对方心情好，就很容易同你建立关系。

4. 同领导建立关系还要讲一些手段

作为上级居高临下，下边常有溜须拍马、曲意逢迎的人刻意寻找巴结上级的机会，因而与上级攀附关系也存在着一种畸形的竞争关系。要想在竞争中取胜，必要时可以使用一些手段，因为任何一位上级都自觉或不自觉地处在错综复杂的社会矛盾中。这矛盾有的是对他有利的，有的是对他有害的；有的是他一目了然的，有的是他无从觉察的，那么，你为了攀附于他，就应该认真关注这些矛盾的风吹草动，一旦有什么特殊情况或特殊机遇，便可通过委婉干预的手段随即成为上级的心腹之人，还何愁有事他不帮你办呢？

5. 同领导建立关系时还要找到攻心的突破口

社会心理学研究表明，人们都乐于同与自己有相近之处的人交往，领导也不例外。因为有相似点，既能有效地减少双方的恐惧和不安，解除戒备，又能对出现的信息有相同、相似的理解，产生相同、相近的体验，进而在感情上产生共鸣。

人与人之间存在的相似因素很多，有的是明显的，有的是隐蔽的。只要留心对方的举止言谈，就不难发现这些相似因素，从而将其作为攻心的突破口。

懂得了以上这些建立关系的学问，就很容易同领导建立牢靠的关系，为求人办事奠定牢固的基础。

获取领导的理解好办事

求上司办事、要办什么事、为什么要办这件事，领导能理解你的苦衷吗？如果他理解你，你就可能会得到他的支持，问题也就迎刃而解了。相反，如果没有得到领导的理解，他甚至会觉得你提出的要求过分了，或者觉得你请求办的事有些出格了，那么，事情就变得难办了。

因此，寻求领导的理解，对能否办成事情至关重要。但要想让领导对你请求办的事情予以理解，则必须遵守如下几项原则：

1. 时间原则

即求领导办事最好要在领导空闲的时候找他。领导忙的时候，心情容易烦躁，不但对你的事不记挂在心，甚至还会嗔怪你不识眉眼高低。如果领导的时间宽裕，他就有耐心听，问题可能会得到重视，因而也就更有利于把事情办成。

2. 场景原则

求领导办事，要考虑场所和环境。有的事要到领导的办公室里求，有的事要到领导的家里私下谈；有的事谈得越诡秘越有效果，而有的事越是有旁人听到越对成事有利。所以，奥妙就在于你所求办之事的分量与利害关系，以及对领导的脾气与秉性的了解。

3. 引入原则

找领导办事，要讲究话题的引入方式。有的需要直来直去、开门见山、和盘托出；有的则需要循循善诱、娓娓道来，慢慢进入佳境，否则便让领导感到唐突冒失，刺耳烦心。一般而言，以下几种引入方式较为常用：

（1）通过谈工作的事引入自己的事；

（2）通过谈生活的事引入自己的事；

（3）通过谈社会的事引入自己的事；

（4）通过谈家庭的事引入自己的事；

（5）通过谈领导关心的事引入自己的事；

（6）通过谈自己关心的事引入自己的事。

4. 会说原则

要想把事办好，必须首先把话说好。说话要有逻辑性、条理性，让人听了有理有据，而且还要和风细雨，让人听了心旷神怡，同时还要力争把话说得生动感人。这样，即使是铁石心肠的领导，也会受到感动，甘愿出面为你办事。

5. 恭维原则

人性的弱点决定了人是最经不住恭维的动物，对领导来说也是如此。你求他帮助办事，恭维他是理所当然的。你恭维了他，他也会反过来恭维你和重视你，受到恭维的人是不会放着对方的难题不管的。

掌握以上 5 个原则，你要托领导办的事，就会很容易得到他的理解和支持。那时，不管事情有多难办，只要能办，就多半不会让你失望的。

不妨来点利益驱动

找领导办事不妨加上点利益驱动。求人办事，无非就是两种情况：一种是对对方有利，另一种就是和对方谈不上什么利害关系。第一种情况最容易办成事，既然是对对方有利的事情，对方当然愿意帮你的忙。比如，与你工作有关的住所搬迁，如果这种搬迁更有利于你的工作，那么领导就会毫无条件地帮助你。第二种，对对方既没利也没有损害的情况下，就要看你办事的本事了。俗话说："事不关己，高高挂起。"比如，你爱人调动工作，这与你的工作似乎没有任何关系，这种情况下就需要你将你爱人的工作调动尽量与你的工作联系起来，从而让领导意识到帮助你的意义所在。这种帮助可能需要付出一定的代价或者会受到一定的损失。遇到这种情况，首先你需要恳切地请求领导帮你办事，然后你还需要向领导暗示他将会得到什么补偿。不过这里有一个技巧，这时你最好向领导表示，为了感谢领导的帮助，你今后在工作方面会更加努力。用工作表现来感谢领导，既让领导有面子，又容易让他接受，事情自然也就好办多了。

古人说："衣人之衣者，怀人之忧。"意思是说：穿了别人送的衣服，怀里就会装着别人的心事或隐忧。用现在的话说，就是收下了别人送过来的礼物，就要为别人办事。这同民间所谓"收人钱财，替人消灾"和"吃了人家的嘴软，拿了人家的手短"意思大体相同。

所以，要想找人办事，就要做好往外掏钱的准备，要说情愿可能未必是真，但为了把事情办成办好，又常常不得已而为之。既然"为之"了，就要"为"好，恰到好处地以利益驱动，把事办成功。

因而，在求人办事时，如果仅靠说服难度较大时，或者对方是一个见钱眼开的人，即使帮你办成，你也会欠下一个天大的人情。这样，你不妨干脆以合作的态度去找他，以利益驱动对方。

这里有个值得注意的地方，就是如果你把实情道出："这是我自己的事，事成之后，我给你×××好处。"对方可能会碍于旧交之面不好接受。那么，这时，你可以撒一个小谎，说这事是别人托你办的，事后可以怎么样。这样，对方就会很坦然地接受，你也可以显得不卑不亢，事后也避免留下还不完的人情债。

"捧"着领导为你办事

有事求领导帮忙，还要学会"捧"的功夫。所谓"捧"，在这里是指对领导进行恰到好处、实事求是的称赞，并不包括那种漫无边际、肉麻的吹捧。求领导时不忘对他说点他乐意听的话，尤其是在与所求的事有关的方面称赞对方一下，这不失为一种求人的好办法。

要想求领导办事，就必须掌握会说恭维话这一条。会说话同办成事是相辅相成的。话说得好听，说得到位，领导便易于接受你提出的要求。否则即便是一件简单的事情，也容易办砸。要学会说恭维的话，就必须学会顺情说好话。顺情说好话一般叫做赞美或者颂扬。要想把事情办成功，总得拣对方爱听的话说，才有利于解决问题。

几乎每个人都爱慕虚荣，其特点是在他们觉得做没有多大把握的事情时，极乐意看到自己在这些事情上表现不凡，获得别人的称赞。当你对这些事情中的任何一桩加以颂扬时，都会发生你所期望的功效。吉斯菲尔伯爵说："各人有各人优越的地方，至少也有他们自以为优越的地方。"在其自知优越的地方，他们当然喜欢受到称赞。

但是，称赞领导也要注意技巧。"捧"着领导并非单指溜须拍马，而是指对领导佩服或称赞。赞誉之词人人都渴求，人人都需要。称赞领导也有方法和技巧，如果称赞领导不恰当，反而会弄巧成拙，落下一个"溜须拍马"的坏印象。称赞一个人，当然是因为他有出色的表现，但每个人在哪一方面出色却各有不同。有的人是专业技术水平高，工作成绩突出；而有的人则是在社交方面有特长，有与客户打交道的能力。因此，在称赞领导时，应针对不同的情况，采用不同方式的称赞。

恰当地"捧"领导的妙用随处可见，但用错了却也让你画虎不成反类犬。

有个公司的部门经理对总经理抓好公司业务的同时结合自己的工作实践撰写了一本《经商之道》的书稿这样称赞道："您在企业工作真是一个错误的选择，如果您专门研究经营管理，我相信您一定会成为商务管理的专家，会有更加突出的成果问世。"

总经理听完部门经理的一席话，不满地说："你的意思是说，我不适合做公司的总经理，只有另谋他职了？"见总经理产生了误解，本来想对总经理"捧"一番的部门经理吓得头冒虚汗，连忙解释说："不，不，不，我不是这个意思，我是说……"

还好，秘书过来替部门经理打了个圆场，说道："部门经理的意思是说您是个多才多艺的人，不仅本职工作抓得好，其他方面也非常出色。"

可见，同是称赞一个人，称赞一件事，不同的表达方法，其效果是不一样的。

恭维赞扬不等于奉承，欣赏不等于谄媚。赞扬与欣赏领导的某个特点，意味着肯定这个特点。只要是优点、长处，对别人没有害处，你就可毫无顾忌地表示你的赞美之情。领导也需要从别人的评价中了解自己的成就以及在别人心目中的地位，当受到称赞时，他的自尊心会得到满足，并对称赞者产生好感，你的事情也就变得好办得多。

所以日常生活中，你必须学会说恭维的话。"捧"你的领导，当你托领导办事时，你就会感到其中的妙用。

第二节　通过别人找领导办事

找领导的下属或朋友帮忙疏通关系

找领导的朋友帮忙疏通关系，在求领导办事方面是很有用处的。很多人都知道，找领导好办事，因为一般的大领导，雷厉风行，不会像那些小领导，说话模棱两可，办事拖泥带水。但官位越高，越是难见。

可是，高官也是凡人，也食人间烟火，也是可以沟通的。想求高官办事，最好的办法就是疏通好高官的朋友或下属，请他们出面请示，那样事情会好办得多。

有一位很有办事经验的人说："求领导办事，一定要分清级别，划清界限。小领导办小事，事事都难，还不如自己去办；大领导办大事，难也不难，难在难见。"

"万事通"牟得利可称得上是一个手眼通天的人物，"中国天地人信息中心"就是他创办的，而且还开设了网站。那时，他本人担任天华实业总公司的公关部经理，一个人挣别人好几倍的工资，别人都知道他有本事、有能耐。

1999年，天华实业总公司想在天华大厦举办一次十分有影响的新闻发布会，几十家媒体都联系好了，但总觉得缺少点什么。策划人经过一番仔细考虑后提议，聘请一位或几位国家级领导人光临，那新闻效果就会非同一般，但只是苦于无法与这些领导拉上关系。

关键时刻，牟得利自告奋勇接下这个任务。其实，他自己也攀附不上哪位领导，唯一的办法就是与大领导的秘书或其他手下搭上关系。

经过几日的明察暗访，牟得利终于和一位领导的秘书拉上关系，一连多日的以"礼"攻关，那位秘书总算答应了，而且表明：大领导比较忙，时间可贵，分秒都值万金，如果天华方面有诚意，要完全按程序办事。

天华公司当然不在乎出一点血了，完全按程序办事。开会那天，果然聘请了几位高级领导，新闻效应当然超前的轰动。随着天华知名度的不断提高，牟得利的声誉也如日中天。

俗话说："宰相门下七品官。"如果欲求大领导办事，在没有直接攀附关系的情况下，可以找领导的下属或朋友帮忙，这样也能取得好效果。

在领导的长辈或晚辈身上下工夫

　　找领导办事也可在其长辈或晚辈身上下工夫，大多数领导都是上有父母下有子女的全福之人。对父母的尊重和对子女的疼爱是人之常情，领导当然也不例外。所以，他们可能很重视父母和子女们说的事，有时即便是一件很棘手的事，他们也不好推托和拒绝。所以，如果与某位领导关系较远或因某种原因见不到他，就不妨试着去找他的父母或子女，设法让他们从中帮忙，亲情的作用是不可估量的。

　　当你去求领导办事时，可以先选择领导还没回家的时候去拜访他的家人。你可以与老人谈谈历史，或是现在社会上发生的事情，也可以陪老人读报、下棋。当领导进门后发现你与他的家人相处融洽，自然会对你产生好印象，你所求之事也就变得较为容易了。

　　讨好领导，不一定能讨好他的孩子。但讨好了孩子，往往同时也就讨好了领导。一般说来，做父母的无不爱他们的孩子，领导当然也不例外。

　　你经常去看你的领导，当然希望他的孩子也欢迎你。在你去的时候，这孩子总是走到你的身边，要你给他讲故事，这该如何应付呢？也许你在一个聚会中偶然被人冷落，譬如人们都三三两两地聚在一起谈他们自己的事情，你却无从插嘴，恰巧主人的孩子在旁边，那么你如何使他高兴并和你一起玩呢？一般说来，你可以从以下几个方面和小孩子们接触：

　　（1）尽量满足孩童的好奇心。如果你能满足他们的求知欲，告诉他们一些你的经验和做事情的方法，或是解释他所见到的各种事物，都能使他们满意。

　　（2）多给孩子们讲些生动有趣的故事。所以你无论讲什么，用"故事"的形式表现，效果要好得多。

（3）针对孩子的不同年龄采取不同的谈话方式。7岁以下的孩子们喜欢听各种各样动物的故事，7—12岁的孩子们就喜欢听人或者神仙的故事，12岁以上的孩子们则喜欢听一些旅行见闻以及体育的故事。

有些孩子是怕羞的，不敢看你，不敢跟你接近。对这样的孩子，不要一下子就急于跟他亲近，否则会使他害怕起来。你只要保持一定的距离，偶尔地注意他一下，表示一下好感，等他渐渐地看清楚你，对你习惯以后，他就会主动地和你接近了。也有些孩子比较粗野、好动，他们会跟你开玩笑，或者爬到你的身上来，弄脏你的衣服。这时，就要考验一下你的脾气和你敏捷的身手了。你要机警地避免他的纠缠，同时又要把他的注意力转移到别的地方去。

找领导办事遇到不顺时，打打老人家的主意，动动孩子的脑筋，是不可忽视的获取好感、打通关系的绝妙办法。巧妙地加以利用，会收到意想不到的效果。所以，千万不要忽视那些领导身边的老人和孩子，更不要忽视他们的需求。

从领导的爱人那里着手

社会是十分复杂的，这就为求人办事造成了很多阻力。你通过一段时间的工作可能未能与某上级建立成较密切的关系，可是因为特殊的机缘，你却同他（她）的爱人较熟悉。在这种情况下，为了把事情办成，你可以选择他（她）的爱人作为突破口，或许会曲径通幽，别有洞天，办事效果可能会更好。

宋朝时期的权臣蔡京，曾一度因事被宋徽宗罢相。但是，他并不甘心就此退出政治舞台，而是多方活动，以图东山再起。

首先，蔡京暗中嘱咐亲信内侍，求郑贵妃为己说情；又请深得徽宗信任的郑居中伺机进言。一切妥当之后，蔡京再让自己的党羽直接上书徽宗，大意是为他鸣冤叫屈，说蔡京改变法度，全都是秉承圣上的旨意，并非独断专行，现在一切都否定了，恐怕并不是皇帝的本心。

这些意见的要害是把徽宗牵扯了进去。徽宗见表，果然沉吟不语，但也没批复。

这时候，郑贵妃发挥了枕边风作用。她本是识文断字之人，早已看到表章的内容，又见徽宗的这种表情，就顺势替蔡京说了几句好话，徽宗便有些回心转意了。再加上郑居中和刘正夫一番添油加醋的进言，徽宗听了很舒服，终于第二次起用蔡京为相。

在这件事中，郑贵妃所起的作用是不可忽视的，否则蔡京没那么容易成功。

在生活中，当我们所要求助的对象身份高贵或者性格另类、不容易接触时，那么就要寻找踏板来接触他们。因不会求人办事所以一事无成的例子举不胜举。所以，无论你的能力有多强，如果没有找到求人办事的踏板，那也会没有机会施展自己的才华。

杜月笙头脑灵活、办事老练，但苦于没有出人头地的地方。后来他投靠黄金荣，在府中做了一名打杂的仆役。混在佣人之中，生活倒也安稳，但一心想要飞黄腾达的杜月笙，不甘居于人下，因此，他"眼观六路、耳听八方"，处处谨慎，把分配给自己的活做得又快又好，但由于地位太低，根本无法接触黄金荣。好在杜月笙平常也和黄金荣的贴身奴仆有接触，借此机会，百般讨好，黄公馆上上下下对他都有好感。

终于，机会来了。有一次，黄金荣的老婆林桂生得了病，久治不愈，求神占卦，提出要年轻力壮的小伙子看护，据说可以取其阳气，以镇妖邪，杜月笙是被选中的一个。

这个时候，黄金荣正宠爱林桂生，杜月笙善于察言观色，又善于动脑筋，马上想到这个林桂生的枕边风力量绝对强大。拍不上黄金荣的马屁，拍林桂生的马屁可能更有效，何况，异性相吸，这马屁更容易拍些。

于是，杜月笙"衣不解带，食不甘味"，十二分尽力侍候林桂生，别人照顾，无非是随叫随到或陪坐一旁，杜月笙则全神贯注，不但照顾周到，而且能使林桂生摆脱烦恼，心情愉快。经常是林桂生还没有开口，杜月笙已知道她要什么东西，而且送到了她的手上。杜月笙还把一些笑话趣事讲给林桂生听，常逗得她大笑不已。林桂生想到的，杜月笙都想到了，甚至有些林桂生没有想到的，杜月笙也想到了，把林桂生服侍得心花怒放，视他为贴心知己，并且把背着黄金荣在外面用"私房钱"放债等事也交给杜月笙经营。

当然，杜月笙的"拍"功没有白费，在林桂生枕边风的吹动下，黄金荣终于将当时法租界的三大赌场之一——公兴俱乐部交给杜月笙经营。杜月笙靠走"夫人路线"终于开始发迹，为以后称霸上海滩打下了基础。

利用领导的爱人做文章，从侧面求助，也是求人办事的一个重要手段，在办事过程中一定要善加利用。

第三节　找领导办事的小技巧

帮领导一个忙，你也会得到领导的帮助

生活中经常会出现比较尴尬的局面，让你走也不是，不走也不是，说也不是，不说也不是，左右为难。这时候如果有一个人能够出面帮你解围、打圆场，无疑你会非常感激他的。而我们求助领导的时候就可以利用人的这种心理。领导也会遇到尴尬的局面，在这种时候如果你能挺身而出，帮领导一个忙，为领导解围，领导也会感激你的。以后你求领导的事情也就好办多了。

约翰在一家跨国企业的客户部任职已经1年多了，工作能力也不错，只是没人赏识，所以还是普通职员。他有心向上爬，无奈和顶头上司关系一般，根本得不到上司的青睐。

这一天，约翰刚刚从外面办事回来，就听到自己顶头上司——客户部经理的写字间里吵吵闹闹的，原来有几个客户因

为商品质量的问题找上门来，直接和经理争论起来。那几位客户可能对经理的处理很不满意，一边诉说，一边不干不净地骂人。再看经理满头大汗，不断地向客户解释着什么却语无伦次，表情极为尴尬。约翰一看不妙，就跑过去对经理说："经理，总经理来电话让你到他办公室一趟，说是有紧急事务要处理！"经理连忙借此脱身而出。约翰接着替经理"受审"，由于态度诚恳，客户的气也就慢慢地消了。接着约翰提出一套令客户比较满意的方案措施，并向他们一一保证落实。由于处理及时，客户没有投诉至政府部门。不久，这位客户部经理离开了这个"倒霉"的部门，临走时向总经理推荐了约翰。

就是因为约翰帮了客户部经理一个忙，自然也得到了客户部经理的帮助才得以升职。如果当初约翰没有那样做，也就不会有后来的升职之事了。

有的人对领导有种敬畏感，认为伴君如伴虎。其实，老虎也有脆弱的一面，关键时刻应该挺身而出，为领导解围。自然，今后领导会心甘情愿地帮你办事。乖巧卖得好的话，领导自然会赏识你。当然，为领导解围需要具备一定的察言观色的能力，同时还要机智和有判断力。

得领导器重才好办事

在工作单位里，领导的好恶有时会决定一个人一生的命运，得不到领导的器重，就失去了许多机会。只有用真诚取得领导的信任才能得到器重，求其办事也就不会困难。那么，如何得到领导的器重呢？你可以参考以下几个方面的做法。

1. 成为领导的"自己人"

上级对下级最看重的一条就是是否对自己忠心耿耿，忠诚对领导来说更为重要，比如一些单位的司机都是领导的"自己人"，如果不是自己人，一些在车上的谈话、办的一些私事被传出去，会造成影响。因此，要成为领导的"自己人"，就要经常用行动或语言来表示你信赖、敬重他。领导在工作中出现失误，千万不要持幸灾乐祸或冷眼旁观的态度，这会令他极为寒心。能担责任就担责任，不能担责任可帮他分析原因，为其开脱；此外，还要帮他总结教训，多加劝慰。

持指责、嘲讽的态度更易把关系搞僵、矛盾激化。那样，你就再也不要指望领导喜欢和器重你了。

如何做一个使领导喜欢的人呢？

第一是要忠于上司，向上司请教，才意味着"孺子可教"，而不能在上司面前吹牛皮，与上司计较个人的利益得失。

第二是要在关键时刻为上司挺身而出，把功劳让给上司，而不可张扬你对上司的重要性。

但需要注意的是，让功一事不能在外面或同事中张扬，否则不如不让的好。

第三是要在与上司交谈时，不可过分锋芒毕露，不要在背后议论上司。

2. 苦干要加巧干

勤勤恳恳、埋头苦干的敬业精神很值得提倡，但必须注意效率，注意工作方法。有很多人不能不说他工作认真、兢兢业业，但忙忙碌碌一辈子就是没干出多少成绩，不仅没得到领导的提拔，反而在领导和同事心中留下了"笨"的印象，实在是太可惜。苦干是领导喜欢看到的，但他们更喜欢巧干、高效率的下属。不妨设想一下，领导有同一项任务交给甲需要一个月才能完成，交给乙可能仅要两周时间就完成，那么领导在用人时首先考虑的就可能是乙而不是甲。所以说，苦干还要加上巧干，必须善于动脑子想办法，提高工作效率。这样才能给领导一个深刻的印象。

3. 要学会表现自己

常言道："疾风知劲草，烈火炼真金。"在关键时刻，领导会真切地认识与了解下属。人生难得机遇，不要错过表现自己的机会。当某项工作陷入困境之时，你若能大显身手，定会让领导格外器重你。当领导本人在思想、感情或生活上出现烦恼时，你若能妙语劝慰，也会令其格外感激。此时，切忌像木头一样，呆头呆脑，冷漠无情，畏首畏尾，胆怯懦弱。这样，领导便会认为你是一个无知无识、无情无能的平庸之辈。

4. 服从第一

"恭敬不如从命"，这是中国古老的至理名言。对领导，服从是排在第一位的。下级服从领导，是上下级开展工作，保持正常工作关系的前提，是融洽相处的一种默契，也是领导观察和评价自己下属的一个尺度。当然，服从也有善于服从、善于表现的问题。细心的人可能都会发现这样一个事实：在单位里，同样都是服从领导、尊重领导，但每个人在领导心目中的位置却大不相同，为什么会这样呢？这一问题的关键是能否掌握服从的艺术。有的人肯动脑子、会表现，主动出击，经常能让领导满意地感受到他的命令已经圆满地执行，并且收获很大。相反，有的人却仅仅把领导的安排当成应付公事，不重视信息反馈，甚至"斩而不奏"，结果往往事倍功半。

善于服从、善于表现要掌握火候，机会来临时，一定要紧紧把握。当领导交给的任务确实有难度，其他同事畏首畏尾时，你要有勇气出来承担，显示你的胆略、勇气及能力。敬业与服从，应该大力提倡，要善于敬业、服从，更要巧于敬业、服从。因为，在丰收的田野上，农夫有理由让人们记住他挥洒的汗水和不辍的辛劳。这不是虚荣，而是实实在在的人生需要，也是你迈向成功的平台。

5. 维护领导的权威

人人都爱面子，这是天性使然。所以，从古至今就有"人活一张脸，树活一层皮"的说法。而在中国官场上，领导者则尤爱面子，很在乎下属对自己的态度，并往往以此作为考验下属对自己尊重不尊重、会不会办事的一个重要"指标"。

此外，还应注意的是，要与领导保持一定的距离。一般来说，领导不愿意跟下属过从甚密，主要是顾忌别人的议论和看法，再就是他在你心目中的威信。所以，要与领导保持距离，千万不要成为领导的"显微镜"和"跟屁虫"。

得到领导的器重，他自然会视你为"自己人"，认为你是可用之才，这时你找他帮你办事，当然会比别人好办得多了。

托领导办事要把握住时机和火候

请领导办私事时，应看准时机和把握火候，最好先从侧面了解一下他的心情好不好。如果他的心情不佳，就不要找他；工作繁忙时，不要找他；如果吃饭时间已到，也不要找他；休假前和度假刚返回时，也不要找他。因为在这些时间，你同他谈与工作不相干的问题，他多半会拒绝。凡是他拒绝的事你若再提起，只会增加不愉快，还会给领导留下一个难缠的印象。托领导办私事时，选好时机是很重要的。

某厂的职工老刘，两口子都是普通工人，也没有什么体面的亲戚，这段时间，两口子都为儿子的升学问题愁眉苦脸。有人给他出点子，要他找厂长。不爱求人的老刘只好硬着头皮去找厂长。厂长刚处理完公事，正高兴地同几个下属聊天，老刘可是逮住了好时机。

"厂长，我实在是没有办法，只好来求您了。厂里许多人都给我出点子说只有您能帮我解脱困境。"老刘首先把厂里的工人抬出来，给他戴高帽。厂长果然很受用，和颜悦色地问道："说吧，什么事？""我儿子初中毕业想进三中，可是没有关系，分数够了也进不去，进不了三中，今后考大学就成问题了。厂长您面子大，认识的体面人物多，厂长一出马比我去四处磕头还管用。"

"就这事？这件小事好办。"厂长大包大揽地说。

"厂长，真是谢谢您了。您真是个痛快人，我们一家人永远都记着您的恩情。"

"嗯，这点小事谢什么嘛，要真谢，就让你儿子好好读书，将来考上北大、清华，哈哈哈……"

"考上北大、清华，一定找您这个大恩人喝酒。"

不用说，老刘的儿子顺利地进了三中。

厂长正在兴头上，老刘去找他办事，再加上以全体工人作为铺垫求厂长，厂长自然就答应了。假如老刘在厂长心情不好时去求他，恐怕事情就没那么顺利了。

所以，托领导办事一定要抓住时机，掌握火候，否则容易的事也会变得难办。

第二章 职场求人办事的艺术

第一节 求同事办事的技巧

让同事为你办事的最佳方法

人们在运用关系网办事时，总认为同事之间存在猜疑和嫉妒心理，实际上，这是一个错误的认识。现代社会中，一个人在家与家人相处和在单位与同事相处的时间几乎差不多，同事之间更需要同舟共济，特别是因为在一起共事，友谊会自然而然地产生。如果在办事时，不会利用同事关系，不但有些事办起来费劲，还容易让人觉得你没有人缘。

每一个人在单位都有表现自己的欲望，求同事办事就等于为他提供了一次表现个人能力的机会，即使遇到困难也得办，即使有时担心领导不满也得办，以此在同事中维护自己急公好义的形象。同事的事和单位的事一样，每个人都会感到自己有一份责任和义务。因此，找同事办事不必存有任何顾虑，该张嘴时就张嘴。

那么我们该怎样利用同事办好事呢？下面几点需要你在办事过程中特别注意。

1. 托同事办事要有诚意

同事之间了解得比较多也比较深，如果找同事办事藏藏掖掖、神神秘秘，不把事情说明白，容易使同事产生你不信任他的感觉。因此，找同事办事就要先说明究竟要办什么事，坦言自己为什么办不了，为什么要找他。这样，精诚所至，同事只要能办到的事，一般是不会回绝你的。

2. 托同事办事要注意礼貌

同事不是朋友，一般都没有太深的交情，因此，说话一定要客气，而且要以征询的口气与同事探讨，请他帮忙想办法。受到如此的尊重，同事如果觉得事情好办，自然会自告奋勇地去办，几句客气话，省却许多麻烦。办完事之后，一般不要用钱来表示谢意，客气几句，说声谢谢就可以了，如果执意要拿钱来表示，容易引起对方的反感，会给大家留下不好的印象。

3. 托同事办事要有的放矢

托同事办一件事之前，要先知道你这位同事的社会关系，以及他是否办起来没有太大的难度，只有掌握了这些情况，你才能做到张口三分利，也不至于叫同事左右为难。

4. 要注意有些事不能托同事办

自己能办的事尽量自己去办，这样的事求同事会使人感到你以老大自居，不把同事当回事，这样既可能耽误事，又会影响同事之间的感情。

需要请客送礼的事不要托同事办，在单位里，请客送礼毕竟不是什么光彩的事，"流行"只是指在社会大环境里。

如果同事不能直接办，也得"人托人"，费周折，这样的事不如转求他人。

和同事利益相抵触的事不能找同事去办，即使该利益涉及的是另一个同事。

求同事办事的过程中，只有注意这些，才能既维护了同事关系，又把事情办成。

请求同事，动之以情

请求同事办事，要把握好恰当的时机，对方时间宽裕、心情舒畅时，请求他做点事得到回应的可能性很大；相反，对方心境不佳时，你的请求可能只会令他心烦；对方正忙于某件事情时，你提出请求一般很难得到确定的答复。因此，要在恰当的时机提出诚恳的请求，利用情义打动同事，这是办事取得成功的关键。

某机关接到上级分配的植树任务，机关几十名同志都主动承担一些，唯有几位"老调皮"，任凭主任怎么在政治上动员都不愿认领任务，搞得主任很难堪。

下班了，主任把这几位"老调皮"叫到办公室，轻声地说："我只讲最后一遍，我现在很为难，请你们帮个忙。"奇怪，刚才态度很强硬的几个"捣蛋鬼"听了这句话，纷纷表示："主任，我们不会让你为难了！"说完立即回去认领自己的那份任务。

一句充满人情味的请求话，比讲很多大道理更有说服力，看来人还是比较重情义的。主任用请求的话打动了他们，那几位"老调皮"就乖乖地担起了自己的任务。

托同事办事也是一样。求同事办事时，态度一定要诚恳，要动之以情，晓之以义，需将事情的前因后果、利害关系说个清清楚楚。要说明为什么自己不办或办不了而去找他。总之，由于同事对你知根知底，你的态度越诚恳，同事也就越不可能拒绝你。

同事之间关系微妙，个性差别很大；同事之间只有以诚相交，才有可能在关键时刻帮得上你。

人的个性千差万别，但有一种共同的品性就是真诚。真诚的最低要求是不说谎、不欺骗对方，但在复杂的社会和人际活动中，目的和手段要有一定的区别。医生为了减轻病人的痛苦，以利于治病救人，往往隐瞒病情，编造一套谎话说给病人，这样才能使病人早日康复。它表现的不是虚伪，而是更高、更深层的真诚，是出于高度的社会责任感的真诚。只有智慧、德性和能力达到高度统一的人，才能表现出这种深层次的真诚美。

情与义就是一种真诚，同事相交需要真诚！

日本大企业家小池曾说过："做人就像做生意一样，第一要诀就是诚实。诚实就像树木的根，如果没有根，树木就别想有生命了。"

这段话也可以说概括了小池成功的经验。

小池出身贫寒，20岁时就在一家机器公司当推销员。有一个时期，他推销机器非常顺利，半个月内就跟33位顾客做成了生意。之后，他发现他们卖的机器比别的公司生产的同样性能的机器价格高。他想，同他订约的客户如果知道了，一定会对他的信用产生怀疑。于是深感不安的小池立即带着订约书和定金，整整花了3天的时间，逐门逐户地去找客户，然后老老实实向客户说明，他所卖的机器比别家的机器价格高，请他们废约重订。

这种诚实的做法使每位客户都深受感动。结果，33人中没有一个与小池废约，反而加深了对小池的信赖和敬佩。

诚实真是具有惊人的魔力，它像磁石一般具有强大的吸引力。其后，人们就像小铁片被磁石吸引似的，纷纷前来他的店购买东西或向他订购机器，这样没多久，小池就成为腰缠万贯的人了。

所以，请求同事帮忙时，一定要以情与义作为基础，否则很难办成事。

无论请求别人干什么，都应当"请"字当头，即使是在自己家里，当你需要家人为你做什么事时，也应当多用"请"字。一旦你的请求遭到别人的拒绝，也应当表示理解，而不能强人所难，更不能给人脸色看，不能让人觉得你无礼。

请求同事，还要端正态度，注意语气，虽然请求时无须低声下气，但也绝不能居高临下，态度傲慢，非要别人答应不可，而应当语气诚恳，平等对待，要用协商的语气，如："劳驾，让我过一下，好吗？""对不起，请别抽烟，好吗？""什么时候有空跟我打打球，怎么样？"同时，还要体谅对方的心理："我知道这事对您来说不好办，但我实在没有办法，只好难为您了。"

　　当因客观原因你的同事不能答应请求时，不要抱怨、愤怒甚至是恶语相加，而应该还礼道谢，如："谢谢你！""没关系！我可以找找别人。""没事，你忙你的去吧！"这样你的同事在有条件的情况下肯定会鼎力相助。如果你不肯体谅对方，甚至对同事施以抱怨，这等于堵死了再次向同事提出请求的通路。

洞察同事的心理

　　你想求同事办事，就得先洞察对方的心理，看对方愿不愿意帮你，能帮到什么程度，假如对方根本无法完成此任务，你求他也是白求。

　　洞察同事心理最好的办法就是通过对方无意中显示出来的态度及姿态了解他的心理，有时能捕捉到比语言表露更真实、更微妙的思想。

　　例如，对方抱着胳膊，表示在思考问题；抱着头，表明一筹莫展；低头走路、步履沉重，说明他心灰气馁；昂首挺胸、高声交谈，是自信的流露；女性一言不发，揉搓手帕，说明她心中有话，却不知从何说起；真正自信而有实力的人，反而会探身谦虚地听别人讲话；抖动双腿常常是内心不安、苦思对策的举动，若是轻微颤动，就可能是心情悠闲的表现。

　　当然，对请托对象的了解，不能停留在静观默察上，还应主动侦察，采用一定的侦察对策，去激发对方的情绪，这样才能够迅速准确地把握对方的思想脉络和动态，从而顺其思路进行引导，这样的会谈易于成功。

　　针对不同的办事对象，谈话或请托应注意以下差异：

　　（1）性别差异。对男性需要采取较强有力的劝说语言；对女性则可以温和一些。

　　（2）年龄差异。对年轻人应采用煽动性的语言；对中年人应讲明利害，供他们斟酌；对老年人应以商量的口吻，尽量表示尊重的态度。

（3）地域差异。生活在不同地域的人，所采用的劝说方式也应有所差别。如对北方人，可采用粗犷的态度；对南方人，则应细腻一些。

（4）职业差异。如果运用与对方所掌握的专业知识关联较紧密的语言与之交谈，对方对你的信任感就会大大增强。

洞察对方心理后，针对不同类型的人说不同的话，才能达到最好的办事效果。埋头做事者常常是事业心很强或对某事很感兴趣的人，一旦开始做事，便全身心投入，不愿再见他人。这种人往往惜时如金，爱时如命，铁面无私。要敲开这种人的门，首先不要怕碰"钉子"，还要有足够的耐性，并且要善于区分不同的情况，或硬缠或软磨，直至达到目的。

总之，要想让同事热心帮助你，就必须从揣摩清楚对方的心理入手，然后再量体裁衣，选择好时机和话题，逐步引导到你想求别人办的事情上来。

关爱同事，求得日后相助

你对同事付出关爱，日后就一定会得到别人的帮助。你敬我一尺，我敬你一丈，这是我们大多数人的心态。面对别人给的好处，心怀感激之情，寻机还报。但却不能排除有些同事，要么对别人给予的礼遇无动于衷，要么得寸进尺，主动索要。面对这种人，如果仍一味讲此原则，吃亏倒霉的只有自己。对这种同事就要特别注意，不能让他们有可乘之机。

有一年，某厂来了一个新职工，这位新职工被分到了小刘所在的组里。小刘是组长，他一贯本着做人原则，尽力照顾新同事，谁知这位同事竟因此嚣张起来，不把其他同事放在眼里，并且煽动一两位较不安分的同事，结成一个小"帮派"，向小刘要求利益。小刘因未事先防范，应变不及，为了维护办公室的安宁，只好向他们低头，真是哑巴吃黄连——有苦说不出。

小刘以为如其所愿，他们会就此罢手，谁知没过多久，他们竟联合单位的其他人向他发难，逼他下台。这次小刘不再犹豫，马上召开小组会议，研究对策，很快就把事情解决了，那位新同事也被厂里辞退。

有些人受人好处时，不仅没有感激之心，还会慢慢感到不知足、得寸进尺。最糟糕的是，当你不能满足对方时，对方干脆采用激烈手段，争取这些"好处"——自己拥有，省得等他人"给予"。小刘的同事就是这类人，他并未因小刘的照顾而心存感激，而是恩将仇报。但因为小刘平时对同事的关爱是大家有目共睹的，所以很多同事都帮着小刘，使得那位嚣张的同事自食其果，只得灰溜溜地走人。

总之，你敬我，我让你，有来有往，这些人情世故，不要疏忽。它们虽然不一定会为你带来立即或长远的好处，但你有意或无意的疏忽，却会为你阻断一条路，尤其是"只来不往"的疏忽最为严重。哪怕你才高八斗，能力过人，在重视人情世故的社会，再高的才能也会因为人为因素而得不到施展的机会。

谁都会遇到自己克服不了的困难，谁都需要得到别人的帮助，同事相处也是如此。"你敬我一尺，我敬你一丈"，互相帮助，互相关心，才能携手共进。帮助别人其实就是帮助你自己，需要的满足是相互的，人际交往的目的是满足自己的需要。经常帮助别人，才能在自己危急的时候不至于呼天天不应，叫地地不灵。多行善事必多助。

怎样让同事中的小人帮你办事

每个地方都有小人，同事之间当然更不例外。

托小人办事若处理不好，常常要吃亏。小人没有特别的样子，脸上也没写上"小人"二字，有些小人甚至还长得又帅又漂亮，一副"大将之才"的样子。不过，小人还是可以从行为中分辨出来的。小人就是做事做人不守正道，以卑鄙的手段来达到目的的人，所以他们的言行有以下的特点：

（1）喜欢造谣生事。他们的造谣生事都另有目的，并不是以此为乐。

（2）喜欢挑拨离间。为了某种目的，他们可以用离间法挑拨同事间的感情，制造他们的不和，好从中渔利。

（3）喜欢拍马奉承。这种人虽不一定是小人，但他们很容易因为受上司所宠，而在上司面前说别人的坏话。

（4）喜欢阳奉阴违。这种行为代表他们这种人的办事风格，因此对你也可能表里不一。

（5）喜欢"西瓜倚大边"。谁得势就依附谁，谁失势就抛弃谁。

（6）喜欢踩着别人的鲜血前进。也就是利用你为其开路，而你的牺牲他们是不在乎的。

（7）喜欢落井下石。只要有人跌跤，他们会追上来再补一脚。

（8）喜欢找替死鬼。明明自己有错却死不承认，硬要找个人来当替罪羊。

事实上，小人的特点并不只这些，总而言之，凡是不讲法、不讲情、不讲义、不讲道德的人都带有小人的性格。

大凡小人，见利忘义者居多，而有很多小人因为舍得"投资"，他们的关系网还是比较广的。利用这样的关系，可以在自己困难的时候，以利诱之，解决自己的困难，以小利换大利。

大刚在县委秘书处做打字员，单位最近要分配住房，除了按照分数线排队之外，还预留出了 8 套奖励住房。大刚一家 5 口挤在 15 平方米的房子中，非常想分到一套。于是，他暗暗在心中将县委的人员排了一下队，差一分自己就在队列之中了，看来只好打奖励房的主意了。奖励房是给那些有点前途又不够资格的人预备的，当然，够不够资格还不是领导一句话嘛，但如何运作呢？于是，大刚想到了同事小张。小张是通过县委副书记介绍过来的，在秘书处什么都不干，但每次奖金一分不少。

借着一个机会，大刚同小张讲了一下，小张倒是挺痛快，"哥们儿，我帮你可以，也能够帮上忙，但是得需要钱。这样吧，你先给我 5000 元，如果帮不上忙，我一分不少地退给你。如果你分到房子，再给我 5000 元。"大刚一听比较犹豫，毕竟是还没见到影。但别无他法，咬咬牙，他同意了。经过小张的疏通，大刚终于分到了房子。

大刚凭着小人同事的帮忙终于办成了自己的事，由此也可以看出，小人同事也是完全可以帮得上忙的。当然，托小人办事，一定要稳妥行事，一旦有所损失，可以及时撤身，免受更大的损失。

托小人办事，首先要了解小人的背景来历，看他的关系到底如何，还要看所托的关系、性格和行事特点。原则性强的人就不容易办事。

其次，要循序渐进，不要一股脑儿地将利益全部拿出，这样反而会激起他更大的胃口。

最后，不要在一棵树上吊死，不要把希望完全寄托于小人，要多寻几条道路，防止错过良机。

第二节　找下属帮忙的智慧

用暗示让下属帮忙

上司与下属的关系是很微妙的，把握不好就容易使关系变僵，影响上下级之间的相处。这也突出表现在办事方面。

与工作有关的事情，当然可以用命令的方式指使下属去办，但是，与工作无关的一些事情是不适宜用命令的方式来解决的。这时，用暗示的方法则更能达到满意的效果。

有位公司领导就十分善于运用暗示的方法让属下帮忙。有一次，他的妻子打来电话，说女儿很想晚上去看一场音乐会，而他此时无法抽身去买票。恰好秘书送文件过来，他于是对秘书说："小刘啊，听说你对音乐很内行，是吗？"

"哪里，不过是我的业余爱好罢了。"

"××音乐厅今天晚上有一场贝多芬的音乐会，你知道吗？"

"是吗？那太好了，经理，咱俩一起去听听？"

"好啊，顺便多买两张票，我让我爱人和女儿也去凑凑热闹。"

"那好啊，经理，我请客！"

用这种方法让小刘去买音乐会门票，小刘自然很高兴，即便是她自己出钱她都乐意。反过来讲，如果这位领导采用命令式的口吻让小刘去买票，小刘也会去买，但她也许会有满腹牢骚，而这种办事效果要差很多。

所以，有私事要找下属帮忙时，最好用暗示的方法让对方明白，这样办事效果才会更好。

给人台阶下，再见机行事

领导的作用，简而言之，就是带领大家共同完成工作。但在工作中总有一些"刺儿头"不服命令，不能尽职尽责。这时，领导为了顾全大局就有可能语重心长地教育他。但事实是，有时候直言直语相劝并不能达到目的。其实你可以发现他的错误但不点明，并巧妙地给他一个台阶下，让他既能改正错误又能保全面子。如此一来，下属就会卖力地为你办事。

有这样一个例子：

某外企为了争创名牌企业，提高知名度，非常重视环境卫生工作。曾明令禁止职工上班时间抽烟，厂区里树了许多"禁止吸烟"的牌子，并抽调人员不定期巡视。有一次是老总亲自巡视检查，发现有几位工人站在禁烟牌前吞云吐雾。他们看见老总朝他们走过来，不但毫无收敛，反而抽得更起劲，大有"看你能把我们怎么样"的架势。

在这种情况下，如果换一个领导，一定会大发雷霆："你们没有长眼睛吗？怎么站在禁烟牌前吸烟？"但这样一顿臭骂，事态势必一发而不可收。那几位倔脾气的工人可不是省油的灯，否则也没有胆量这样做。可是，这位老总不但没有开骂，反而掏出一包更高级的香烟，给每位都递上一支，友好地对他们说："兄弟，走，咱们出去抽个痛快！"那几位工人反倒觉得不好意思起来。过后，他们负荆请罪，向老总保证：以后再也不在厂区抽烟了。

所以对待那些"刺儿头"下属，与其当面锣、对面鼓，使用强制手段，倒不如给他们一个台阶下，这样不仅可以让他们从内心中充分意识到自己的错误，并加以改正，而且"攻心为上"，他们也会更加忠诚于你。

投之以桃，报之以李

每个人都有自己的尊严，而且都希望别人能看得起自己。领导对下属关心，对下属投注感情，尤其是对下属私事方面的关怀与照顾，可以使他们的这种尊严得到满足，甚至让他们感激涕零，誓死效劳。

为官者大都深知感情投资的奥妙，不失时机地付出一些感情投资，对于拉拢和控制部下为自己办事往往会收到异乎寻常的效果。

韩非子在讲到驭臣之术时，只说到赏罚两个方面，这自然是主要手段，但还不够，有时两句动情的话、几滴伤心的眼泪往往比高官厚禄更能打动人。因此，感情投资，可谓是一本万利，是一种高明的统治术。

有许多身居高位的大人物，会记得只见过一两次面的下属的名字。在电梯上或门口遇见时，点头微笑之余，叫出下属的名字，会令下属受宠若惊，感到被重视。

蒋介石对于这种领导手段的运用，可谓达到了炉火纯青、登峰造极的程度。蒋介石很懂得利用人情世故收买人心，他对属下的字、号、生辰八字、籍贯记得滚瓜烂熟，很善于利用别人的生日大做文章，使部属每每感到受宠若惊。他为了掌握下属的情况，专门搞了一本小册子，记录着师级以上官员的字、号、籍贯、生日、喜好、亲戚等一些基本情况。少将以上的官员他都要请到家里吃饭，饭后总要合一张影作为留念。这些做法无疑大大抬高了属下的身价。

雷万霆在调任他职时，蒋介石召见了他，并说："令堂大人比我小两岁，快过甲子华诞了吧?"雷万霆一听，眼泪都快下来了，激动地说："总统日理万机，还记着家母的生日!"蒋介石宽慰他说："你放心地去吧，到时我会去看望她老人家，为她老人家增福添寿。"雷万霆看到蒋介石如此器重、关心和赏识自己，自然死心塌地地为蒋卖命。

还有一次，蒋介石的头号秘书陈布雷过50岁生日。陈布雷是一个既不爱官又不贪财的知识分子，对待这种人，蒋介石也有自己的手段。在陈布雷过生日的当天，蒋介石为他写了"宁静致远，淡泊明志"8个字，并附记："战时无以祝寿，特书联语以赠，略表向慕之意也。"这样几个字，成了陈布雷最好的生日礼物。正是这种意想不到的关心体贴抓住了陈布雷的心，他决心终生侍奉蒋介石，最后在极度失望中自杀，弃暗却不肯投明，也可以称作是蒋介石的铁杆追随者了。

善于给下属意想不到的关心是蒋介石的重要领导手段。正是这种才能的力量才使蒋介石虽不能"将兵"，却能够"将将"，获得了许多人的支持，这也是他能够在国民党统治那么长时间的重要原因。